チャンクで英単語
Standard

第2版 標準

投

CROWN Chunk Builder Standard

Second Edition

三省堂

デザイン	株式会社志岐デザイン事務所（萩原睦・山本嗣也）
イラスト	ナイトウカズミ
英文執筆	Lara Nakazawa
英文校正	Freya Martin　James Buck
執筆協力	株式会社オフィスLEPS　渡邉淳　坂本真実子
編集協力	株式会社シー・レップス　久松紀子　石田高広　田中千恵子　矢能千秋
録　音	株式会社巧芸創作

まえがき

　英語力を飛躍的に伸ばすためには、一つひとつの単語をバラバラに覚えているだけではダメです。新しい単語を覚えるときに、知っている単語と組み合わせて、まとめて覚えることが重要なのです。この複数の単語のまとまりのことを「チャンク」と言います。チャンクで覚えることで、さまざまなことを表現できる力が身につきます。『クラウン　チャンクで英単語』はこの発想を活かした「発信用単語集」として、発売以来絶大な支持を得てきました。

　2020年代には、新しい英語教育改革がいよいよ全面的に実施されます。高校ではコミュニケーション能力を4技能5領域（聞くこと・読むこと・話すこと[やりとり]・話すこと[発表]・書くこと）でバランスよく伸ばす授業が中心になり、大学入試でも、4技能試験で英語力を評価されることが増えてきます。今後数年のうちに、小学校から英語を学習してくる生徒たちの英語力は今までよりずっと高くなり、中学・高校でも本当に英語を使う授業にシフトするはずです。

　本書では、この新しい時代に対応するべく、初版の基本コンセプトはそのままに、内容を全面改訂しています。私の専門であるコーパス言語学の分析結果に基づき掲載単語を選定していますが、さらに、ヨーロッパ言語共通参照枠（CEFR）を利用しく、私が中心に開発してきた「CEFR-J Wordlist」のCEFRレベルに準拠した構成となっています。また、チャンクのカテゴリーは、CEFRの重要な概念であるCAN-DO（ことばを使って何ができるか）を反映した機能カテゴリーを中心に分類し直しました。これにより、覚えたチャンクを発信する際にどのような場面・機能で使うかがより明確になり、話すこと（やりとり・発表）のスキルが着実に身につくはずです。

　単語を学習するときに、チャンクで覚えると長くなって嫌だと思う人もいるかもしれません。しかし、まずはだまされたと思って、この本に取り組んでみましょう。学習が進むにつれて、自分のアイデアを英語で言うための「文の組み立て」と「単語力」が知らず知らずのうちに身についていくのを実感するはずです。英語が苦手だった人もしっかりとした英語が話せるようになり、もともと得意な人は、より発信力を身につけて「英語で自由自在に表現できること」がさらにパワーアップするに違いありません。

　チャンクの道も一歩から！　健闘を祈ります！

　2020年1月

　　　　　　　　　　　　　　　　　　　　　　　　　投野由紀夫

もくじ

本書の構成 …………………… **6**

本書の使い方 ………………… **10**

学習のヒント ………………… **13**

発音記号表 …………………… **14**

フォーカスワード

【動詞】

➡ **come** ………………… **16**

➡ **feel** …………………… **18**

➡ **find** …………………… **20**

➡ **get** …………………… **22**

➡ **give** …………………… **24**

➡ **go** ……………………… **26**

➡ **have** ………………… **28**

➡ **look** …………………… **30**

➡ **make** ………………… **32**

➡ **put** …………………… **34**

➡ **see** …………………… **36**

➡ **take** …………………… **38**

➡ **tell** …………………… **40**

【前置詞】

➡ **about / after / at / before / between**
………………… **42**

➡ **by / for / from / in**
………………………… **43**

➡ **into / of / on / over**
………………………… **44**

➡ **to / under / with** …… **45**

基本的な接続詞一覧 ………… **46**

LEVEL 1

STEP 1 ………………… **48**

STEP 2 ………………… **58**

STEP 3 ………………… **68**

STEP 4 ………………… **78**

STEP 5 ………………… **88**

STEP 6 ………………… **98**

STEP 7 ………………… **108**

STEP 8 ………………… **118**

STEP 9 128

STEP 10 138

STEP 11 148

STEP 12 158

STEP 13 168

レッツ！　スピーク❶ 178

LEVEL 2

STEP 14 180

STEP 15 190

STEP 16 200

STEP 17 210

STEP 18 220

STEP 19 230

STEP 20 240

STEP 21 250

STEP 22 260

STEP 23 270

STEP 24 280

STEP 25 290

STEP 26 300

STEP 27 310

STEP 28 320

レッツ！　スピーク❷ 330

イディオム・多義語

イディオム 332

多義語 346

接頭辞・接尾辞 362

不規則動詞活用表 364

さくいん 367

記号一覧

名	名詞	＝	同意語・類義語
自	自動詞	⇔	反意語
他	他動詞	▶	派生語・関連語
形	形容詞	複	複数形
副	副詞	発	発音注意
接	接続詞	ア	アクセント注意
前	前置詞	活	動詞の活用
助	助動詞	変	形容詞・副詞の比較級・最上級
代	代名詞	※	補足情報
間	間投詞		

◆見出し語の発音されない字（黙字）は、色を薄くしています。

本書の構成　■メインページ

Ⓐ CAN-DO グループ

CAN-DO（ことばを使って何ができるか）によって、単語をグループ分けしました。英語を使う場面を意識して学習しましょう。

Ⓑ チャンク

日本語→英語の順で示しています。日本語を見て、チャンクを言えるようになりましょう。チャンクでターゲットとなっている単語とその訳は赤字にしています。

●事実や情報を伝える ❶

学校や学習について話す

□□□ 0001 課題に直面する	face a **challenge**
□□□ 0002 方法を学ぶ	learn a **method**
□□□ 0003 基本的な技能	a **basic** skill
□□□ 0004 役に立つヒント	a useful **tip**
□□□ 0005 その大学のキャンパス	the college **campus**
□□□ 0006 私立の学校	a **private** school
□□□ 0007 ヨーロッパ建築	European **architecture**

読書について話す

□□□ 0008 冒頭の章	the opening **chapter**
□□□ 0009 要約を示す	give a **summary**
□□□ 0010 文脈を説明する	explain the **context**

🐻 「チャレンジする」

challenge をカタカナにすると「チャレンジ」となるが、「…することにチャレンジする」と言いたいときは、challenge ではなく try to do を使うのが一般的。
My mother tries to study Spanish as a second language.
「私の母はスペイン語を第2言語として勉強することにチャレンジする」

Ⓕ

challenge [tʃǽləndʒ チャレンヂ] 🅐	图 ①課題 ②挑戦 ③異議 働 ①に異議を唱える ②に挑む ③の能力を試す 　challenge A to B　A(人)にBを挑む
method [méθəd メソド]	图 方法
basic [béisik ベイスィク]	厖 基本的な ▶ báse 图 土台
tip [tip ティプ]	图 ①ヒント ②チップ ③先、先端
campus [kǽmpəs キャンパス]	图 (大学などの)キャンパス、構内
private [práivət プライヴェト] 🅐 🅐	厖 ①私有の、民間の(⇔ públic 公共の)　②内密の ③個人の、個人的な ▶ privacy 图 プライバシー
architecture [ɑ́ːrkətèktʃər アーキテクチャ] 🅐 🅐	图 建築(学)、建築様式
chapter [tʃǽptər チャプタ]	图 (書物・論文などの)章
summary [sʌ́məri サマリ]	图 要約、まとめ、概要 厖 概略の 　in summary　要約すると
context [kántekst コンテクスト]	图 ①文脈、前後関係 ②状況、背景

STEP 1

「ヒント」

日本語の「ヒント」の意味としては、tip や suggestion などを用いる。hint という
単語は「ほのめかし」や「暗示」という意味であり、「お役立ち情報」のような意味は
ない。

ⓒ見出し語

チャンクで、ターゲットと
なっている単語です。

ⓓ発音記号・カナ発音

単語の読み方を示していま
す。カナ発音で赤字になって
いるところは、アクセントを
つけて読みます。
※カナ発音はおおよその目安
です。

ⓔ意味

見出し語の中で、とくに覚え
ておくべき意味を赤字にして
います。

ⓕコラム

単語の使い分け・語法などの
情報が載っています。単語へ
の理解を深めましょう。

本書の構成

■フォーカスページ

英語の学習上、重要な語を特集したページになります。

Ⓐ見出し語
取り上げている単語です。

Ⓑ共通イメージ
単語の意味がもつ共通の意味を表しています。

Ⓒイメージ図
単語の意味をイメージでとらえるためのイラストです。

Ⓓ意味
単語の意味が載っています。

Ⓔ使えるコーパスフレーズ
よく出てくるフレーズを示しています。

Ⓕ○○で言ってみよう!
見出し語で表現できる主なフレーズを載せてあります。何度も繰り返して言ってみましょう。

■例文ページ

各 STEP で学習したチャンクを、より着実に覚えるためのページです。何度も繰り返して、日本語を見て英語が言えるようになりましょう。

Ａ訳文

例文の訳です。チャンクの訳にあたる部分を赤字にしてあります。

Ｂ例文

学習したチャンクを赤字にしてあります。

■イディオム

よく使うイディオムをまとめたページです。

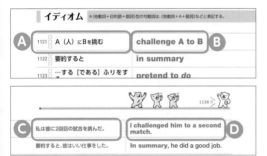

Ａ意味

イディオムの意味です。日本語を見て英語が言えるようになりましょう。

Ｂ見出し

取り上げているイディオムです。

Ｃ訳文

例文の訳です。イディオムの訳にあたる部分を赤字にしてあります。

Ｄ例文

イディオムを使った例文です。イディオムの部分は赤字にしてあります。

■多義語

複数の意味をもつ単語を特集したページです。意外な意味をもつ単語もあるので、しっかり身につけましょう。

Ａ見出し語

取り上げている単語です。

Ｂ意味

見出し語の意味です。

Ｃチャンク

各意味にチャンクをつけました。見出し語とその訳は赤字にしてあります。

9

本書の使い方

本書は一般的な単語帳とは構成が異なり、単語と単語の結びつきのセット（＝チャンク）の学習がメインです。以下のような手順で学習することで、最大限の効果が出るようにつくられています。

ステップ 1

チャンクの英語から日本語にできるかをチェック

まず、見開きページの左側にあるチャンクの英語を見て、意味がすぐに日本語で出てくるか確認してみましょう。もし、日本語訳が正しくできれば、そのチャンクに含まれる英単語は認識できていることになりますので、ステップ3に進みましょう。もしチャンクを正しく日本語にできないようならば、ステップ2を先に行いましょう。

事実や情報を伝える ❶

学校や学習について話す		
□□□ 0001 課題に直面する		face a **challenge**
□□□ 0002 方法を学ぶ	←	learn a **method**
□□□ 0003 基本的な技能		a **basic** skill
□□□ 0004 役に立つヒント		a useful **tip**
□□□ 0005 その大学のキャンパス		the college **campus**
□□□ 0006 私立の学校	⇒	a **private** school
□□□ 0007 ヨーロッパ建築		European **architecture**
□□□ 0008 冒頭の章		the opening **chapter**
□□□ 0009 要約を示す		give a **summary**
□□□ 0010 文脈を説明する		explain the **context**

読書について話す

「チャレンジする」

challenge をカタカナにすると「チャレンジ」となるが、「…することにチャレンジする」と言いたいときは、challenge ではなく try to *do* を使うのが一般的。
My mother tries to study Spanish as a second language.
「私の母はスペイン語を第2言語として勉強することにチャレンジする」

48　LEVEL 1 　Ａ

ステップ 3

日本語の意味を見てチャンクが言えるか確認

今度は覚えた単語を組み込んだチャンク自体を覚えます。これも基本的にはステップ2と同様にまずは英語から日本語に、次に日本語から英語にできるかを何度も練習しましょう。この段階でもうその単語の使い方の最も典型的な例をマスターしていますので、相当力がついているはずです。

ステップ 2

**チャンクの
英単語を確認**

チャンクをすぐに日本語にできない場合は、右ページを見て、チャンクの中に出てくる単語の意味を覚えましょう。覚える際は、目で見る、耳で聞く、口で発音する、手で実際に書いてみる、など多様なモードで記憶に留めるようにしてください。この場合、最初は英語→日本語の順で練習し、慣れてきたら日本語→英語で言えるかチェックしましょう。

10 !!

challenge [tʃǽləndʒ チャレンヂ] 🔊	图 ①課題　②挑戦　③異議 動 ①に異議を唱える　②に挑む　③の能力を試す challenge A to B　A(人)にBを挑む	STEP 1
method [méθəd メソッド]	图 方法
basic [béisik ベイスィック]	形 基本的な ▶ báse 图 土台
tip [típ ティプ]	图 ①ヒント　②チップ　③先、先端
campus [kǽmpəs キャンパス]	图 (大学などの)キャンパス、構内
private [práivət プライヴェット] 🔊 🔊	形 ①私有の、民間の(⇔públic 公共の)　②内密の ③個人の、個人的な ▶ privacy 图 プライバシー
architecture [ά:rkətéktʃər アーキテクチャ] 🔊 🔊	图 建築(学)、建築様式
chapter [tʃǽptər チャプタ]	图 (書物・論文などの)章
summary [sʌ́məri サマリ]	图 要約、まとめ、概要 形 概略の in summary 要約すると
context [kántekst カンテクスト]	图 ①文脈、前後関係　②状況、背景

🐨 「ヒント」

日本語の「ヒント」の意味としては、tip や suggestion などを用いる。hint という単語は「ほのめかし」や「暗示」という意味であり、「お役立ち情報」のような意味はない。

学習日 ⟋ ⟋ ⟋ **49**

ステップ4

チャンクを文レベルで使えるように練習

最後にチャンクの入った文レベルでの練習をしましょう。これによって、チャンクを発信語いとして用いることのできるレベルまで引き上げます。これも、日本語を見て英語を何度も口で言って実際にスペリングなどに注意して書いてみてください。ここまで出来れば、チャンクを使って自己表現するレベルにまで単語力が身についています。

何度も繰り返そう！

例文でCHECK!!

学校や学習について話す		
0001	私たちは多くの課題に直面したが、共にそれらを切り抜けた。	We faced many challenges but got through them together.
0002	このコースで、食べものを料理するさまざまな方法を学ぶことができる。	You can learn different methods of cooking food in this course.
0003	このクラスでは、コンピューターを使用する基本的な技能を学ぶことができる。	In this class, you can learn the basic skills of using a computer.
0004	この本は小さな子どもを持つ親にとって役に立つヒントが豊富である。	This book is full of useful tips for parents with small children.
0005	その大学のキャンパスは学生たちにのみ開放されている。	The college campus is only open to its students.
0006	妹と私はどちらもトロントの私立の学校に通っている。	My sister and I both go to a private school in Toronto.
0007	私はいつもヨーロッパ建築に興味を抱いてきた。	I have always been interested in European architecture.
読書について話す		
0008	あなたはオンラインでこの本の冒頭の章を無料で読むことができる。	You can read the opening chapter of this book for free online.
0009	そのレポートの要約を私に示してもらえますか。	Can you give me a summary of the report?
0010	あなたは私たちが状況を理解できるようにするために文脈を説明する必要がある。	You need to explain the context so that wa can understand the situation.
意思をもった行為について話す		
0011	彼はいつもすべてを知っているふりをするため、私は彼が好きではない。	I don't like him because he always pretends to know everything.
0012	私は友人とけんかをしたあとに彼に会うのを避けようとした。	After I fought with my friend, I tried to avoid meeting him.
0013	私たちは事故を予防するため、特別な安全訓練を受けた。	We had special safety training to prevent accidents.
0014	高校卒業後、私は勉強を続けて大学へ行くことを望んでいる。	After high school I hope to continue studying and go to university.
0015	何人かの友人は私がその仕事に応募するべきだと言った。	Several friends told me that I should apply for the job.
0016	私の父は健康のために喫煙をやめた。	My father quit smoking for his health.
0017	私は長距離飛行の間眠ろうとしたが、眠れなかった。	I attempted to sleep during the long flight, but I couldn't.
身体の行動について話す		
0018	私たちは島を探検し、素晴らしいビーチを見つけた。	We explored the island and found a good beach.
0019	私の弟が迷子になっていたので私たちは彼を求めて人混みを探した。	My younger brother was missing, so we searched the crowd for him.
0020	この記事を素早く見てもらえますか。	Can you have a quick look at this article?

56 LEVEL 1 A2

※文にあわせて、時制や冠詞、単数／複数などチャンクを適宜変化させましょう。日本語に主語がない場合もあります。文意にあわせて、適当な主語を補うようにしてみましょう。

学習のヒント

1 音声データを活用しましょう

チャンク、単語、例文など豊富なバリエーションの音声を無料でご用意しています。英単語学習では、多様なモードで学習することが重要です。耳で聞いて、実際に口に出して発音しましょう。最終的には、日本語を聞いて英語が瞬時に言えるようになることを目指しましょう。

書名を選んで
クラウドマークをタップ！

ことまな S

iPhone を
お使いの方はこちら

Android を
お使いの方はこちら

2 インターバルを置きながら復習します

単語学習のポイントは、「忘れる頃に復習する」ということです。一度では単語は覚えられません。むしろ忘れる方がふつうです。記憶の研究ではできるだけ多様なモードで脳に定着しやすくする、忘れそうになった頃に再生して復習する、というのが定番です。この本も目標を決めたらそれまでに最低3回は繰り返しましょう。そして、1回目と2回目のインターバルを基準に、3回目はその間隔の2乗、（3日だったら3の2乗で9日）空けて復習します。次は3乗で27日といった具合です。試してみてください。

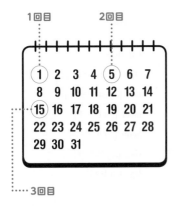

1回目　　　2回目

① 2 3 4 ⑤ 6 7
8 9 10 11 12 13 14
⑮ 16 17 18 19 20 21
22 23 24 25 26 27 28
29 30 31

3回目

発音記号表

母 音	子 音
/iː イー/ meat [míːt ミート]	/p プ/ pen [pén ペン]
/i イ/ big [bíg ビグ]	/b ブ/ busy [bízi ビズィ]
/e エ/ bed [béd ベド]	/t ト/ ten [tén テン]
/æ ア/ map [mǽp マプ]	/d ド/ day [déi デイ]
/æ ア | ɑː アー/ ask [ǽsk アスク]	/k ク/ kitchen [kítʃən キチン]
/ɑː アー/ farther [fáːrðər ファーザ]	/g グ/ game [géim ゲイム]
/ɑ ア | ɔ オ/ hot [hát ハト]	/ts ツ/ cats [kǽts キャツ]
/ʌ ア/ cut [kʌ́t カト]	/dz ヅ/ goods [gúdz グヅ]
/ɔː オー/ fall [fɔ́ːl フォール]	/f フ/ food [fúːd フード]
/ɔː オー | ɔ オ/ soft [sɔ́ft ソーフト]	/v ヴ/ have [hǽv ハヴ]
/uː ウー/ school [skúːl スクール]	/θ ス/ thin [θín スィン]
/u ウ/ book [búk ブク]	/ð ズ/ this [ðís ズィス]
/əːr アー/ hurt [háːrt ハート]	/s ス/ sea [síː スィー]
/ər ア/ over [óuvər オウヴァ]	/z ズ/ zoo [zúː ズー]
/ə ア/ about [əbáut アバウト]	/ʃ シュ/ push [púʃ プシュ]
/ei エイ/ take [téik テイク]	/ʒ ジュ/ television [téləvìʒən テレヴィジョン]
/ai アイ/ high [hái ハイ]	/h フ/ hat [hǽt ハト]
/ɔi オイ/ voice [vɔ́is ヴォイス]	/tʃ チ/ chair [tʃéər チェア]
/ou オウ/ note [nóut ノウト]	/dʒ ヂ/ just [dʒʌ́st ヂャスト]
/au アウ/ how [háu ハウ]	/m ム, ン/ meet [míːt ミート]
/iər イア/ ear [íər イア]	/n ヌ, ン/ noon [núːn ヌーン]
/eər エア/ fair [féər フェア]	/ŋ ング/ sing [síŋ スィング]
	/l ル/ leg [lég レグ]

＊カナ発音はおおよその目安と考えてください。

＊/ə/はアクセントのないあいまいな発音で，この部分のカナ発音は，なるべくつづり字に合わせて「アイウエオ」としてあります。

＊イタリック体は，その音を発音する場合と発音しない場合があることを表しています。

フォーカスワード

come

[kʌ́m カム]

❶来る
❷ (相手の方へ)**行く**
❸めぐって来る
❹…(の状態)**になる**

共通イメージ

話題の中心に向かって移動

❶来る
come home
帰宅する

❸めぐって来る
Spring has come.
春が来た。

❹…(の状態)になる
come true
本当になる

❷(相手の方へ)行く
I'm coming.
いま行きます。

使えるコーパスフレーズ		
come to + 名詞	① **come to A's house**	A(人)の家を訪ねる
	② **come to an end**	終わる
	③ **come to a conclusion**	結論に達する
	④ **come to the door**	ドア[玄関]に来る
	⑤ **come to dinner**	夕食を食べに来る

▶▶▶ come のイメージ

話し手・聞き手の話題の中心に近づいていくことを表す語。日本語の「来る」と必ずしも一致しないので注意。

▶▶▶ come で言ってみよう！

●場所・方向

come		
	back	戻る
	here	ここに来る
	to school	学校に来る
	to the meeting	会議に来る
	to the party	パーティーに来る
	to the station	駅に着く
	to my uncle's house	おじの家を訪ねる
	into my room	私の部屋に入ってくる
	home from school	学校から帰宅する

●時・順番・状態

come		
	first in the race	レースで1位になる
	true	本当になる
	loose	ゆるむ

●達する

come		
	to a conclusion	結論に到達する
	to an agreement	合意に達する
	to be an actor	役者になる
	to think of it	そういえば

feel

❶ (痛み・感情など) **を感じる**
❷ (ものが) **…の感じがする**
❸ (…であると) **思う**

[fíːl フィール]

共通イメージ

ハートでいろいろ感じている

❶ (痛み・感情など) を感じる
feel pain
痛みを感じる

❷ (ものが) …の感じがする
feel heavy
重く感じる

❸ (…であると) 思う
feel he loves me
彼は私のことが好きだと思う

使えるコーパスフレーズ

feel + 形容詞	1 **feel good / better**	気分がよい／よくなる
	2 **feel free to** *do*	ご自由に〜してください
	3 **feel comfortable**	居心地がよい
feel + 名詞	1 **feel the need**	必要性を感じる
	2 **feel pain**	痛みを感じる

▶ ▶ ▶ feelのイメージ

実際に手で触って「感じる」ことや、心で「感じる」感情を表す。

▶▶▶ feelで言ってみよう！

●感情

feel		
	happy	うれしく感じる
	bad	いやな気分だ
	sad	悲しい気分だ
	sorry for her	彼女を気の毒に思う
	miserable	憂うつである
	at ease	安心する
	guilty	罪悪感を覚える
	like dancing	踊りたい気分だ

●感覚

feel		
	tired	疲れている
	hungry	お腹が空いている
	cold	寒い
	sick	体調が悪い

●手触り

feel		
	cool	冷たい
	soft	柔らかい
	smooth	すべすべしている

find

❶ を見つける
❷ …であるとわかる

[fáind ファインド]

共通イメージ

探していたものを見つける

❶ を見つける
find gold
金を見つける

❷ …であるとわかる
find the movie interesting
その映画がおもしろいとわかる

使えるコーパスフレーズ

find + 名詞	① **find a way**	方法を見つける
	② **find (the) time (to do)**	(…する)時間を見つける
	③ **find a place**	場所を見つける
find it + 形容詞	① **find it difficult**	難しいと思う
	② **find it hard**	大変だと思う

▶ ▶ ▶ find のイメージ

なくしたものを偶然見つけたり、努力してものを見つけるイメージ。
また、ものに限らず、ある事実がわかった場合にも用いられる。

▶ ▶ ▶ findで言ってみよう!

● 身の回りのもの

find		
	a key	鍵を見つける
	my glasses	私のメガネを見つける
	the nearest station	最寄り駅を見つける

● 抽象的なもの

find		
	work	仕事を見つける
	a way	方法を見つける
	the time to do homework	宿題をする時間を見つける
	a solution	解決策を見つける
	evidence	証拠を見つける

● 評価

find		
	the book interesting	その本がおもしろいとわかる
	the information useful	その情報が役立つとわかる
	him a funny man	彼がおもしろい人だとわかる
	it impossible	不可能だと思う
	it easy	やさしいと思う

get

❶ を手に入れる、得る **❸ …になる**
❷ を買う **❹ に着く、達する**

[gét ゲト]

共通イメージ

手に入れる、手に入れて（結果的に）変化する

❶を手に入れる、得る
get a lot of money
大金を手に入れる

❸…になる
get cold
寒くなる

get

❷を買う
get a new bicycle
新しい自転車を買う

❹に着く、達する
get home
帰宅する

使えるコーパスフレーズ

get + 名詞	① **get** money	お金を手に入れる
	② **get** a job	就職する
	③ **get** a car	車を買う
get + 形容詞	① **get** better	(体が)回復する
+ 過去分詞	② **get** lost	迷う

▶ ▶ ▶ getのイメージ

具体的なものを手に入れることを表す最も一般的な語。また、ものに限らずある状態に「なる」ことも表す。広く「何か（もの・状態）を得る」ことを表す語。

▶▶▶ get で言ってみよう！

● 有益なもの

get		
	his **help**	彼の助けを得る
	advice	助言を得る
	a high **grade**	よい成績をとる
	a **fortune**	富を得る
	permission	許可を得る
	her a **present**	彼女にプレゼントを用意する

● 状態の変化

get		
	dark	暗くなる
	hot	暑くなる
	angry	怒る
	married	結婚する
	injured	けがをする
	lost	道に迷う

● 到達点

get		
	home at seven	7時に家に着く
	to **school**	学校に着く
	to **Osaka**	大阪に到着する

give

❶ を与える、あげる　**❸** を伝える
❷ を渡す　**❹** (会など) を開く

[gív ギヴ]

共通イメージ

相手に与える

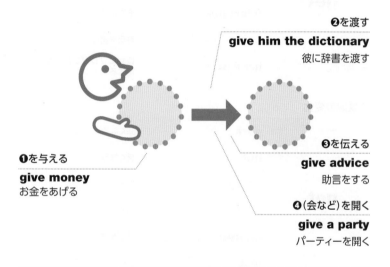

❷ を渡す
give him the dictionary
彼に辞書を渡す

❶ を与える
give money
お金をあげる

❸ を伝える
give advice
助言をする

❹ (会など) を開く
give a party
パーティーを開く

使えるコーパスフレーズ

give A (人) B (ものなど)		
	① **give me some money**	お金をくれる
	② **give me some ideas**	アイデアをくれる
	③ **give me an example**	例を教えてくれる
	④ **give me more time**	もっと時間をくれる

▶▶▶ **give**のイメージ

誰かに何かを渡す、あげるなど広く「相手に何かを与える」イメージの語。日本語に訳すときは必ずしも「与える」とはならないので注意。

▶ ▶ ▶ give で言ってみよう！

●有益なもの

give		
	her a **present**	彼女にプレゼントをあげる
	me two **tickets**	チケットを2枚もらう
	you an **example**	あなたに一例を示す
	the **watch** to my son	その時計を息子にあげる
	money to the charity	慈善にお金を出す
	a good **impression**	よい印象を与える
	you **confidence**	あなたに自信を与える
	me **pleasure**	私に楽しみをくれる

●コミュニケーション

give		
	advice	助言をする
	an **explanation**	説明をする
	an **instruction**	指図する
	my **name** to him	彼に私の名前を言う
	a **speech**	スピーチをする
	a **smile**	ほほえむ
	a **sigh**	ため息をつく
	me a **glance**	私をちらっと見る
	him a **hug**	彼を抱きしめる

go

❶行く
❷…になる
❸(物事が)…に進行する

[góu ゴウ]

共通イメージ

話題の中心が別の場所に移動する

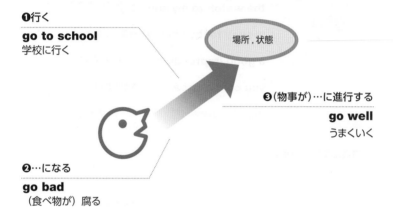

❶行く
go to school
学校に行く

場所,状態

❸(物事が)…に進行する
go well
うまくいく

❷…になる
go bad
(食べ物が)腐る

使えるコーパスフレーズ			
go to + 名詞	① **go to** bed	ベッドに行く、寝る
	② **go to** school	学校に行く
	③ **go to** sleep	寝る
go + 形容詞・副詞	① **go** wrong	思うようにいかない
	② **go** well	うまくいく

▶ ▶ ▶ goのイメージ

comeと逆の意味で、話し手・聞き手の話題の中心から離れていくイメージ。状態の変化を表すときなどにも用いられる。

▶▶▶ go で言ってみよう！

● 場所

go	home	家に帰る
	to the **beach**	ビーチに行く
	by **train**	電車で行く
	on **foot**	歩いて行く
	abroad	外国に行く

● 目的

go	to the **movies**	映画を見に行く
	shopping	買いものに行く
	hiking	ハイキングに行く
	swimming in the **pool**	プールに泳ぎに行く
	for **lunch**	昼食を食べに行く

● 状態

go	bad	（食べ物が）腐る
	sour	すっぱくなる
	crazy	気が変になる
	blind	目が見えなくなる
	mad	激怒する
	into the **red**	赤字になる

have

動❶ を持っている
❷ (仕事などが) ある
❸ を食べる、飲む

助❶ もう…してしまった
❷ …したことがある
❸ ずっと…している

[hǽv ハヴ]

共通イメージ

自分の手に持っている状態

動❶ を持っている
have a car
車を持っている

助❶ もう…してしまった
have done my homework
宿題をしてしまった

動❷ (仕事などが) ある
have an English class
英語の授業がある

助❷ …したことがある
have read the book twice
その本を2回読んだことがある

動❸ を食べる、飲む
have breakfast
朝食を食べる

助❸ ずっと…している
have been in Tokyo for one year
東京に1年間いる

使えるコーパスフレーズ

have + 名詞	① **have a look (at ...)**	(…)を見る
	② **have a good time**	楽しい時間を過ごす
	③ **have money**	お金がある
have + 過去分詞	① **have been ...**	ずっと…である
	② **have seen ...**	…を見たことがある

▶ ▶ ▶ have のイメージ

 具体的なものに限らず、状態や動作などを「所有している」イメージ。

▶▶▶ have で言ってみよう！

●具体的なもの

have		
	two **brothers**	兄弟が2人いる
	a **book** in my hand	手に1冊の本を持って いる
	a **camera**	カメラを持っている

●仕事・義務

have		
	a lot of **homework**	宿題がたくさんある
	an English **class** on Monday	月曜日に英語の授業 がある
	a **duty**	義務がある
	responsibility	責任がある

●動作

have		
	lunch at noon	正午に昼食を食べる
	a cup of **coffee**	コーヒーを1杯飲む
	a **chat** with him	彼と雑談する
	a **guess**	推量をする

●状態

have		
	a **problem**	問題がある
	a lot of **experience**	豊富な経験がある
	a **cold**	かぜをひいている
	time to sleep	寝る時間がある

look

❶見る
❷…に見える

[lúk ルク]

共通イメージ

自分から見ようと思って注意して見る

❶見る

look at the picture
その絵を見る

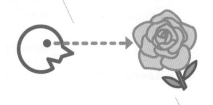

❷…に見える

look good
よさそうに見える

使えるコーパスフレーズ

look at + 名詞	① **look at** page ...	…ページを見る
	② **look at** the figure(s)	その図[数字]を見る
	③ **look at** A's face	A(人)の顔を見る
look + 形容詞	① **look** good	よさそう(おいしそう、かっこいいなど)
	② **look** great	すばらしく見える

▶▶▶ lookのイメージ

> seeとは違い、自分から見ようと思って「意識的に見る」イメージの語。

▶ ▶ ▶ **look**で言ってみよう！

●具体的なもの

look		
	at her **face**	彼女の顔を見る
	at **each other**	お互いに顔を見合わせる
	at **page** 2	2ページを見る
	up at the **moon**	月を見上げる
	at the **blackboard**	黒板を見る
	at the **sky**	空を見る
	out the **window**	窓の外を見る
	for a quiet **place**	静かな場所を探す
	after the **children**	子どもたちの世話をする

●評価・様子

look		
	bad	悪く見える
	better	よりよく見える
	nice	すてきに見える
	surprised	驚いているように見える
	tired	疲れているように見える
	pale	顔色が悪い
	the **same**	同じように見える
	different	違って見える
	like **rain**	雨になりそうだ

make

❶ を作る
❷ を整える、用意する
❸ …をする
❹ …に（むりやり）…させる
❺ …を…にする

[méik メイク]

共通イメージ

ものに手を加えて作り変える

❶ を作る
make a box
箱を作る

❷ を整える、用意する
make a meal
食事をつくる

❸ …をする
make a fire
火をたく

❹ …に（むりやり）…させる
make him go
彼を行かせる

❺ …を…にする
make her happy
彼女を幸せにする

使えるコーパスフレーズ

make + 名詞	1 **make a point**	ひとこと言う
	2 **make sense**	理解できる
	3 **make money**	お金をかせぐ
make + 動詞の名詞形	1 **make a difference**	変化をもたらす
	2 **make a decision**	決定する

▶ ▶ ▶ make のイメージ

手を加えて何かを作るイメージの語。ものに限らず、「状態をつくる→状態にする」という意味にもなる。

▶▶▶ makeで言ってみよう！

●具体的なもの

make		
	coffee	コーヒーをいれる
	a cake	ケーキを作る
	breakfast	朝食を作る
	a movie	映画を作る
	friends	友だちをつくる
	butter from milk	牛乳でバターを作る

●抽象的なもの・動作・行為

make		
	a plan	計画を立てる
	good grades	よい成績を取る
	a noise	音を立てる
	an effort	努力する
	progress	進歩する
	a mistake	間違える
	a visit	訪問する
	a speech	演説をする
	a suggestion	提案する
	a reservation	予約する
	an appointment	約束する
	a difficult decision	難しい決断をする

put

❶ を置く
❷ を(ある状態)にする
❸ を言い表す

[pút プト]

共通イメージ

置く

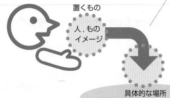

❷を(ある状態)にする
put him in danger
彼を危険にさらす

置くもの
人, もの
イメージ

❶を置く
put a cup on the table
テーブルにコップを置く

具体的な場所
状況, 場面
置く場所

❸を言い表す
put into words
言葉で言い表す

使えるコーパスフレーズ

put + 名詞	① **put money in[on] ...**	…にお金を入れる(かける)
	② **put pressure on ...**	…にプレッシャーをかける
	③ **put one's hand on ...**	手を…にのせる
put + 前置詞・副詞	① **put on**	(服を)着る、(電気を)つける
	② **put in**	設置する、(労力を)つぎこむ

▶ ▶ ▶ putのイメージ

ものや状態をどこかに「位置させる」イメージの語。日本語にする場合には「置く」だけではなく、置くものによって「入れる」「かける」などとなる。

▶ ▶ ▶ putで言ってみよう!

●身近なもの

put		
	a book on the desk	本を机の上に置く
	my hand on his shoulder	手を彼の肩の上に置く
	water in the bottle	瓶の中に水を入れる
	the dishes on the shelf	棚の上に皿を置く
	milk in the coffee	コーヒーにミルクを入れる
	the food on the dish	皿に食べものを入れる
	a world map on the wall	壁に世界地図を貼る
	a coat on the hanger	コートをハンガーにかける
	a stamp on the envelope	封筒に切手を貼る
	my head out of the window	窓から頭を出す
	my ear to the wall	壁に耳を当てる

●抽象

put		
	my money in the bank	銀行にお金を預ける
	my name	名前を記入する
	pressure on you	あなたにプレッシャーを与える
	an end	終止符を打つ
	my emotions into words	感情をことばに表す
	the number in sequence	数字を順番に並べる

see

❶ を見る、が見える
❷ に会う
❸ がわかる

[síː スィー]

共通イメージ

自然と目に入ってくる

❶を見る、が見える
see a bird
鳥を見る

❷に会う
see my uncle
おじに会う

❸がわかる
see what you say
あなたの言うことがわかる

使えるコーパスフレーズ

see + 具体的な名詞	① see people [a man]	人[男の人]が見える、人に会う
	② see things	ものが見える
	③ see a movie	映画を見る
see + 抽象的な名詞	① see your point	君の言いたいことがわかる
	② see the reason	理由がわかる

▶ ▶ ▶ seeのイメージ

look とは違い、自然と目に入ってきて「見る」イメージの語。目に見えない抽象的なものが「わかる」場合にも用いられる。

▶ ▶ ▶ seeで言ってみよう！

●具体的なもの

	a beautiful flower	美しい花を見る
	my picture	私の絵を見る
	page 100	100ページを見る
	Mt. Fuji	富士山を見る
see	**you again**	「またね」（あいさつ）
	an old friend	旧友に会う
	a doctor	医者に診てもらう
	the accident	事故を見る
	the sights of this town	この町の名所を見る
	his dog running	彼のイヌが走っているのを見る

●抽象的なもの

	the reason	理由がわかる
	the difference	違いがわかる
	an end	終わりを見届ける
see	**a problem**	問題があるのがわかる
	what you mean	君の言う意味がわかる
	how I can make it	どうしたらうまくいくかわかる
	no evidence	証拠が見当たらない

take

① を持って行く、連れて行く **④** (時間など)をとる
② に乗る **⑤** (授業など)を受ける
③ (ある行動を)する、とる **⑥** (写真など)をとる

[téik テイク]

共通イメージ

持って行く

① を持って行く、連れて行く
take my son to the park
息子を公園に連れて行く

② に乗る
take a bus
バスに乗る

③ (ある行動を)する、とる
take a bath
風呂に入る

話題の中心

④ (時間など)をとる
take five months
5か月かかる

⑤ (授業など)を受ける
take an English class
英語の授業を受ける

⑥ (写真など)をとる
take a picture
写真を撮る

使えるコーパスフレーズ

take + 名詞	① take place	起こる、開催される
	② take care	注意する
	③ take time	時間がかかる
take + 人・物 + to + 名詞	① take ... to court	…を訴える
	② take ... to school	…を学校に送って行く

▶▶▶ take のイメージ

何かを手に取って「持って行く」イメージの語。

▶ ▶ ▶ takeで言ってみよう！

●身近なもの

take	an **umbrella** with me	傘を持って行く
	my **dog** for a walk	犬を散歩に連れて行く
	the **baby** in my arms	赤ちゃんを両腕で抱きあげる
	an English **test**	英語の試験を受ける

●動作

take	a **walk**	散歩をする
	a **rest**	休憩する
	a **drive**	ドライブをする
	action	行動をとる
	a deep **breath**	深呼吸をする
	off my **glasses**	メガネをはずす

●乗り物

take	a **taxi** from the airport	空港からタクシーに乗る
	the wrong **train**	間違った電車に乗る
	the **elevator**	エレベーターに乗る

●飲む・食べる

| take | **medicine** | 薬を飲む |
| | a **meal** | 食事をする |

tell

❶ を言う
❷ を知らせる、教える
❸ がわかる
❹ …するように言う［命令する］

[tél テル]

共通イメージ

人と人の間を情報が行き来する

❶を言う
tell a story
話をする

❸がわかる
tell the difference
違いがわかる

❷を知らせる、教える
tell my address
住所を教える

❹…するように言う［命令する］
tell her to come here
彼女にここに来るように言う

使えるコーパスフレーズ

tell + 名詞	1 **tell the truth**	本当のことを言う
	2 **tell time**	時計の読み方がわかる
	3 **tell a lie**	うそをつく
tell + A(人) + to + 動詞	1 **tell A to get ...**	…を手に入れるようAに言う
	2 **tell A to do ...**	…をするようにAに言う

▶▶▶ tellのイメージ

「情報を言葉で伝える」イメージの語。相手に何かを伝えたい内容が具体的にある場合に用いる。

▶ ▶ ▶ tellで言ってみよう！

●言葉

tell	the truth	真実を言う
	a big lie	大うそをつく
	a bad joke	悪い冗談を言う
	a secret	秘密を話す

●情報

tell	me about the story	その物語について私に話す
	you something important	あなたに重要なことを言う
	you my opinion	私の意見を君に言う
	you the way to the store	その店への道を君に教える
	them a wrong address	彼らに間違った住所を教える
	her my son's name	彼女に私の息子の名前を教える
	the details	詳細を教える
	the difference	違いがわかる

●指示・命令

tell	us to play outside	私たちに外で遊ぶように言う
	us to read the book	私たちにその本を読むように言う
	him to come at once	彼にすぐ来るように言う

about

❶ (話題・ことがら) について	❸ (場所) のあたりを [に]
❷ …頃に、およそ…で	

イメージ
…のすぐそば

❶ talk about the World Cup	ワールドカップについて話す
❷ about fifty people	およそ50人
❸ look about him	彼のあたりを見回す

after

❶ …のあとに [の]	❸ …のあとを追って
❷ 次々に	

イメージ
順序があと

❶ after school	放課後
❷ day after day	日々
❸ run after a cat	ネコを追いかける

at

❶ (場所) …に、…で	❹ 〈値段・程度・割合・速度など〉…で
❷ (時間) …に	❺ …の点において
❸ (ねらい・対象) …に向かって	

イメージ
広い範囲の中の一点

❶ at home	家で
❷ at the start of the year	年の初めに
❸ smile at a child	子どもに向かって笑う
❹ at a low price	低価格で
❺ be good at tennis	テニスが得意だ

before

❶ (時間) …の前に	❷ 〈位置〉…の前に

イメージ
前方

❶ before sunrise	日の出前に
❷ before her eyes	彼女の目の前に

between

❶ (2つのものや人) の間に [で、を、の]	❷ (2人以上) で共有して
	❸ (2つ以上の選択肢) の中から

イメージ
2つのものの間にある

❶ between two and three o'clock	2時から3時の間に
❷ between you and me	あなたと私の間だけで (ここだけの話だが)
❸ choose between the two	2つの中から選ぶ

| **by** | ❶ (行為をする人・原因)…によって | ❸ (期限)…までに(は) |
| | ❷ (手段・方法)…によって、…で | ❹ (場所)…の(すぐ)そばに |

イメージ 他のもののそば	❶a book by Soseki	漱石によって書かれた本
	❷by car	車で
	❸by the end of this month	今月末までに
	❹walk by me without noticing	気づかずに私のそばを歩く

for	❶ (利益・用途・対象)…のために	❹ (期間・距離)…の間
	❷ (目的・目指す対象)…のために	❺ (関連)…について(は)
	❸ (目的地)…に向かって	❻ (視点)…にとって

イメージ 向かっていく先	❶run for my health	健康のために走る
	❷cry for help	助けを求めて叫ぶ
	❸a train for Osaka	大阪行きの電車
	❹for a long time	長い間
	❺Thank you for coming.	来てくれてありがとう。
	❻too difficult for me	私にとってあまりに難しい

| **from** | ❶ (出発点・起点)…から(の) | ❸ (原因・理由)…から、…のために |
| | ❷ (時間)…から(の) | ❹ (原料・材料)…から、…で |

イメージ 始点	❶fly from Narita to Sydney	成田からシドニーまで飛行機で行く
	❷from ten o'clock	10時から
	❸suffer from a cold	風邪のために苦しむ
	❹be made from grapes	ブドウから造られる

| **in** | ❶ (場所・状況)…(の中)に[で]、(乗り物)に乗って | ❸ (状態・方法・材料)…(の状態)で |
| | ❷ (時間・時の経過)…に、…のうちに | ❹ (服装)…を着て |

イメージ 範囲の中	❶play in the house	家の中で遊ぶ
	❷in 1997	1997年に
	❸in good health	健康で
	❹dress in white	白い服を着る

into

❶ (内部への動き)…**の中へ**	❸ (変化)…(の状態)**に**
❷ (方向)…**に向かって**	

あるものの内部に向かって

❶ come into the room	部屋の中へ来る
❷ look into my eyes	私の目を見る
❸ be made into wine	ワインに加工される

of

❶ (全体)…**の(中の)**	❺ (原材料・構成要素)…**で(できている)**
❷ (所有者・所属先・範囲)…**の**	
❸ (部分・中身)…**の(入った)**	❻ (起源・原因)…**から(出た)**
❹ (同格関係)…**という**	

あるものの一部

❶ one of the boys	少年たちの中の1人
❷ a member of the baseball club	野球部の一員
❸ a cup of tea	1杯のお茶
❹ the name of Ken	ケンという名前
❺ be made of wood	木製である
❻ die of cancer	がんで死ぬ

on

❶ (接触・固定)…**の上に**	❹ (近接・位置)…**に(接して[面して])**
❷ (期日)…(日)**に**	
❸ (基礎・根拠)…**に基づいて**	❺ (目的)…(のため)**に**、(進行)…(の途中)**で**

接している

❶ a painting on the wall	壁にかかっている絵
❷ on Sunday	日曜日に
❸ a plan on his advice	彼の助言に基づいた計画
❹ a hotel on the lake	湖のほとりのホテル
❺ on my way home	帰る途中で

over

❶ (一面)…**の一面に**	❸ (反対側への動き・反対側の位置)…**を越えて**
❷ (上の位置)(おおうように)…**の上に**	❹ (時間・距離)…**にわたって**

上をおおう

❶ travel over Europe	ヨーロッパ中を旅行する
❷ a bridge over the river	川の上の橋
❸ countries over the sea	海の向こうの国々
❹ over the last 10 years	ここ10年にわたって

to	❶ (行き先・到着点・方向) …へ、…に	❹ (範囲の終わり側) …まで
	❷ (相手・対象) …に対して	❺ (対比・比較) …に対して
	❸ (結果・到着点) …に (なるまで)	❻ (所属・付属・対応) …に (属する)

イメージ
到着点まで

❶ go to school	学校に行く
❷ listen to music	音楽を聴く
❸ grow to a hundred feet	100フィートの高さに育つ
❹ from Monday to Friday	月曜日から金曜日まで
❺ win the game 11 to 7	その試合に11対7で勝つ
❻ the key to the door	そのドアの鍵

under	❶ …の下に	❸ …未満で
	❷ (条件・所属・分類) …のもとで	❹ …中で、…されていて

イメージ
真下に

❶ have a book under my arm	脇の下に本を抱える
❷ under the law	法の下で
❸ children under six	6歳未満の子どもたち
❹ under construction	建設中である

with	❶ (共同) …と (いっしょに)	❹ (手段・道具など) …を使って
	❷ (所有・付属) …を持っている	❺ (立場・関連) …にとって (は)、…について
	❸ (相手・対応) …と、…に (対して)	❻ (原因・理由) … (のせい) で

イメージ
同じ時間・場所で

❶ play with a dog	イヌといっしょに遊ぶ
❷ a woman with her baby in her arms	赤ちゃんを抱いている女性
❸ be in love with her	彼女に恋をしている
❹ cut an apple with a knife	ナイフでリンゴを切る
❺ What's the problem with you?	どうしたのですか (あなたについての問題は何ですか)。
❻ be in bed with a cold	風邪で寝込んでいる

学習日 ／ ／ ／ 45

基本的な接続詞一覧

1 ☐☐ **and**	…と…、…そして
2 ☐☐ **but**	しかし、だが
3 ☐☐ **or**	または、あるいは
4 ☐☐ **nor**	…もまた…ない
5 ☐☐ **so**	そういうわけで
6 ☐☐ **for**	…だから
7 ☐☐ **because**	…だから
8 ☐☐ **since**	(時間) …以来、(原因) …なので
9 ☐☐ **though**	だが、…にもかかわらず
10 ☐☐ **if**	もし…ならば
11 ☐☐ **than**	…より (も)
12 ☐☐ **when**	…するとき (には)
13 ☐☐ **till/until**	(…する) まで (ずっと)
14 ☐☐ **before**	…する前に、…しないうちに
15 ☐☐ **after**	…したあとで [に]
16 ☐☐ **while**	…の間 (ずっと)
17 ☐☐ **as**	(…する) ように
18 ☐☐ **whether**	…かどうか

CROWN Chunk Builder

Standard

LEVEL

1

CEFR-J A2レベル

事実や情報を伝える ❶

学校や学習について話す

□□□ 0001 課題に直面する	face a **challenge**
□□□ 0002 方法を学ぶ	learn a **method**
□□□ 0003 基本的な技能	a **basic** skill
□□□ 0004 役に立つヒント	a useful **tip**
□□□ 0005 その大学のキャンパス	the college **campus**
□□□ 0006 私立の学校	a **private** school
□□□ 0007 ヨーロッパ建築	European **architecture**

読書について話す

□□□ 0008 冒頭の章	the opening **chapter**
□□□ 0009 要約を示す	give a **summary**
□□□ 0010 文脈を説明する	explain the **context**

 「チャレンジする」

challengeをカタカナにすると「チャレンジ」となるが、「…することにチャレンジする」と言いたいときは、challengeではなくtry to do を使うのが一般的。

My mother tries to study Spanish as a second language.
「私の母はスペイン語を第2言語として勉強することにチャレンジする」

challenge [tʃǽləndʒ チャレンヂ] ⑦	名 ①課題　②挑戦　③異議 他 ①に異議を唱える　②に挑む　③の能力を試す 　challenge A to B　A(人)にBを挑む
method [méθəd メソド]	名 方法
basic [béisik ベイスィク]	形 基本的な ▶ báse 名 土台
tip [típ ティプ]	名 ①ヒント　②チップ　③先、先端
campus [kǽmpəs キャンパス]	名 (大学などの)キャンパス、構内
private [práivət プライヴェト] 発 ⑦	形 ①私有の、民間の(⇔ públic 公共の)　②内密の 　③個人の、個人的な ▶ prívacy 名 プライバシー
architecture [ά:rkətèktʃər アーキテクチャ] 発 ⑦	名 建築(学)、建築様式
chapter [tʃǽptər チャプタ]	名 (書物・論文などの)章
summary [sʌ́məri サマリ]	名 要約、まとめ、概要 形 概略の 　in summary　要約すると
context [kántekst カンテクスト]	名 ①文脈、前後関係　②状況、背景

 「ヒント」

　日本語の「ヒント」の意味としては、tipやsuggestionなどを用いる。hintという単語は「ほのめかし」や「暗示」という意味であり、「お役立ち情報」のような意味はない。

事実や情報を伝える ❷

意志をもった行為について話す

□□□ 0011 すべてを知っているふりをする	**pretend** to know everything
□□□ 0012 彼に会うのを避ける	**avoid** meeting him
□□□ 0013 事故を予防する	**prevent** accidents
□□□ 0014 勉強を続ける	**continue** studying
□□□ 0015 その仕事に応募する	**apply** for the job
□□□ 0016 喫煙をやめる	**quit** smoking
□□□ 0017 眠ろうとする	**attempt** to sleep

身体の行動について話す

□□□ 0018 島を探検する	**explore** the island
□□□ 0019 彼を求めて人混みを探す	**search** a crowd for him
□□□ 0020 素早く見る	have a **quick** look

🐻 keep A from *doing*「Aが…するのを妨げる」

prevent A from *doing*と同じ形を用いて、keepも同じ意味で使うことができる。
I tried to keep the ball from dropping.「私はボールが落ちないようにした」

pretend [priténd プリテンド]	他 自 (の)ふりをする pretend to *do* …するふりをする
avoid [əvɔ́id アヴォイド]	他 を避ける avoid *doing* …することを避ける
prevent [privént プリヴェント]	他 を予防する、妨げる prevent A from *doing* Aが…するのを妨げる ▶ **prevéntion** 名 防止
continue [kəntínju: コンティニュー] ⑦	他 を(し)続ける(to *do*, *do*ing) 自 続く ▶ **contínual** 形 くり返し起こる、断続的な ▶ **contínuous** 形 絶え間ない
apply [əplái アプライ] ⑦	自 ① (…に)応募する、申し込む(for)、志願する(to) ② あてはまる 他 をあてはめる、適用する
quit [kwít クウィット] 活 quit-quit	他 をやめる(=give úp) quit *doing* …することをやめる
attempt [ətémpt アテンプト]	他 を(し)ようとする(to *do*)、試みる 名 試み、努力
explore [iksplɔ́:r イクスプロー]	他 を探検する ▶ **explorátion** 名 探検
search [sə́:rtʃ サーチ]	他 自 (を)探す 名 捜索 search (A) for B Bを求めて(A を)探す
quick [kwík クウィック]	形 素早い(⇔slów 遅い) ▶ **quíckly** 副 速く、素早く

「を探す」

「探す」ということばには、探す「場所」と探し求める「何か」の両方を表す。
search で「場所」を探す場合には〈search＋場所〉、「もの」を探す場合には〈search
for＋もの〉という表現を使う。

search a park「公園を探す」（公園で何かを探すことを意味する）
search for my key「自分の鍵を探す」（どこかで鍵を探すことを意味する）

話題を広げる ❶

経済について話す

□□□ 0021 児童労働	child **labor**
□□□ 0022 外国貿易	foreign **trade**
□□□ 0023 富を集める	gather **wealth**
□□□ 0024 2ドルの費用がかかる	**cost** two dollars
□□□ 0025 無料のサンプル	a free **sample**

社会について話す

□□□ 0026 地元の慣習	a local **custom**
□□□ 0027 社会構造	the social **structure**
□□□ 0028 性差	**gender** differences
□□□ 0029 多数の人口	a large **population**
□□□ 0030 私たちの都市部の生活様式	our city **lifestyle**

 a wealth of

wealth が「資産」「富」を表すことから、量が多いことも意味する。a wealth of という形で熟語的に理解するとよい。

a wealth of information「豊富な情報」

labor [léibər レイバ]	图 ①労働　②骨折り、努力
trade [tréid トレイド]	图 ①貿易、商取引　②職業 自 (…と)取引する、貿易する(with) 他 ①を取引する　②を交換する
wealth [wélθ ウェルス]	图 富、資産 ▶ wéalthy 厖 裕福な
cost [kɔ́:st コースト] 活 cost-cost	他 ①(金など)がかかる　②(時間、労力)を要する 图 ①費用　②犠牲
sample [sǽmpl サンプル]	图 サンプル、見本
custom [kʌ́stəm カスタム]	图 ①(社会の)慣習、風習 　②《customs で単数扱い》税関
structure [strʌ́ktʃər ストラクチャ]	图 ①構造　②建造物
gender [dʒéndər ヂェンダ]	图 性、性別
population [pὰpjəléiʃən パピュレイション]	图 ①人口 　②《the population で》(ある地域の)全住民、人々
lifestyle [láifstàil ライフスタイル]	图 生活様式、生き方

 **cost＋人＋お金**

「費用」が誰にかかるかを明らかにするときには cost の後に「人」を置く。
The car cost him two million yen.「その車で彼は200万円を使った」

事実や情報を伝える ❸

限定する

□□□ 0031 大部分は同じ	**mostly** the same
□□□ 0032 ほとんどすべての	**nearly** all
□□□ 0033 もういない	not **anymore**
□□□ 0034 ほとんど眠れない	can **hardly** sleep
□□□ 0035 かなりよい	**fairly** good

状況について説明する

□□□ 0036 魔法を使う	do **magic**
□□□ 0037 開いたままである	**remain** open
□□□ 0038 大丈夫そうに見える	**seem** fine
□□□ 0039 光を反射する	**reflect** light
□□□ 0040 すでに存在する	already **exist**

remain の名詞

remain には「残り、残り物」や「遺跡」という名詞の意味もあり、ふつう remains と複数形で使われる。

the remains of the soup「スープの残り物」

mostly [móustli モウストリ]	副 大部分は、たいていは ▶ móst 形 たいていの　代 大部分
nearly [níərli ニアリ]	副 ①ほとんど、ほぼ（＝álmost）　②あやうく…する
anymore [ènimɔ́ːr エニモー]	副 《否定文・疑問文・条件文で》もう（…ない）、今後は （…ない）
hardly [háːrdli ハードリ]	副 ほとんど…ない、少しも…ない
fairly [féərli フェアリ]	副 ①かなり、まずまず　②公平に、公正に ▶ fáir 形 公正な
magic [mǽdʒik マヂク]	名 ①魔法　②魔力　③手品、マジック 形 ①魔法のような　②不思議な力[魅力]のある ▶ mágical 形 不思議な、魅力的な
remain [riméin リメイン]	自 ①ままである　②（その場に）とどまる 名 ①残り、残りもの　②遺跡
seem [síːm スィーム]	自 見える、思われる It seems that [as if] …であるように思える[まるで…のように思える] It seems to do …するように見える
reflect [riflékt リフレクト]	他 自 ①（を）反射する　②を反映する　③を熟考する reflect on A　Aについてよく考える ▶ refléction 名 反射
exist [igzíst イグズィスト]	自 存在する、生存する ▶ exístence 名 生存

seem to *do*

　紹介したチャンクのように〈seem ＋形容詞〉の形を使う場合もあるが、seemの後に to *do* の形を続けることもある。

He doesn't seem to know Mari. 「彼はマリを知らないようだ」

学校や学習について話す	□ 0001 私たちは多くの課題に直面したが、共にそれらを切り抜けた。	We faced many challenges but got through them together.
	□ 0002 このコースで、食べものを料理するさまざまな方法を学ぶことができる。	You can learn different methods of cooking food in this course.
	□ 0003 このクラスでは、コンピューターを使用する基本的な技能を学ぶことができる。	In this class, you can learn the basic skills of using a computer.
	□ 0004 この本は小さな子どもを持つ親にとって役に立つヒントが豊富である。	This book is full of useful tips for parents with small children.
	□ 0005 その大学のキャンパスは学生たちにのみ開放されている。	The college campus is only open to its students.
	□ 0006 妹と私はどちらもトロントの私立の学校に通っている。	My sister and I both go to a private school in Toronto.
	□ 0007 私はいつもヨーロッパ建築に興味を抱いてきた。	I have always been interested in European architecture.
読書について話す	□ 0008 あなたはオンラインでこの本の冒頭の章を無料で読むことができる。	You can read the opening chapter of this book for free online.
	□ 0009 そのレポートの要約を私に示してもらえますか。	Can you give me a summary of the report?
	□ 0010 あなたは私たちが状況を理解できるようにするために文脈を説明する必要がある。	You need to explain the context so that we can understand the situation.
意志をもった行為について話す	□ 0011 彼はいつもすべてを知っているふりをするため、私は彼が好きではない。	I don't like him because he always pretends to know everything.
	□ 0012 私は友人とけんかをしたあとに彼に会うのを避けようとした。	After I fought with my friend, I tried to avoid meeting him.
	□ 0013 私たちは事故を予防するため、特別な安全訓練を受けた。	We had special safety training to prevent accidents.
	□ 0014 高校卒業後、私は勉強を続けて大学へ行くことを望んでいる。	After high school I hope to continue studying and go to university.
	□ 0015 何人かの友人は私がその仕事に応募するべきだと言った。	Several friends told me that I should apply for the job.
	□ 0016 私の父は健康のために喫煙をやめた。	My father quit smoking for his health.
	□ 0017 私は長距離飛行の間眠ろうとしたが、眠れなかった。	I attempted to sleep during the long flight, but I couldn't.
身体の行動について話す	□ 0018 私たちは島を探検し、素晴らしいビーチを見つけた。	We explored the island and found a good beach.
	□ 0019 私の弟が迷子になっていたので私たちは彼を求めて人混みを探した。	My younger brother was missing, so we searched the crowd for him.
	□ 0020 この記事を素早く見てもらえますか。	Can you have a quick look at this article?

経済について話す	☐ 0021	いくつかの国では、児童労働の問題がある。	In some countries there is a problem of <u>child</u> <u>labor</u>.
	☐ 0022	日本は長く外国貿易に依存してきた。	Japan has long depended on <u>foreign</u> <u>trade</u>.
	☐ 0023	使う時間がないのに富を集めようとするのはばかげている。	It's foolish to try to <u>gather</u> <u>wealth</u> when you have no time to spend it.
	☐ 0024	この大きなホットドッグは2ドルの費用しかかからなかった。	This large hot dog only <u>cost</u> <u>two</u> <u>dollars</u>.
	☐ 0025	その店で買いものをすれば無料のサンプルがもらえる。	You can get <u>a</u> <u>free</u> <u>sample</u> if you buy something at the shop.
社会について話す	☐ 0026	秋に寺を訪れるのは日本の地元の慣習である。	It is <u>a</u> <u>local</u> <u>custom</u> in Japan to visit a temple in the fall.
	☐ 0027	私たちの国の社会構造は大きく変化してきている。	<u>The</u> <u>social</u> <u>structure</u> of our country has been changing greatly.
	☐ 0028	日本語の話し言葉には多くの性差がある。	There are many <u>gender</u> <u>differences</u> in spoken Japanese.
	☐ 0029	東京と横浜はどちらも多数の人口を有する。	Tokyo and Yokohama both have <u>a</u> <u>large</u> <u>population</u>.
	☐ 0030	私たちの都市部の生活様式にうんざりして、私たちは小さい島へ引っ越した。	We got tired of <u>our</u> <u>city</u> <u>lifestyle</u> and moved to a small island.
限定する	☐ 0031	その2つの店が売っているものは、大部分が同じだ。	What the two shops sell is <u>mostly</u> <u>the</u> <u>same</u>.
	☐ 0032	私たちのクラスのほとんどすべての男子は放課後にサッカーをする。	<u>Nearly</u> <u>all</u> the boys in our class play soccer after school.
	☐ 0033	かつて人懐っこいネコがここに住んでいたが、もういない。	A friendly cat used to live here, but <u>not</u> <u>anymore</u>.
	☐ 0034	私は昨夜ほとんど眠れなかった。	I <u>could</u> <u>hardly</u> <u>sleep</u> last night.
	☐ 0035	その昼食はかなりよかったが、とても高かった。	The lunch was <u>fairly</u> <u>good</u> but very expensive.
状況について説明する	☐ 0036	その老婆は魔法を使って少女をネコに変えた。	The old woman <u>did</u> <u>magic</u> and turned the girl into a cat.
	☐ 0037	このショッピングセンターのいくつかの店は午後10時まで開いたままである。	Some shops in this mall <u>remain</u> <u>open</u> until 10 p.m.
	☐ 0038	私の姉は先週病気だったが、今は大丈夫そうに見える。	My sister was sick last week, but now she <u>seems</u> <u>fine</u>.
	☐ 0039	雲は太陽からの光を反射し、地球の温度を低く保つ。	Clouds <u>reflect</u> <u>light</u> from the sun and keep the Earth cool.
	☐ 0040	彼の新しい店は、そのオンライン地図上にすでに存在する。	His new shop <u>already</u> <u>exists</u> on the online map.

考えや意図を伝える ❶

ある計画について話す

□□□ 0041 目標を満たす	meet the **target**
□□□ 0042 その水準に到達する	**reach** the level
□□□ 0043 幸福を追求する	**pursue** happiness
□□□ 0044 結果を達成する	**achieve** the results
□□□ 0045 お金のために	for the **sake** of money

認識や知識について話す

□□□ 0046 よく知っている顔	a **familiar** face
□□□ 0047 その意味を理解する	**understand** the meaning
□□□ 0048 夢を実現する	**realize** my dream
□□□ 0049 標識に気がつく	**notice** the sign
□□□ 0050 秘密を守る	keep a **secret**

他動詞 reach

reachは他動詞として使うことがほとんどである。「に着く」という意味で、atを入れたりしないように注意したい。

target [tάːrɡət ターゲト]	名 ①(達成)目標　②的 他 を目標にする、狙う
reach [ríːtʃ リーチ]	他 ①に[まで]到達する、届く 　　②に着く(＝arríve àt)(⇔léave を去る) 自 (手を)差し出す 名 手を伸ばした範囲 　　reach for A　Aに向けて手を伸ばす
pursue [pərsúː パスー]	他 ①を追求する　②を追いかける 　　③を続ける、議論し続ける ▶ pursúit 名 追跡
achieve [ətʃíːv アチーヴ]	他 ①を達成する　②手に入れる ▶ achíevement 名 達成
sake [séik セイク]	名 ため、利益 　　for the sake of A　Aのため
familiar [fəmíljər ファミリャ] ⑦	形 ①(…を)よく知っている(with)、(…に)よく知られて 　　いる(to) 　　②親しい
understand [Àndərstǽnd アンダスタンド] 変 understood-understood	他 自 (を)理解する、(が)わかる ▶ understánding 名 知識、理解
realize [ríːəlàiz リーアライズ]	他 ①を実現する 　　②を認識する、理解する、(…だと)認識する、理解 　　する(that節) ▶ réal 形 現実の、本当の ▶ rèalizátion 名 ①理解　②現実
notice [nóutəs ノウティス]	他 ①に気がつく　②を通知する　③に注意する 名 ①掲示、お知らせ　②通知 　　notice A do[doing]　Aが…(する[している])のに気がつく
secret [síːkrət スィークレト]	名 秘密 形 秘密の

familiarに続く前置詞

familiarの後に置く前置詞は、意味によって使い分ける。

▶ be familiar with 「をよく知っている」
▶ be familiar to 「によく知られている」

事実や情報を伝える ④

単位や測定について話す

0051 基本的な単位	the basic **unit**
0052 1リットルの牛乳	a **liter** of milk
0053 30キロの重さがある	**weigh** 30 kg

新しく生み出す

0054 規則を定める	**establish** a rule
0055 自動車を製造する	**produce** cars
0056 新しい言葉を作り出す	**create** new words

ものの価値や理想について話す

0057 彼の作品の真価を認める	**appreciate** his works
0058 ひとつのがらくた	a piece of **junk**
0059 高級レストラン	a **fancy** restaurant
0060 自由がある	have the **liberty**

produce の名詞

動詞 produce は名詞として使われると「農作物」という意味になる。さらに、別の名詞 product があり、こちらは「製品」という意味で使われる。

60 !!

STEP
2

unit [júːnət ユーニト]	名 単位
liter [líːtər リータ]	名 リットル《※容積の単位で1liter＝1,000cc》
weigh [wéi ウェイ]	自 の重さがある 他 の重さをはかる ▶ wéight 名 重さ
establish [istǽbliʃ イスタブリッシュ] 発 ア	他 ①を定める ②を設立する、創立する(＝fóund) 　③を築く、確立する ▶ estáblishment 名 組織
produce [prədjúːs プロデュース]	他 自 (を)製造する、生産する、生み出す 名 農作物 ▶ prodúction 名 生産、作り出されたもの ▶ prodúctive 形 生産力のある
create [kriéit クリエイト] 発	他 を作り出す、創造する ▶ creátion 名 創造(物)
appreciate [əpríːʃièit アプリーシエイト]	他 ①の真価を認める、を正しく評価する 　②に感謝する、をありがたく思う ▶ appreciátion 名 理解、感謝
junk [dʒʌ́ŋk ヂャンク]	名 がらくた、くず
fancy [fǽnsi ファンスィ]	形 ①高級な ②派手な ③気まぐれの 名 ①好み ②空想、夢 他 《英》を好む
liberty [líbərti リバティ]	名 (制約から解放された)自由

「感謝します」

感謝を述べたいときにThank you. と言うが、appreciateを使うときは後ろに「人」
ではなく、親切・好意などの内容がくる。
I'd appreciate your help. 「あなたの手助けに感謝します」

学習日

会話のきっかけをつくる ❶

天候や気候について話す

□□□ 0061 太陽が輝く	the sun **shines**
□□□ 0062 激しい嵐	a heavy **storm**
□□□ 0063 濃い霧	thick **fog**
□□□ 0064 東京の気温	the **temperature** in Tokyo

好きなこと・したいことについて話す

□□□ 0065 写真を撮る	take **photographs**
□□□ 0066 画廊を開く	open a **gallery**
□□□ 0067 3作の創作小説	three works of **fiction**
□□□ 0068 ハイキングに行く	go **hiking**
□□□ 0069 余暇のある生活	a life of **leisure**
□□□ 0070 娯楽のために	for **amusement**

「温度計」「体温計」

温度や体温を表す temperature を計測するための道具は thermometer [θərmάmətər サマメタ] という。

STEP
2

shine [ʃáin シャイン] 活 shone-shone	自 輝く 他 ①を照らす　②《活 shined-shined》をみがく 名 光
storm [stɔ́:rm ストーム]	名 嵐 ▶ stórmy 形 嵐の
fog [fɔ́:g フォーグ]	名 霧、濃霧 ▶ fóggy 形 霧の深い
temperature [témpərətʃər テンパラチャ]	名 ①気温、温度　②体温
photograph [fóutəgræf フォウトグラフ] 発	名 写真 他 の写真を撮る
gallery [gǽləri ギャラリ]	名 画廊、美術館
fiction [fíkʃən フィクション]	名 創作(小説)(⇔nonfiction ノンフィクション)、作り話(⇔fáct 事実) ▶ fíctional 形 創作上の
hiking [háikiŋ ハイキング]	名 ハイキング、徒歩旅行 ▶ híke 自 ハイキングをする
leisure [líːʒər リージャ] 発	名 余暇、レジャー
amusement [əmjúːzmənt アミューズメント]	名 娯楽、楽しみ(＝entertáinment) ▶ amúsed 形 楽しんで ▶ amúse 他 を楽しませる

「写真」を表すpicture

　「写真」を英語で表す単語にはpictureとphotographがある。pictureは写真や絵を表す広い意味のことばである。一方、photographはカメラで撮影した写真を表す狭い意味のことばである。

事実や情報を伝える ❺

0071 のろわれている	be under a **curse**
0072 彼女の睡眠を妨げる	**disturb** her sleep
0073 その計画をだめにする	**ruin** the plan
0074 先生を困らせる	**bother** the teacher
0075 その問題を彼のせいにする	**blame** him for the problem
0076 遅刻したことで彼を非難する	**criticize** him for being late
0077 騒音について不平を言う	**complain** about the noise
0078 開始を遅らせる	**delay** the start
0079 間違いをくり返す	repeat the **mistakes**
0080 うそを言う	tell a **lie**

blameやcriticizeと一緒に使われるfor

blame A for B「BをAのせいにする」という語法を紹介したが、丸暗記するのではなく、forの後には非難される内容がくることを知っておきたい。このforは、thank A for B「BをAに感謝する」と同じく、理由を表す。

64   LEVEL 1 A2

80 !!

STEP 2

curse [kə́:rs カース]	名 ①のろい ②悪態、悪口 他 自 (を)のろう、ののしる
disturb [distə́:rb ディスターブ]	他 ①を妨げる、乱す ②を心配させる、不安にする(＝wórry) ▶ distúrbance 名 騒動
ruin [rú:ən ルーイン]	他 をだめにする、破壊する 名 ①《ruinsで》廃墟 ②破壊
bother [báðər バザ]	他 を困らせる、悩ます 自 《否定文・疑問文で》わざわざ…する(to do)
blame [bléim ブレイム]	他 のせいにする、を非難する blame A for B[B on A] BをAのせいにする、Bのことで Aを非難する
criticize [krítəsàiz クリティサイズ]	他 を非難する criticize A for B AがBにしたことを非難する、批判する ▶ crítical 形 批判的な、重大な、危機的な ▶ críticism 名 批判
complain [kəmpléin コンプレイン]	自 不平[不満]を言う complain (to A) about[of] B (Aに)Bのことで不平を言う ▶ compláint 名 不平、不満
delay [diléi ディレイ]	他 を遅らせる、延期する 名 遅れ、延期 be delayed 遅れる
mistake [mistéik ミステイク] 活 mistook-mistaken	名 間違い、誤り、誤解(＝érror) 他 を間違える、誤る mistake A for B AをBと間違える、誤解する
lie [lái ライ]	名 うそ 自 ①《活 lied-lied》うそをつく ②《活 lay-lain》横になる、横たわる、ある、置いて ある

delay は「を遅らせる」

「飛行機が遅れた」と言いたいときにはどうするか。delayは「を遅らせる」という意味なので、「遅れる」ことを表したい場合はbe delayedの形を使う。

My flight was delayed yesterday. 「昨日、私の乗った飛行機が遅れた」

学習日 / / **65**

ある計画について話す	0041	彼女はすばらしい販売員であり、いつも目標を満たす。	She is a great salesperson and always meets the target.
	0042	彼はロナルドのようなトップサッカー選手の水準に到達することをねらいとしている。	He aims to reach the level of top soccer players like Ronaldo.
	0043	私たちは幸福を追求するが、私たちの多くはどのようにしたら幸福になるかを知らない。	We pursue happiness, but many of us don't know how to be happy.
	0044	彼は望んでいた結果を達成するために十分な努力をしなかった。	He didn't make enough effort to achieve the results he wanted.
	0045	私はお金のためにアルバイトを始めた。	I started a part-time job for the sake of money.
認識や知識について話す	0046	私は人混みの中でよく知っている顔を見つけた。	I found a familiar face in the crowd.
	0047	私はその言葉を覚えているが、その意味を理解していない。	I remember the word but I don't understand the meaning.
	0048	私は夢を実現するためにあらゆる努力をするつもりだ。	I'll make every effort to realize my dream.
	0049	暗闇の中、私たちは道にある標識に気がつかなかった。	In the dark, we didn't notice the sign on the road.
	0050	私は友達に秘密を守るよう頼んだ。	I asked my friend to keep a secret.
単位や測定について話す	0051	社会の基本的な単位は、家族である。	The basic unit of society is the family.
	0052	私たちはいつも冷蔵庫の中に1リットルの牛乳を置いている。	We always have a liter of milk in the refrigerator.
	0053	私のかばんは30キロの重さがあったので追加料金を払わなければならなかった。	My bag weighed 30 kg so I had to pay an extra charge.
新しく生み出す	0054	私たちの先生は、授業中は英語のみを話すという規則を定めた。	Our teacher established a rule to speak only English in the lesson.
	0055	日本の会社は現在東南アジアで自動車を製造している。	Japanese companies now produce cars in Southeast Asia.
	0056	若者は新しい言葉を作り出すことが得意である。	Young people are good at creating new words.
ものの価値や理想について話す	0057	存命中には、誰も彼の作品の真価を認めていなかった。	No one appreciated his works while he was alive.
	0058	買ったときにはそのコンピューターは高かったが、今やひとつのがらくただ!	The computer was expensive when I bought it, but now it's a piece of junk!
	0059	父の誕生日だったため、私たちは高級レストランへ行った。	It was my father's birthday so we went to a fancy restaurant.
	0060	日本には望む場所に住むことができるという自由がある。	In Japan we have the liberty to live where we want.

天候や気候について話す	☐ 0061	この地域では冬は寒いが、太陽が輝くことが多い。	In this area, it is cold in winter, but <u>the sun</u> often <u>shines</u>.
	☐ 0062	激しい嵐になるかもしれないので早く帰ってきなさい。	There may be <u>a heavy storm</u>, so come home early.
	☐ 0063	濃い霧のために、私たちは何も見ることができなかった。	We couldn't see anything due to <u>thick fog</u>.
	☐ 0064	東京の気温は、年々高くなっている。	<u>The temperature in Tokyo</u> is becoming higher each year.
好きなこと・したいことについて話す	☐ 0065	私は、暇な時間に写真を撮ることが好きだ。	I like to <u>take photographs</u> in my free time.
	☐ 0066	私の夢は、いつか画廊を開くことである。	My dream is to <u>open a gallery</u> some day.
	☐ 0067	私は物語を語ることが好きで、これまでに3作の創作小説さえ書いている。	I like telling stories and have even written <u>three works of fiction</u> so far.
	☐ 0068	秋には、ハイキングに行って、色彩豊かな葉を楽しむことができる。	In fall, you can <u>go hiking</u> to enjoy colorful leaves.
	☐ 0069	私は常に余暇のある生活を送りたいと思ってきた。	I have always wanted to have <u>a life of leisure</u>.
	☐ 0070	私は娯楽のために釣りをしているだけで、いつも釣った魚を海に戻す。	I fish <u>for amusement</u> only, so I always return the fish to the sea.
マイナスの作用をもたらす	☐ 0071	妻には最近多くの問題が起こったので、私は彼女がのろわれていると思った。	My wife had so much trouble recently that I felt she <u>was under a curse</u>.
	☐ 0072	強い風が一晩中彼女の睡眠を妨げた。	The strong wind <u>disturbed her sleep</u> all night.
	☐ 0073	悪天候がその計画をだめにした。	The bad weather <u>ruined the plan</u>.
	☐ 0074	私の質問が先生を困らせなかったらいいが。	I hope that my question didn't <u>bother the teacher</u>.
	☐ 0075	クラスの全員がその問題を彼のせいにした。	Everyone in the class <u>blamed him for the problem</u>.
	☐ 0076	その部長は彼がミーティングに遅刻したことを非難した。	The manager <u>criticized him for being late</u> for the meeting.
	☐ 0077	隣人はロック音楽が大好きで、私たちはときどき騒音について不平を言う。	Our neighbor loves rock music and sometimes we <u>complain about the noise</u>.
	☐ 0078	悪天候が1時間野球の試合の開始を遅らせた。	Bad weather <u>delayed the start</u> of the baseball game by an hour.
	☐ 0079	過去から学ぼう。そうすれば再び同じ間違いをくり返すことを避けられるだろう。	Learn from the past and you will avoid <u>repeating the same mistakes</u>.
	☐ 0080	私の父は私がうそを言っているところを見つけて、とても怒った。	My father caught me <u>telling a lie</u> and was very angry.

事実や情報を伝える ❻

ものや物事の性質について話す

□□□ 0081	
なめらかな手触りだ	feel **smooth**

□□□ 0082	
公式行事	an **official** event

□□□ 0083	
直接的な答え	a **direct** answer

□□□ 0084	
食用に適した	**fit** for eating

□□□ 0085	
私に真実を話す	tell me the **truth**

□□□ 0086	
独創的なアイデア	an **original** idea

□□□ 0087	
古典映画	a **classic** film

□□□ 0088	
湿ったタオル	a **wet** towel

□□□ 0089	
ゆるむ	come **loose**

□□□ 0090	
丸い形	a round **shape**

「フィット」する

　「フィット」は日本語のカタカナとしても使われるが、fitを動詞で使う場合は主語と目的語に注意する。「衣服など」の寸法や形が「人」にぴったり合うことを表すときに使う。
　　This dress fits me well.「このドレスは私にぴったりだ」
　　　（衣服）　　　（人）

smooth [smú:ð スムーズ] 発	形 ①なめらかな、平らな(⇔róugh 粗い) 　②円滑な、順調な 他 を平らにする、円滑にする ▶ smóothly 副 円滑に
official [əfíʃəl オフィシャル] ア	形 公式の、公認[用]の 名 公務員、職員 ▶ óffice 名 事務所、会社
direct [dərékt ディレクト]	形 ①直接的な　②直行の、まっすぐな 他 ①を(…に)向ける(to)　②を導く、指図する 　③を指揮する ▶ diréction 名 方角、方向、指示
fit [fit フィト]	形 ①(…に)適した、合った(for)　②健康な 他 に合う、適合する ▶ fitness 名 適性、健康
truth [trú:θ トルース]	名 真実 ▶ trúe 形 真実の
original [ərídʒənəl オリヂナル]	形 ①独創的な　②元の、最初の 名 原物、原作 ▶ originálity 名 独創性
classic [klǽsik クラスィク]	形 ①古典の、傑作の　②伝統的な 名 傑作、一流の作品、古典 ▶ clássical 形 ①古典(主義)の　②古典派の
wet [wét ウェト]	形 ①湿った、ぬれた(⇔drý 乾いた)　②雨(降り)の
loose [lú:s ルース] 発	形 ①ゆるい、だぶだぶの(⇔tíght きつい) 　②結んでいない
shape [ʃéip シェイプ]	名 ①形　②調子 他 を形作る 　　be in good[bad] shape　調子がよい[悪い]

「ルーズである」

「時間にルーズである」という日本語があるが、この意味を表すときにはlooseは使わない。not punctual「時間通りではない」のような表現を使うのが一般的。また、loose の発音は「ルース」であり、「ルーズ」ではないことも併せて覚えておこう。

話題を広げる ②

自然について話す

□□□ 0091 山道	a mountain **path**
□□□ 0092 太陽光線	a **ray** of sunlight
□□□ 0093 自然とともに暮らす	live with **nature**
□□□ 0094 そよ風を受ける	catch the **breeze**
□□□ 0095 種をまく	plant **seeds**
□□□ 0096 凍って氷になる	**freeze** into ice

メディアについて話す

□□□ 0097 広告を放送する	air **advertisements**
□□□ 0098 雑誌を出版する	**publish** a magazine
□□□ 0099 コラムを書く	write a **column**
□□□ 0100 映画の編集者	a film **editor**

🐻 by nature

by nature で「生まれつき」という意味になる。生まれながらにもっている資質などを表すときに用いる。

She is active by nature. 「彼女は生まれつき活発である」

path [pǽθ パス]	名 ①小道　②進路、軌道
ray [réi レイ]	名 光線 X-ray X線
nature [néitʃər ネイチャ]	名 ①自然　②性質 ▶ nátural 形 ①自然の　②当然の
breeze [brí:z ブリーズ]	名 そよ風、微風
seed [sí:d スィード]	名 種
freeze [frí:z フリーズ] 活 froze-frozen	自 凍る 他 を凍らせる
advertisement [ædvərtáizmənt アドヴァタイズメント]	名 広告 ▶ ádvertise 他 を広告する
publish [pʌ́bliʃ パブリシュ]	他 ①を出版する 　②《be publishedで》(新聞・雑誌で)発表される ▶ publicátion 名 出版
column [kɑ́ləm カラム]	名 ①(英字新聞などの)コラム　②円柱 　③(表の)縦の列
editor [édətər エディタ]	名 編集者 ▶ édit 他 を編集する

STEP 3

advertisement の略語

advertisementは省略されてadと言われることがある。動詞のaddと同じ発音であるため、リスニングのときには単語の品詞に気をつけて理解したい。

話題を広げる ❸

ことばや言語について話す

□□□ 0101 その単語を発音する	**pronounce** the word
□□□ 0102 彼の名前をつづる	**spell** his name
□□□ 0103 豊富な語い	a large **vocabulary**
□□□ 0104 文章を変更する	change the **text**

生物について話す

□□□ 0105 海洋生物	sea **creatures**
□□□ 0106 恐竜の時代	the age of **dinosaurs**
□□□ 0107 雌ライオン	a **female** lion
□□□ 0108 昆虫を捕まえる	catch **insects**
□□□ 0109 男子学生	a **male** student
□□□ 0110 鳥の羽	a bird **feather**

「語い」は数えられない?

vocabularyは不可算名詞であることに注意する。「多くの語い」のように言いたい場合は、上のチャンクのa large vocabularyか、a lot of vocabularyなどと言う。

pronounce [prənáuns プロナウンス]	他 ①を発音する　②を宣言する、断言する 自 発音する ▶ pronùnciátion 名 発音
spell [spél スペル]	他 (単語)をつづる 名 呪文、まじない ▶ spélling 名 (単語の)つづり、スペル
vocabulary [voukをbjəlèri ヴォウキャビュレリ]	名 語い
text [tékst テクスト]	名 ①文章、本文　②文字列 他 ①にメールを書く　②にメールを送信する
creature [krí:tʃər クリーチャ] 発	名 生物、生きもの ▶ creáte 他 を創造する
dinosaur [dáinəsɔ̀:r ダイノソー]	名 恐竜
female [fí:meil フィーメイル] 発	形 雌の、女性の(⇔ mále 雄の、男性の) 名 女性、雌
insect [ínsekt インセクト]	名 昆虫、虫
male [méil メイル]	形 男性の、雄の(⇔ fémale 女性の、雌の) 名 男性、雄
feather [féðər フェザ] 発	名 (鳥の1本の)羽、羽毛

STEP 3

「メールを送る」

textは「にメールを書く[送る]」という意味もある。同じ意味でemailも使われる。

My boss said she texted [emailed] me yesterday.

「私の上司は昨日、私にEメールを送ったと言った」

話題を広げる ④

地理について話す

□□□ 0111 湾岸地域	the **bay** area
□□□ 0112 海岸から離れて	off the **coast**
□□□ 0113 北米大陸	the North American **Continent**
□□□ 0114 太平洋	the **Pacific** Ocean
□□□ 0115 深い谷	a deep **valley**
□□□ 0116 湖の岸	the lake **shore**

スポーツについて話す

□□□ 0117 私たちのチームのキャプテン	our team **captain**
□□□ 0118 彼女の全力で	with all her **strength**
□□□ 0119 汗を拭く	dry the **sweat**
□□□ 0120 金メダル	a gold **medal**

「太平洋」

上のチャンクでthe Pacific Oceanを紹介したが、the Pacificでも「太平洋」の意味がある。pacificを形容詞で使うと、「太平洋(沿岸)の」という意味がある。

STEP
3

bay [béi ベイ]	图 湾岸、湾、入江
coast [kóust コウスト] 発	图 《the coast で》海岸、沿岸、《形容詞的に》海岸の 《※ béach は「浜辺」》
continent [kántənənt カンティネント]	图 大陸 ▶ continéntal 形 大陸の
pacific [pəsífik パスィフィク] ア	形 ①《Pacific で》太平洋の ②おだやかな、平和を愛する 图 《the Pacific で》太平洋
valley [væli ヴァリ] 発	图 谷
shore [ʃɔ́:r ショー]	图 岸
captain [kǽptən キャプテン]	图 ①キャプテン、リーダー　②船長、機長
strength [stréŋkθ ストレング(ク)ス]	图 (肉体的な)力、強さ ▶ stróng 形 強い ▶ stréngthen 他 を強化する
sweat [swét スウェト] 発	图 汗 自 汗をかく
medal [médl メドル]	图 メダル、勲章

金メダルは純金?

　金メダルは実は純金ではなく、主に銀と金メッキで作られている。「少なくとも純度1000分の925の銀製で、少なくとも6グラムの純金で金張り」と国際オリンピック委員会より定められている。このほか、大きさや重さ、形などにも規定がある。

ものや物事の性質について話す	0081	この絹の布はなめらかな手触りで柔らかい。	This silk cloth <u>feels smooth</u> and soft.
	0082	その学校は交換留学生を歓迎するための公式行事を行った。	The school held <u>an official event</u> to welcome exchange students.
	0083	彼は私の質問に直接的な答えをしなかった。	He didn't give <u>a direct answer</u> to my question.
	0084	そのトマトは見た目は悪いが食用に適している。	The tomato looks bad but it is <u>fit for eating</u>.
	0085	君は私に真実を話すときが来たと私は思う。	I think it's time you <u>told me the truth</u>.
	0086	彼はその生涯で独創的なアイデアをもったことがなかった。	He never had <u>an original idea</u> in his life.
	0087	この劇場は毎週水曜日に古典映画を上演する。	This theater shows <u>classic films</u> every Wednesday.
	0088	あなたはその湿ったタオルで手をきれいにしてもよい。	You can clean your hands with <u>the wet towel</u>.
	0089	船員がロープのゆるんでいたのを発見したとき、船はすでに流されていた。	When a sailor found the rope <u>had come loose</u>, the ship had already been carried away.
	0090	私は丸い形をしたコーヒーテーブルを探している。	I am looking for a coffee table that has <u>a round shape</u>.
自然について話す	0091	私たちは頂上に向かって長い山道を登った。	We climbed <u>a long mountain path</u> to the top.
	0092	空が晴れはじめ、1分もたたないうちに私は太陽光線を見た。	The sky began to clear and within a minute I saw <u>a ray of sunlight</u>.
	0093	私は大都市に飽き飽きして自然とともに暮らすことに決めた。	I got tired of big cities and decided to <u>live with nature</u>.
	0094	このように暑い日にそよ風を受けるのは快適だ。	On a hot day like this, it's nice to <u>catch the breeze</u>.
	0095	私は父が野菜畑に種をまくのを手伝った。	I helped my father <u>plant seeds</u> in the vegetable garden.
	0096	冬にナイアガラの滝は凍って氷になる。	In winter, the Niagara Falls <u>freeze into ice</u>.
メディアについて話す	0097	テレビ局は通常、15分ごとに広告を放送する。	TV stations usually <u>air advertisements</u> every fifteen minutes.
	0098	オンラインで雑誌を出版するのにいくらかかりますか。	How much does it cost to <u>publish a magazine</u> online?
	0099	私は毎週、その雑誌向けにコラムを書く。	I <u>write a column</u> each week for the magazine.
	0100	興味深く創造的な仕事のように思われるため、私は映画の編集者になりたい。	I'd like to become <u>a film editor</u> because it sounds like an interesting and creative job.

ことばや言語について話す	0101	その単語を正しく発音する方法を私に教えていただけませんか。	Could you tell me how to <u>pronounce</u> <u>the</u> <u>word</u> correctly?

ことばや言語について話す

0101 その単語を正しく発音する方法を私に教えていただけませんか。
Could you tell me how to <u>pronounce</u> <u>the word</u> correctly?

0102 私たちの2歳の息子は彼の名前をつづることができる。
Our two-year-old son can <u>spell</u> <u>his</u> <u>name</u>.

0103 英語は他のどんな言語よりも豊富な語いがある。
English has a <u>larger</u> <u>vocabulary</u> than any other language.

0104 私は彼の提案を反映するために文章を変更した。
I have <u>changed</u> <u>the</u> <u>text</u> to reflect his suggestions.

生物について話す

0105 100を超える海洋生物が深海で見つかった。
More than 100 <u>sea</u> <u>creatures</u> were found deep in the ocean.

0106 恐竜の時代は約6,500万年前に終わったと広く信じられている。
It is widely believed that <u>the</u> <u>age</u> of <u>dinosaurs</u> ended about 65 million years ago.

0107 雌ライオンは雄ライオンとは非常に異なって見える。
<u>A</u> <u>female</u> <u>lion</u> looks very different from a male lion.

0108 その少年は暑い夏の日に網で昆虫を捕まえた。
The boy <u>caught</u> <u>insects</u> with a net on a hot summer day.

0109 最近、全員女子の私たちのクラスに男子学生が入った。
Recently a <u>male</u> <u>student</u> joined our all-girl class.

0110 ソロモン諸島の人々はお金の代わりに鳥の羽を使用した。
People in the Solomon Islands used <u>bird</u> <u>feathers</u> for money.

地理について話す

0111 湾岸地域のアパートは非常に高い。
Apartments in <u>the</u> <u>bay</u> <u>area</u> are very expensive.

0112 何人かの漁師がオーストラリアの海岸から離れたところで白クジラを見た。
Several fishermen saw a white whale <u>off</u> <u>the coast</u> of Australia.

0113 北米大陸には3つの主要な国、つまりアメリカ、カナダ、メキシコがある。
<u>The</u> <u>North</u> <u>American</u> <u>continent</u> has three major countries : the US, Canada and Mexico.

0114 太平洋はアメリカ大陸とアジアを分けている。
<u>The</u> <u>Pacific</u> <u>Ocean</u> separates the Americas and Asia.

0115 私の祖父は深い谷に位置する遠く離れた村の出身である。
My grandfather is from a remote village located in a <u>deep</u> <u>valley</u>.

0116 私たちの家族はその湖の岸に別荘を持っている。
Our family has a second home on <u>the</u> <u>lake</u> <u>shore</u>.

スポーツについて話す

0117 私たちのチームのキャプテンはオリンピックでプレーをした。
<u>Our</u> <u>team</u> <u>captain</u> has played at the Olympics.

0118 彼女は彼女の全力でその重いウエイトを持ち上げようとした。
She tried to lift the heavy weight <u>with</u> <u>all</u> <u>her</u> <u>strength</u>.

0119 母は汗を拭くためにタオルを使うよう私に言った。
Mom told me to use a towel to <u>dry</u> <u>the</u> <u>sweat</u>.

0120 私の夢はオリンピックに出場して金メダルを獲得することだ。
My dream is to go to the Olympics and win a <u>gold</u> <u>medal</u>.

考えや意図を伝える ❷

乗りもので移動する

□□□ 0121 時刻表を確認する	check the **timetable**
□□□ 0122 通路側の席	an **aisle** seat
□□□ 0123 電車の運賃	the train **fare**
□□□ 0124 幹線道路に乗る	get on the **highway**
□□□ 0125 車線を変更する	change **lanes**

相手の行動を促す

□□□ 0126 彼に助けを乞う	**beg** him for help
□□□ 0127 私のお願いを聞き入れる	do a **favor** for me
□□□ 0128 君の依頼に応える	meet your **request**
□□□ 0129 助言を求める	**seek** advice
□□□ 0130 彼らを昼食に招待する	**invite** them to lunch

🐻 料金関連の単語

料金を表す単語には、それぞれ以下のような違いがある。
- ▶ fare：交通運賃
- ▶ price：品物の値段
- ▶ charge：サービスを利用するのに支払う費用
- ▶ fee：参加費や入場料／専門家への謝礼

timetable [táimtèibl タイムテイブル]	名 ①時刻表 ②予定表
aisle [áil アイル] 発	名 通路《※座席間の通路をいう》
fare [féər フェア]	名 運賃
highway [háiwèi ハイウェイ]	名 幹線道路、本道
lane [léin レイン]	名 車線、小道
beg [bég ベグ]	他 (…を)に乞う(for) 自 (…を)乞う、お願いする(for)
favor [féivər フェイヴァ]	名 お願い、親切な行為 ask a favor of A　Aにお願いをする ▶ fávorite 名 形 お気に入り(の人[もの])
request [rikwést リクウェスト]	名 依頼、要望、要請 他 を頼む
seek [síːk スィーク] 活 sought-sought	他 自 ①(を)求める、探す ②(を)手に入れようとする seek for A　Aを求める seek to do　…しようと努める
invite [inváit インヴァイト]	他 ①を(…に)招待する、招く(to) ②をさそう ▶ invitátion 名 招待、招待状

通路側の席

an aisle seatで「通路側の席」を表す。aisleは発音する際に「アイル」とする。sを発音しないことに注意。通路側の席に対して、「窓側の席」を表したい場合はa window seatと言う。

家にあるものについて話す

☐☐☐ 0131 電池で動く	work on **batteries**
☐☐☐ 0132 鏡を見る	look in the **mirror**
☐☐☐ 0133 家具をひとつ	a piece of **furniture**
☐☐☐ 0134 錠を開ける	open the **lock**
☐☐☐ 0135 上の階へ行く	go **upstairs**
☐☐☐ 0136 自転車を車庫に置いておく	leave the bike in the **garage**
☐☐☐ 0137 私の母の肖像画	my mother's **portrait**
☐☐☐ 0138 大きな冷蔵庫を買う	buy a large **refrigerator**
☐☐☐ 0139 朝食用のシリアル	**cereal** for breakfast
☐☐☐ 0140 小麦粉カップ1杯	a cup of **flour**

 **furniture**

furniture は「家具（一式）」を表す集合名詞で、×furnitures と複数形にはしない。あえて「家具1つ、2つ」と数えたいときは、a piece of furniture, two pieces of furniture のようにする。

Recently, I bought a piece of furniture from an online shop.
「最近、私はオンラインショップで家具を1つ買った」

battery [bǽtəri バテリ]	名 電池
mirror [mírər ミラ]	名 鏡
furniture [fə́:rnitʃər ファーニチャ]	名 家具
lock [lák ラク]	名 錠 他 に鍵をかける、錠を下ろす
upstairs [ʌ́pstéərz アプステアズ]	副 上の階へ[に]、2階へ(⇔dòwnstáirs 下の階へ[に])
garage [gərá:ʒ ガラージ]	名 ①車庫、ガレージ ②(自動車の)修理工場
portrait [pɔ́:rtrət ポートレト]	名 肖像画
refrigerator [rifrídʒərèitər リフリヂャレイタ] ⑦	名 冷蔵庫(=frídge)
cereal [síəriəl スィアリアル]	名 ①シリアル《※朝食用の加工穀物食品》 ②穀物、穀類
flour [fláuər フラウア] 発	名 小麦粉

「ガレージ」と言っても通じない

garageは「ガラージ」のように発音することに注意。日本語に溶け込み、カタカナ語になっている英語は発音をチェックする癖をつけよう。

ビジネスについて話す	□□□ 0141 新しいゲームを発売する	**release** a new game
	□□□ 0142 競争に勝つ	win the **competition**
	□□□ 0143 個人情報を扱う	**deal** with personal information
	□□□ 0144 戦略を話し合う	discuss **strategy**
	□□□ 0145 その会社を経営する	**manage** the company
	□□□ 0146 その仕事を遂行する	carry out the **task**
	□□□ 0147 流行して	in **fashion**
素材について話す	□□□ 0148 薄い金属	thin **metal**
	□□□ 0149 ビニールの袋	a **plastic** bag
	□□□ 0150 建築材料	building **materials**

dealを使った「たくさんの〜」

dealには名詞で「量」という意味があり、a great deal ofという表現がよく使われる。

I spent a great deal of time reading a novel.

「私は小説を読むのにたくさんの時間を費やした」

150 !!

release [rilíːs リリース]	他 ① を発売する、(ニュースなど)を発表する 　② を釈放する、解放する 名 ① 釈放、解放　② 発売、公開
competition [kàmpətíʃən カンピティション]	名 ① 競争、争い　② 試合 ▶ compéte 自 競争する ▶ compétitive 形 競争の
deal [díːl ディール]	自 (…を)扱う、(…に)対処する(with) 他 を配る、分ける 名 ① 取引　② 量 　deal in A　Aを商う
strategy [strǽtədʒi ストラテヂ]	名 戦略、計画 ▶ stratégic 形 戦略上の
manage [mǽnidʒ マニヂ] 発 ア	他 ① を経営する　② を何とかする 　manage to do　何とか…する ▶ mánagement 名 経営 ▶ mánager 名 管理する人、経営者、監督
task [tǽsk タスク]	名 (難しい)仕事、任務
fashion [fǽʃən ファション]	名 ① 流行　② やり方
metal [métl メトル]	名 金属
plastic [plǽstik プラスティク]	形 ビニール(製)の、プラスチック(製)の 名 ビニール、プラスチック
material [mətíəriəl マティアリアル]	名 ① 材料、原料　② 資料 形 物質の

STEP
4

「ファッション」

fashionに「洋服」のような意味はなく、「流行」や「やり方」という意味がある。「やり方」という意味では、in a ... fashionの形がよく使われる。

　　in a friendly fashion「友好的なやり方で」

程度について話す

□□□ 0151 深く感動して	**deeply** moved
□□□ 0152 ふつうの生活を送る	live a **normal** life
□□□ 0153 確かめる	make **certain**
□□□ 0154 大きな都市	a **major** city
□□□ 0155 完全な一覧表	the **complete** list
□□□ 0156 ばく大な富	**enormous** wealth
□□□ 0157 重要な変化	a **significant** change
□□□ 0158 全国	the **whole** country
□□□ 0159 さらなる情報については	for **further** information
□□□ 0160 正確な日付	the **precise** date

further と farther

far には further のほかに farther という比較級もある。farther は距離的に「より遠い」、further は距離に加えて「さらに、その上」と程度を表すときにも使う。

He lives a kilometer **farther** than mine. 「彼は私の家より1キロ遠くに住んでいる」
See our website for **further** details.
「さらなる詳細は、私たちのウェブサイトをご覧ください」

deeply [dí:pli ディープリ]	副 深く、非常に《※主に比喩的に使う》 ▶ déep 形 深い ▶ depth[dépθ デプス] 名 深さ、奥行き
normal [nɔ́ːrməl ノーマル]	形 ①ふつうの、標準の ②正常な、通常の(⇔abnórmal 異常な)
certain [sə́ːrtən サートン] 発	形 ①確かで　②確信して　③ある ▶ cértainly 副 確かに
major [méidʒər メイヂャ] 発	形 (他と比べて)大きな、より重要な(⇔mínor (他と比べて)小さな) 自 (…を)専攻する(in) 名 専攻科目 ▶ majórity 名 過半数、多数
complete [kəmplíːt コンプリート]	形 完全な 他 ①を完了する、仕上げる　②を完成させる ▶ complétion 名 完成
enormous [inɔ́ːrməs イノーマス]	形 ばく大な、巨大な
significant [signífikənt スィグニフィカント]	形 ①重要な、意義のある　②かなりの、相当な ▶ significance 名 重要性
whole [hóul ホウル] 発	形 ①全部の、全体の　②丸…の　③完全な 名 《the wholeで》(…の)全体
further [fə́ːrðər ファーザ]	形 ①さらなる《※farの比較級の1つ》 ②さらに遠い 副 ①さらに　②さらに遠く
precise [prisáis プリサイス]	形 正確な、ちょうどの ▶ precísion 名 正確さ

STEP
4

certain+名詞 「ある〜」

certainは、名詞を修飾する使い方で「(はっきり言うのを避けて) ある…」という意味でも使われる。

a certain level「あるレベル」

例文でCHECK!!

乗りもので移動する

0121	私は列車に乗り遅れたくなかったので時刻表を確認した。	I didn't want to miss the train so I <u>checked</u> the <u>timetable</u>.
0122	私は飛行機に乗るときにはいつも通路側の席を頼む。	When I travel by air I always request <u>an aisle seat</u>.
0123	東京の電車の運賃は非常に手頃な価格だ。	The <u>train</u> <u>fares</u> in Tokyo are very reasonable.
0124	私たちは幹線道路に乗って、車で街から出た。	We <u>got</u> <u>on</u> <u>the</u> <u>highway</u> to drive out of town.
0125	オートバイに乗って車線を変更することは容易である。	On a motorcycle it is easy to <u>change lanes</u>.

相手の行動を促す

0126	私は困難に陥ったので彼に助けを乞うた。	I was in trouble so I <u>begged</u> <u>him</u> <u>for</u> <u>help</u>.
0127	私のお願いを聞き入れてくださらないかなと思っているのですが。	I was wondering if you would be able to <u>do a favor for me</u>.
0128	すみませんが、君の依頼に応えることはできません。	I'm sorry I can't <u>meet</u> <u>your</u> <u>request</u>.
0129	彼女は国内で最も優秀な医者のひとりに助言を求めた。	She <u>sought</u> <u>advice</u> from one of the best doctors in the country.
0130	スミス家は塀のペンキ塗りを手伝ってくれたので、彼らを昼食に招待するべきだ。	The Smiths helped paint our fence, so we should <u>invite them to lunch</u>.

家にあるものについて話す

0131	自転車のなかには今や電池で動くものもある。	Some bicycles now <u>work on batteries</u>.
0132	外出する前には鏡を見るべきだ。	Before going out, you should <u>look in the mirror</u>.
0133	私たちの祖母は、高価な家具をひとつ私たちにくれた。	Our grandmother gave us <u>an</u> expensive <u>piece of furniture</u>.
0134	あなたは錠を開けるためにこの鍵が必要だ。	You need this key to <u>open the lock</u>.
0135	彼女は上の階へ行き、ひとりで寝た。	She <u>went</u> <u>upstairs</u> and went to bed alone.
0136	私は雨から保護するために自転車を車庫に置いておいた。	I <u>left</u> <u>the</u> <u>bike</u> <u>in</u> <u>the</u> <u>garage</u> to protect it from rain.
0137	その画家は私の母の肖像画を描いてくれた。	The artist painted <u>my mother's portrait</u>.
0138	私たちは町から遠くに住んでいたので大きな冷蔵庫を買った。	We <u>bought</u> a <u>large</u> <u>refrigerator</u> because we lived far from town.
0139	兄は帰りに朝食用のシリアルを買ってきた。	My brother bought <u>cereal</u> <u>for</u> <u>breakfast</u> on his way home.
0140	クッキーを作るには、小麦粉カップ1杯につきバター半カップが必要だ。	To make cookies, you need half a cup of butter for <u>a cup of flour</u>.

ビジネスについて話す	0141	その会社はクリスマスの日に新しいゲームを発売する予定である。	The company is going to <u>release</u> <u>a</u> <u>new</u> <u>game</u> on Christmas day.
	0142	競争に勝つためには、もっと一生懸命働かなければならない。	You must work harder to <u>win</u> <u>the</u> <u>competition</u>.
	0143	個人情報を扱うときは、とても注意を払う必要がある。	When you <u>deal</u> <u>with</u> <u>personal</u> <u>information</u>, you need to be very careful.
	0144	私たちは成長戦略を話し合うために数回会合を開いた。	We had several meetings to <u>discuss</u> our growth <u>strategy</u>.
	0145	私のおじは10年以上もの間その会社を経営してきた。	My uncle has <u>managed</u> <u>the</u> <u>company</u> for more than 10 years.
	0146	その経営者は職員にその仕事を遂行するよう求めた。	The manager asked the staff to <u>carry</u> <u>out</u> <u>the</u> <u>task</u>.
	0147	ピンク色が現在流行している。	The color pink is currently <u>in</u> <u>fashion</u>.
素材について話す	0148	この容器は薄い金属でできている。	This container is made of <u>thin</u> <u>metal</u>.
	0149	私はタオルと水着をビニールの袋に入れた。	I put my towel and swimwear in <u>a</u> <u>plastic</u> <u>bag</u>.
	0150	最近建築材料の値段が上がっている。	The prices of <u>building</u> <u>materials</u> are rising these days.
程度について話す	0151	私はその映画に深く感動した。	I was <u>deeply</u> <u>moved</u> by the movie.
	0152	有名な人がふつうの生活を送ることはしばしば困難である。	It is often difficult for famous people to <u>live</u> <u>a</u> <u>normal</u> <u>life</u>.
	0153	すべてのドアが施錠されていることを確かめなさい。	<u>Make</u> <u>certain</u> that all the doors are locked.
	0154	私の故郷のバルセロナはスペインの大きな都市である。	My hometown, Barcelona, is <u>a</u> <u>major</u> <u>city</u> in Spain.
	0155	これはシェイクスピアの劇の完全な一覧表だ。	This is <u>the</u> <u>complete</u> <u>list</u> of Shakespeare's plays.
	0156	その映画スターはばく大な富をもっていると言われている。	It is said that the movie star has <u>enormous</u> <u>wealth</u>.
	0157	家を離れるのは私の人生の中で重要な変化だった。	Leaving home was <u>a</u> <u>significant</u> <u>change</u> in my life.
	0158	母は若いとき、全国を旅して見てきた。	My mother traveled and saw <u>the</u> <u>whole</u> <u>country</u> when she was young.
	0159	さらなる情報については私たちのウェブサイトをご訪問ください。	Please visit our website <u>for</u> <u>further</u> <u>information</u>.
	0160	私は彼女が生まれた正確な日付を知らない。	I don't know <u>the</u> <u>precise</u> <u>date</u> of her birth.

気持ちを伝える ❶

嫌う・不快に思う

□□□ 0161	
ひとりでいるのを嫌う	**dislike** being alone

□□□ 0162	
臭いにいらいらしている	be **annoyed** by the smell

□□□ 0163	
彼に対して怒る	get **mad** at him

□□□ 0164	
彼女の美しさをうらやむ	**envy** her beauty

□□□ 0165	
恥ずべき写真	**embarrassing** photos

□□□ 0166	
がっかりしたファン	**disappointed** fans

□□□ 0167	
そう言ったことを後悔する	**regret** having said so

感想を伝える

□□□ 0168	
聴衆を感動させる	**impress** the audience

□□□ 0169	
興味深い特徴	an interesting **feature**

□□□ 0170	
人気のある歌手	a **popular** singer

disappointedとdisappointingの違い

disappointが「をがっかりさせる」という意味であることに注意。人がっかりする場合には過去分詞のdisappointedを使う。

disappointed fans：がっかりさせられた→がっかりしたファン

a disappointing match：がっかりさせる試合

dislike
[disláik ディスライク]

他 を嫌う
名 (…への)嫌悪 (of, for)
dislike *doing* …するのを嫌う

annoy
[ənɔ́i アノイ]

他 をいらいらさせる
be annoyed with[at, about] A　Aにいらいらする
▶ annóying 形 しゃくにさわる
▶ annóyance 名 いらだち

mad
[mǽd マド]

形 ①(…に対して)怒って(at)　②気の狂った(ような)

envy
[énvi エンヴィ]

他 をうらやむ
名 うらやみ、ねたみ
envy A for B　AのBをうらやむ

embarrassing
[imbǽrəsiŋ インバラスィング]

形 恥ずべき、やっかいな、困った
▶ embárrass 他 に恥ずかしい思いをさせる

disappointed
[dìsəpɔ́intəd ディサポインテド]

形 がっかりした、失望した
be disappointed at[with] A　Aに失望する
▶ disappóinting 形 失望させるような

regret
[rigrét リグレト]

他 ①を後悔する、(したこと)を後悔する(*doing*)、(…
ということ)を残念に思う(that節)
②残念ながら(する)(to *do*)
名 後悔、残念

impress
[imprés インプレス] ⑦

他 ①を感動させる　②に印象づける
be impressed with A　Aに感動する
▶ impréssion 名 印象

feature
[fíːtʃər フィーチャ] ⑱

名 特徴
他 を呼びものにする

popular
[pápjələr パピュラ]

形 ①人気のある　②大衆的な
▶ populárity 名 人気

「感動する」

impressは「感動する」ではなく、「を感動させる」である。人が感動する場合は、「感動させられる」と受動態を使うことに注意。

This movie impressed me.「この映画は私を感動させた」
I was impressed with this movie.「私はこの映画に感動した」

本のストーリーについて話す	

□□□ 0171
随筆を書く

write an **essay**

□□□ 0172
恋愛関係をもつ

have a **romance**

□□□ 0173
興味深いエピソード

an interesting **episode**

政治について話す

□□□ 0174
裁判所の命令

the **court** order

□□□ 0175
アメリカ政府

the U.S. **government**

□□□ 0176
フランスの首都

the French **capital**

□□□ 0177
法に従う

follow the **law**

□□□ 0178
世界最大の国家

the largest **nation** in the world

□□□ 0179
王室

the **royal** family

□□□ 0180
イングランドの女王

the **queen** of England

country, state と nation

country や state は「政府が統治する国や領土」、nation は「歴史、慣習、ことばなどを共有する人々の集団」という意味合いが強い。日本はほぼ単一の nation から成る国民国家だが、インドやスイスのように、ひとつの国家の中に多くの nation が共存する多民族国家も多い。

essay [ései エセイ]	名 ①随筆、エッセイ、評論 ②(学校の)作文、レポート
romance [roumǽns ロウマンス] 発 ⑦	名 ①恋愛(関係)、ロマンス ②恋愛感情 ③恋愛小説[映画]
episode [épəsòud エピソウド]	名 ①エピソード、出来事 ②(連続ドラマ、小説などの)(1回分の)話
court [kɔ́:rt コート]	名 ①裁判所、法廷 ②(テニス・バスケットボールなどの)コート、中庭
government [gʌ́vərnmənt ガヴァンメント]	名 ①政府、自治体 ②政治 ▶ govern[gʌ́vərn ガヴァン] 他 を統治する
capital [kǽpətl キャピトル]	名 ①首都、都 ②資本(金) ③大文字、頭文字 形 ①主要な ②大文字の
law [lɔ́: ロー]	名 ①法律 ②法則 ▶ láwyer 名 弁護士
nation [néiʃən ネイション]	名 ①国家 ②《the nationで》国民 ▶ nátional 形 国家の、国民の
royal [rɔ́iəl ロイアル]	形 王の、国王の ▶ róyalty 名 王位
queen [kwí:n クウィーン]	名 《Queenで》女王、王妃(⇔king 王)

STEP 5

 capital

cap-はもともと「頭の」という意味で、そこから「一番大事な、主要な」という意味が派生した。首都は「最も主要な都市」、「資本」は「会社の基礎になる元手のお金」という意味と言う意味。さらに、capitalには「命に係わる」という意味もあり、capital punishmentは「死刑」となる。

考えや意図を伝える ❸

可能性・確率について話す

□□□ 0181 考えられる理由	a **possible** reason
□□□ 0182 雨が降りそうだ	be **likely** to rain
□□□ 0183 おそらく最善の	**perhaps** the best
□□□ 0184 次の機会	the next **opportunity**

買いものをする

□□□ 0185 お買い得品を手に入れる	get a **bargain**
□□□ 0186 人気のあるブランド	a popular **brand**
□□□ 0187 展示されて	on **display**
□□□ 0188 そのショッピングモール	the shopping **mall**
□□□ 0189 革のバッグ	a **leather** bag
□□□ 0190 予算内で	within a **budget**

 it is possible that S+V

possibleは〈It is possible + that節〉の形でもよく使われる。
It is possible that Tom will pass the exam.
「トムが試験に合格する可能性はある」

possible [pásəbl パスィブル]	形 ①考えられる、ありうる　②可能な as A as possible　できるだけA ▶ possibílity 名 可能性
likely [láikli ライクリ]	形 ありそうな be likely to *do*　…しそうである
perhaps [pərhǽps パハプス]	副 おそらく、たぶん、ことによると
opportunity [àpərtjú:nəti アパテューニティ]	名 （する）機会、チャンス（to *do*）（＝chánce）
bargain [bá:rgən バーゲン]	名 ①お買い得品、安売り　②取引
brand [brǽnd ブランド]	名 ブランド、商標
display [displéi ディスプレイ] ⑦	名 展示 他 を展示する、陳列する
mall [mɔ́:l モール]	名 （ショッピング）モール、ショッピングセンター
leather [léðər レザ]	形 革（製）の 名 ①なめし革　②革製品
budget [bʌ́dʒət バヂェト]	名 予算

STEP
5

chanceとopportunity

　　chanceとopportunityはほぼ同じ意味だが、opportunityは「（何度か訪れる）機会」、chanceは「（偶然の）好機」を意味することが多い。なお、chanceには「偶然、可能性」という意味もあるが、この意味はopportunityにはない。

There is a 50% chance of rain tomorrow.「明日の降水確率は50%だ」

事実や情報を伝える 9

真実や事実を明らかにする

□□□ 0191	
その計画を明らかにする	**reveal** the plan

□□□ 0192	
植物の研究をする	do **research** into plants

□□□ 0193	
証拠を挙げる	give **evidence**

原因や結果について話す

□□□ 0194	
結果として	as a **consequence**

□□□ 0195	
その事故を引き起こす	**cause** the accident

□□□ 0196	
健康への効果	**effect** on health

ある期間について話す

□□□ 0197	
近頃の学生	students **nowadays**

□□□ 0198	
近年	in **recent** years

□□□ 0199	
いつまでも若い	**forever** young

□□□ 0200	
だんだんと変化する	**gradually** change

research

research「調査」は不可算名詞。あえて数える場合には、an interesting piece of research「おもしろい調査」などとする。類義語のstudyやsurveyは可算名詞なのでまぎらわしいが、区別して覚えておこう。

reveal [riví:l リヴィール]	他 を明らかにする、漏らす（⇔ concéal を隠す）
research [risə́:rtʃ リサーチ]	名 （…の）研究、調査（into, on） 他 自 （を）研究する、調査する
evidence [évədəns エヴィデンス]	名 （…の）証拠（of, that 節）
consequence [kúnsəkwèns カンスィクウェンス] ⑦	名 結果（= resúlt） as a consequence of A　Aの結果として
cause [kɔ́:z コーズ] 発	他 を引き起こす、の原因となる（⇔ efféct 結果） 名 原因、理由 cause A to do　〜のせいでAが…する
effect [ifékt イフェクト]	名 ①（…への）効果、影響（on）　②結果　③印象 have an effect on A　Aに影響を与える ▶ efféctive 形 効果的な
nowadays [náuədèiz ナウアデイズ] ⑦	副 近頃、今日《※現在形とともに用いる》
recent [rí:sənt リースント] ⑦	形 最近の ▶ récently 副 最近
forever [fərévər フォレヴァ]	副 いつまでも、永久に
gradually [grǽdʒuəli グラヂュアリ]	副 だんだんと ▶ grádual 形 徐々の

STEP
5

cause A to do

「A が…することを引き起こす」という使い方があるが、主語Aが何かを引き起こした原因と考え、「〜のせいで A が…する」のように理解するとわかりやすい。

The accident caused me to lose my job.
「その事故のせいで私は仕事を失った」

嫌う・不快に思う	□ 0161	ベスはひとりでいるのを嫌うので、ふだん週末は出かけている。	Beth usually goes out on the weekend because she <u>dislikes</u> <u>being</u> <u>alone</u>.
	□ 0162	ライアンは、空気に漂う魚の臭いにいらいらしていた。	Ryan <u>was</u> <u>annoyed</u> <u>by</u> <u>the</u> <u>smell</u> of fish in the air.
	□ 0163	ジョンは妹の手袋を隠し、彼女は彼に対して怒った。	John hid his sister's gloves, and she <u>got</u> <u>mad</u> <u>at</u> <u>him</u>.
	□ 0164	妹はその映画スターの写真を持っていて、彼女の美しさをうらやんでいる。	My sister has pictures of that movie star and <u>envies</u> <u>her</u> <u>beauty</u>.
	□ 0165	彼はパーティーでの恥ずべき写真をブログで使った。	He used <u>embarrassing</u> <u>photos</u> from the party in his blog.
	□ 0166	バンドがひどい演奏をしたあと、がっかりしたファンは返金を要求した。	<u>Disappointed</u> <u>fans</u> demanded their money back after the band played poorly.
	□ 0167	私は今週末家族を手伝うと約束したが、今ではそう言ったことを後悔している。	I promised to help my family this weekend, but now <u>regret</u> <u>having</u> <u>said</u> <u>so</u>.
感想を伝える	□ 0168	彼の美しいピアノは聴衆を感動させた。	His beautiful piano <u>impressed</u> <u>the</u> <u>audience</u>.
	□ 0169	この家の興味深い特徴は、屋外プールだ。	<u>An</u> <u>interesting</u> <u>feature</u> of this house is the outdoor pool.
	□ 0170	彼女は人気のある歌手になる前、ウェイトレスとして長年働いていた。	She worked many years as a waitress before she became <u>a</u> <u>popular</u> <u>singer</u>.
本のストーリーについて話す	□ 0171	私は日本史についての随筆を書くよう頼まれた。	I was asked to <u>write</u> <u>an</u> <u>essay</u> about Japanese history.
	□ 0172	彼女は若い男性と恋愛関係をもちはじめた。	She started to <u>have</u> <u>a</u> <u>romance</u> with the young man.
	□ 0173	その本は歴史上多くの興味深いエピソードを語っている。	The book talks about many <u>interesting</u> <u>episodes</u> in history.
政治について話す	□ 0174	警察はその男に、彼の自宅を捜索する裁判所の命令を提示した。	The police showed the man <u>a</u> <u>court</u> <u>order</u> to search his house.
	□ 0175	約500万人がアメリカ政府で働いている。	About five million people work in <u>the</u> <u>U.S.</u> <u>government</u>.
	□ 0176	パリは987年にフランスの首都となった。	Paris became <u>the</u> <u>French</u> <u>capital</u> in 987.
	□ 0177	その村人たちはいつも法に従ってお互いを助けている。	The village people always <u>follow</u> <u>the</u> <u>law</u> and help each other.
	□ 0178	ロシアは世界最大の国家である。	Russia is <u>the</u> <u>largest</u> <u>nation</u> <u>in</u> <u>the</u> <u>world</u>.
	□ 0179	スウェーデンの王室は政権をもっていない。	<u>The</u> <u>royal</u> <u>family</u> of Sweden has no political power.
	□ 0180	エリザベス二世は1952年にイングランドの女王になった。	Elizabeth II became <u>the</u> <u>Queen</u> <u>of</u> <u>England</u> in 1952.

可能性・確率について話す	0181	彼女の悲しみの考えられる理由は何だと思いますか。	What do you think is a possible reason for her sadness?
	0182	明日は雨が降りそうだから、洗濯物を外に干すべきではない。	It is likely to rain tomorrow, so we shouldn't hang out the washing.
	0183	あなたの考えがおそらく最善だろう。	I think that your idea is perhaps the best.
	0184	今回は君といっしょに行けないけれども、次の機会を待っているよ。	I can't go with you this time, but will wait for the next opportunity.
買いものをする	0185	フランクはサッカーシューズを買いに行ってお買い得品を手に入れた。	Frank got a bargain when he went shopping for soccer shoes.
	0186	これは人気のあるブランドだが、その時計は好きではない。	This is a popular brand but I don't like its watches.
	0187	その店の旅行者コーナーには、海外モデルが展示されて販売されている。	Overseas models are on display and sold in tourist sections of the store.
	0188	そのショッピングモールは週末にはいつも混雑している。	The shopping mall is always crowded on weekends.
	0189	私のおじは、革のバッグを手作りする方法を知っている。	My uncle knows how to make a leather bag by hand.
	0190	彼はスポーツカーを買いたかったが、それは予算内ではなかった。	He wanted to buy a sports car, but it was not within his budget.
真実や事実を明らかにする	0191	私がそうしろと言わない限り、その計画を他の人々に明らかにしてはいけない。	Don't reveal the plan to other people unless I tell you to do so.
	0192	私のいとこは、大学で植物の研究をしている。	My cousin is doing research into plants at college.
	0193	その医師は証拠を挙げるために裁判所に呼ばれた。	The doctor was called to give evidence in court.
原因や結果について話す	0194	彼は一生懸命働かず、結果として仕事を失った。	He didn't work hard, and as a consequence, he lost his job.
	0195	警察は、大雪がその事故を引き起こしたと言った。	Police said heavy snow had caused the accident.
	0196	コーヒーは、健康への多くのよい効果がある。	Coffee has many good effects on health.
ある期間について話す	0197	近頃の学生の多くは毎晩8時間未満の睡眠である。	A lot of students nowadays sleep less than eight hours every night.
	0198	近年、私たちの町と人々は大きく変わっている。	Our town and its people have changed a lot in recent years.
	0199	年はとってきているが、彼女の心はいつまでも若いままである。	Although she is getting older, her mind remains forever young.
	0200	私は早朝に明かりがだんだんと変化する様子を見るのが好きだ。	I like to watch the light gradually change in the early morning.

人の性質について話す

□□□ 0201 おだやかな心	a **gentle** heart
□□□ 0202 他人に寛容な	**patient** with others
□□□ 0203 強い個性をもつ	have a strong **personality**
□□□ 0204 お金にどん欲な	**greedy** for money
□□□ 0205 賢い少女	a **wise** girl
□□□ 0206 率直な意見	a **frank** opinion
□□□ 0207 ばかな冗談	a **silly** joke
□□□ 0208 年長の市民（高齢者）	a **senior** citizen
□□□ 0209 礼儀正しい人	a **polite** person
□□□ 0210 勇敢な戦い	a **brave** fight

🐻 patientとpatience

patientは名詞では「患者」という意味になる。（苦痛を）がまんする人＝「患者」と覚えるとよい。「寛容さ、がまん強さ」という意味の名詞形はpatienceとなるので注意しよう。

gentle [dʒéntl ヂェントル]	形 ①(人・態度が)おだやかな、やさしい ②(風などが)おだやかな、静かな be gentle with A　Aにやさしい
patient [péiʃənt ペイシェント] 発	形 (…に)寛容な、がまん強い(with) 名 患者、病人 ▶ pátience 名 忍耐
personality [pə̀ːrsənǽləti パーソナリティ]	名 ①個性、人格　②有名人 ▶ pérsonal 形 個人的な
greedy [gríːdi グリーディ]	形 ①どん欲な、欲ばりで　②食いしんぼうな
wise [wáiz ワイズ]	形 賢い、賢明な
frank [frǽŋk フランク]	形 率直な to be frank (with you)　率直に言えば ▶ fránkly 副 素直に
silly [síli スィリ]	形 ばかな、愚かな
senior [síːnjər スィーニャ]	形 ①(…より)年上の　②年長の、先輩の(to) (⇔júnior 年下の) 名 年長者、上司
polite [pəláit ポライト]	形 礼儀正しい(⇔impolíte, rúde 無礼な) ▶ políteness 名 礼儀正しさ
brave [bréiv ブレイヴ]	形 勇敢な、勇ましい ▶ bravery[bréivəri ブレイヴァリ] 名 勇敢さ

frankly speaking

frankの副詞 frankly を使って、frankly speaking「率直に言えば」という表現がある。
他にも、generally speaking「一般的に言えば」や strictly speaking「厳密に言えば」
のような表現もある。

国際的な文化や情勢について話す

□□□ 0211 孤児になる	become an **orphan**
□□□ 0212 軍事訓練	**military** training
□□□ 0213 その都市に侵入する	**invade** the city
□□□ 0214 世界中で旅をする	travel **worldwide**
□□□ 0215 海外に住む	live **overseas**
□□□ 0216 浜辺を汚染する	**pollute** the beach
□□□ 0217 銃を発射する	shoot a **gun**
□□□ 0218 弾丸を撃つ	fire a **shot**
□□□ 0219 その港を攻撃する	**attack** the port
□□□ 0220 外国の情勢	foreign **affairs**

affair

affairはforeign affairs「外交情勢」のように公的な物事についてもいうが、my (private) affairs「私のこと、私の問題」のように個人的な物事についても使う。また、love affair、あるいは単にaffairで「恋愛、ロマンス、浮気」という意味にもなる。

She had a secret affair with her ex-boyfriend.
「彼女は元カレと秘密の恋愛をしていた」

orphan [ɔ́:rfən オーファン]	名 孤児
military [mílətèri ミリテリ]	形 軍の、陸軍の 名 軍隊
invade [invéid インヴェイド]	他 に侵入する、を侵略する ▶ invásion 名 侵入、侵略
worldwide [wə̀:rldwáid ワールドワイド]	副 世界中で[に] 形 世界的な、世界規模の
overseas [òuvərsí:z オウヴァスィーズ]	副 海外に[へ、で] (=abróad) 形 海外の
pollute [pəlú:t ポルート]	他 を汚染する ▶ pollútion 名 汚染
gun [gʌ́n ガン]	名 銃
shot [ʃɑ́t シャト]	名 (発砲された)弾丸、発射、発砲 ▶ shóot 他 自 (を)撃つ
attack [ətǽk アタク]	他 自 (を)攻撃する 名 攻撃
affair [əféər アフェア]	名 ①《affairsで》情勢、問題　②事務、業務

STEP
6

worldwide や overseas の品詞

　これらの単語は副詞として使われることに注意。「世界中」や「海外」のように覚えてしまうと、動詞と組み合わせて使うときに間違えてしまう。worldwide や overseas の前には、to などの前置詞は不要である。

ものの関係を説明する

□□□ 0221 4つの島から成る	**consist** of four islands
□□□ 0222 朝食を含む	**include** breakfast
□□□ 0223 反対側	the **opposite** side
□□□ 0224 後半	the **latter** half
□□□ 0225 そのウェイターについていく	**follow** the waiter
□□□ 0226 際立った対照	a strong **contrast**
□□□ 0227 交通量による	**depend** on traffic

許可・禁止する

□□□ 0228 彼が行くのを許す	**allow** him to go
□□□ 0229 免許を保有する	hold a **license**
□□□ 0230 喫煙を禁止する	**forbid** smoking

follow が表す順番

followは何が先なのかを混乱しがちである。Follow me.「私についてきて」という表現があるが、目的語に来るmeが先を行くことを理解しよう。

consist
[kənsíst コンスィスト]

⾃ (…から)**成る (of)** (＝be compósed of)
consist in A　Aに存在する

include
[inklú:d インクルード]

⽥ **を含む、含める**(⇔exclúde を除外する)

opposite
[ápəzət アポズィト] ⑦

⽥ ① (…の)**反対の (to)**　② **向こう側の**
⟰ **の向こう側に[の]**
▶ oppóse ⽥ に反対する

latter
[lǽtər ラタ]

⽥ **後者の**(⇔fórmer 前者の)**、あとの**《※lateの比較
級の1つ》
⽤ **後者**

follow
[fálou ファロウ] ⑰

⽥ ⾃ ① (に)**ついていく[くる]、(を)たどる**
② (に)**続いて起こる**　③ (法・規則など)(に)**従う**
▶ fóllowing ⽥ 次の

contrast
[kántræst カントラスト] ⑦

⽤ **対照**
⾃ [kəntrǽstコントラスト] **対照をなす**
⽥ **を対照させる**
in contrast to A　Aと対照的に

depend
[dipénd ディペンド]

⾃ ① (…に)**よる、(…)次第である (on)**
② (…を)**頼りにする (on)**
depend on A　A次第である、Aによる
▶ depéndence ⽤ 頼ること、依存
▶ depéndent ⽥ 頼っている

allow
[əláu アラウ] ⑰

⽥ **を許す**
allow A to *do*　Aが…するのを許す
▶ allówance ⽤ 手当

license
[láisəns ライセンス]

⽤ **免許(証)**

forbid
[fərbíd フォビド]

⽥ **を禁止する、許さない**
forbid A to *do* [*doing*]　Aが…するのを禁止する、許さない

---

allow は「を許す」だけではない

allowは、上で「を許す」と紹介したが、よくenableと同じ意味で使われる。
Internet allows us to gather a lot of information.
「インターネットのおかげで、私たちはたくさんの情報を集めることができる」

事実や情報を伝える ⑪

□□□ 0231 未来を予言する	**predict** the future
□□□ 0232 彼に会うのを期待する	**expect** to see him
□□□ 0233 技術を開発する	**develop** the technology
□□□ 0234 予定を設定する	set the **schedule**

□□□ 0235 低い調子で	in low **tones**
□□□ 0236 リズムに合わせて踊る	dance to the **rhythm**
□□□ 0237 地元の人と調和して	in **harmony** with the local people
□□□ 0238 古い曲	an old **tune**
□□□ 0239 ベルを鳴らす	**ring** the bell
□□□ 0240 音声プレーヤー	an **audio** player

be expected to *do*

expectは「期待する」という意味で覚える人が多い。「期待」と聞くと、よいこととセットで使われるように感じるだろうが、悪いこととも一緒に使われることに注意。「予想する」という意味で中立的な意味で覚えておくとよい。

It's expected to rain today.「今日、雨が降るだろう」

predict [pridíkt プリディクト]	他 を**予言する、予測する** ▶ predíction 名 予言
expect [ikspékt イクスペクト]	他 ①を**期待する** ②を**予想する** expect to *do* …することを期待する、予想する ▶ expectátion 名 期待
develop [divéləp ディヴェロプ] ⑦	他 ①を**開発する** ②を**発展[発達]させる** ③を**伸ばす** 自 **発達[発展]する** ▶ devélopment 名 ①発達、成長 ②開発
schedule [skédʒuːl スケヂュール] ⑦	名 **予定(表)、スケジュール** 他 《be scheduled で》が(…に)**予定されている**(for) behind schedule 予定よりも遅れて
tone [tóun トウン] ⑱	名 **調子、音色**
rhythm [ríðm リズム]	名 **リズム**
harmony [háːrməni ハーモニ]	名 **調和**
tune [tjúːn テューン]	名 **曲、旋律** 他 を**調和させる、(テレビ・ラジオの周波数)を合わせる**
ring [ríŋ リング] 活 rang-rung	他 ①を**鳴らす** ②に**電話をかける** 自 **鳴る** 名 ①**指輪** ②**輪、円**
audio [ɔ́ːdiòu オーディオウ]	形 **音声の**

be scheduled to *do*

scheduleは他動詞だが、受け身で使われることが多い。be scheduled to *do* で「…する予定である」という意味になる。

The shipment of the book is scheduled to arrive tomorrow.

「本の配送は明日到着する予定だ」

人の性質について話す	0201	その先生はとても親切で、おだやかな心をもっている。	The teacher is very kind and has a gentle heart.
	0202	彼は年を取るにつれてより他人に寛容になった。	As he got older, he became more patient with others.
	0203	彼女は強い個性をもっているが、それを隠すよう努力をしている。	She has a strong personality but makes efforts to hide it.
	0204	彼はお金にどん欲なので、みんなが彼のことを嫌っている。	He is so greedy for money that everyone hates him.
	0205	賢い少女ならそんなことは言わないだろうに。	A wise girl wouldn't say such a thing.
	0206	私の絵について率直な意見をいただけますか。	Can you give me a frank opinion about my painting?
	0207	彼はばかな冗談を言ってみんなが笑った。	He told a silly joke and everyone laughed.
	0208	この仕事は年上の市民（高齢者）には適していない。	This job is not suitable for a senior citizen.
	0209	彼女は私が今までに会った中で最も礼儀正しい人だ。	She is the most polite person I've ever met.
	0210	チームは勇敢な戦いをしたが試合に負けた。	The team put up a brave fight but lost the game.
国際的な文化や情勢について話す	0211	彼は9歳のときに孤児になった。	He became an orphan when he was nine years old.
	0212	大学のあと、彼は3年間の軍事訓練を受けた。	After college he had three years of military training.
	0213	外国の兵士がその都市に侵入した。	Foreign soldiers have invaded the city.
	0214	毎年10億人を超える人々が世界中で旅をする。	More than one billion people travel worldwide every year.
	0215	海外に住むことは、異なる文化について学ぶよい機会だ。	Living overseas is a good chance to learn about a different culture.
	0216	プラスチックのボトルで浜辺を汚染してはいけない。	Don't pollute the beach with plastic bottles.
	0217	アメリカ人のなかにはスポーツとして銃を発射することを学ぶ者もいる。	Some Americans learn to shoot a gun as a sport.
	0218	彼はコンビニエンスストアへ向けて弾丸を撃った。	He fired a shot toward the convenience store.
	0219	スペインの船がその港を何度も攻撃した。	Spanish ships attacked the port many times.
	0220	この雑誌には外国の情勢について多くの情報がある。	This magazine has a lot of information about foreign affairs.

ものの関係を説明する	0221	日本は大きな4つの島と数千の小さな島から成る。	Japan <u>consists of four</u> large <u>islands</u> and thousands of smaller ones.
	0222	ホテルの料金は朝食を含んでいる。	The cost for the hotel <u>includes breakfast</u>.
	0223	ブラジルは日本から見て地球の反対側にある。	Brazil is on <u>the opposite side</u> of the earth from Japan.
	0224	この本の後半は出だしほどよくない。	<u>The latter half</u> of this book is not as good as the beginning.
	0225	私たちはウェイターについていって、窓のそばに座った。	We <u>followed the waiter</u> and sat down next to a window.
	0226	彼女の黒い髪は、青い目と際立った対照をなしている。	Her black hair makes <u>a strong contrast</u> with her blue eyes.
	0227	その庭園に着くまではふつう15分くらいかかりますが、交通量によります。	It usually takes about 15 minutes to get to the garden, but it <u>depends on traffic</u>.
許可・禁止する	0228	彼の両親は、彼がひとりでカナダに行くのを許した。	His parents <u>allowed him to go</u> to Canada alone.
	0229	私の姉は、飛行機を操縦する免許を保有している。	My sister <u>holds a license</u> to fly an airplane.
	0230	その市は路上での喫煙を禁止している。	The city <u>forbids smoking</u> on the street.
予定・未来について話す	0231	未来を予言できる人はいないが、私たちは未来をつくれると信じている。	No one can <u>predict the future</u>, but we believe we can make it.
	0232	私はパーティーで彼に会うのを期待している。	I <u>expect to see him</u> at the party.
	0233	そのチームは、もっと役に立つロボットを製造する技術を開発するだろう。	The team will <u>develop the technology</u> to produce more useful robots.
	0234	私たちは全員が同意するまで予定を設定することができない。	We cannot <u>set the schedule</u> until everyone agrees.
音声・音楽について話す	0235	私の両親は低い調子で話したので聞こえなかった。	My parents spoke <u>in low tones</u> so I couldn't hear them.
	0236	子どもたちは、アフリカの太鼓のリズムに合わせて踊った。	Children <u>danced to the rhythm</u> of the African drums.
	0237	その楽団は、地元の人々と調和してカントリーミュージックを演奏した。	The band played country music <u>in harmony with the local people</u>.
	0238	私の母は、皿洗いをしながら古い曲を歌った。	My mother sang <u>an old tune</u> while she was doing the dishes.
	0239	私はベルを鳴らしたが、誰も答えなかった。	I <u>rang the bell</u>, but no one answered.
	0240	私はよい音声プレーヤーを買いたい。	I would like to buy <u>a good audio player</u>.

意思や考えを伝える

□□□ 0241 彼らの意見に反対する	**oppose** their opinions
□□□ 0242 権利を主張する	**claim** rights
□□□ 0243 彼の考え方を示す	present his **view**
□□□ 0244 間違っていることを認める	**admit** being wrong
□□□ 0245 手伝うと約束する	**promise** to help
□□□ 0246 彼女にあやまる	**apologize** to her
□□□ 0247 連絡先の情報	**contact** information
□□□ 0248 抱擁する	give a **hug**
□□□ 0249 生徒たちを励ます	**encourage** students
□□□ 0250 将来のことで彼に忠告する	**advise** him on his future

be opposed to *do*ing

be opposed to の to は to 不定詞ではなく前置詞であるため、後ろの動詞は *do*ing と動名詞にする必要がある。

I'm opposed to calling off the match.
「私は試合を中止することに反対している」

oppose [əpóuz オポウズ]	他 に反対する 　be opposed to A　Aに反対する ▶ ópposite 形 反対の ▶ opposítion 名 反対
claim [kléim クレイム] 発	他 ①を主張する　②を要求する 名 要求、主張
view [vjú: ヴュー]	名 ①考え方、意見　②景色、ながめ(=scéne) 他 ①を見る　②を調べる
admit [ədmít アドミト]	他 ①(…ということ)を(しぶしぶ)認める(that節) 　②(映画館・学校など)に入ることを許す
promise [práməs プラミス]	他 自 (を)約束する 名 約束
apologize [əpálədʒàiz アパロヂャイズ]	自 あやまる 　apologize to A for B　BのことでA(人)にあやまる ▶ apólogy 名 謝罪
contact [kántækt カンタクト]	名 ①連絡(先)　②接触　③関係、縁故 他 と連絡する 　in contact with A　Aと連絡を取っている
hug [hʌ́g ハグ]	名 抱擁 他 を抱擁する
encourage [inkə́:ridʒ インカーリヂ]	他 ①を励ます、勇気づける　②に勧める 　encourage A to do　…するようAを励ます、Aに勧める
advise [ədváiz アドヴァイズ] 発 ア	他 に(…について)忠告する、助言する(on) ▶ advice[ədváis アドヴァイス] 名 助言

STEP 7

advise A to do

advise A to do で「Aに…するように忠告する」という意味。

My teacher advised me to study harder.

「私の先生は私にもっと勉強するように忠告した」

気持ちを伝える ❷

□□□ 0251 戦争の恐怖	the **horror** of war
□□□ 0252 おそろしい地震	an **awful** earthquake
□□□ 0253 気が変になる	go **crazy**
□□□ 0254 神経質になる	get **nervous**
□□□ 0255 君を気の毒に思う	feel **pity** for you
□□□ 0256 全員をおびえさせる	**terrify** everyone
□□□ 0257 そのネコを怖がらせる	**frighten** the cat
□□□ 0258 将来のことを心配して	**anxious** about the future
□□□ 0259 懸念事項	a matter of **concern**
□□□ 0260 恐れて泣く	cry in **fear**

 「恐怖」

「恐怖」を表す英単語はそれぞれ次のような違いがある。
- ▶ **fear**：「恐怖」を表す一般的な語。
- ▶ **fright**：出来事やものに対し、突発的に感じる恐怖。
- ▶ **dread**：これから起こるかもしれないことへの恐怖や不安。
- ▶ **horror**：恐ろしいものや光景を見て感じる恐怖。嫌悪感やショックを含む。
- ▶ **terror**：極度の恐怖

horror [hɔ́:rər ホーラ]	名 ① (ぞっとするような)恐怖　②嫌悪、大きらい 　　in horror　恐怖で 　▶ hórrible 形 おそろしい
awful [ɔ́:fəl オーフル]	形 おそろしい、ひどい
crazy [kréizi クレイズィ]	形 ①気が変な、正気でない(＝mád) 　　②(…に)熱狂した、夢中の(about)
nervous [nə́:rvəs ナーヴァス]	形 ①神経質な、緊張して、イライラして 　　②心配して、不安で 　▶ nerve[nə́:rv ナーヴ] 名 神経
pity [píti ピティ]	名 ①気の毒、あわれみ、同情 　　②《a pityで》残念なこと
terrify [térəfài テリファイ]	他 をおびえさせる、怖がらせる 　▶ térror 名 恐怖
frighten [fráitn フライトン]	他 を怖がらせる、(ひどく)びっくりさせる 　▶ fríghtened 形 おびえた 　▶ fríghtening 形 恐ろしい
anxious [ǽŋkʃəs アン(ク)シャス] 発	形 ①(…を)心配して(about, for) 　　②(…を)切望して(for)、(することを)切望して(to do) 　▶ anxíety 名 不安
concern [kənsə́:rn コンサーン]	名 懸念、心配 他 ①に関係する　②を心配させる 　　be concerned about A　Aを心配する
fear [fíər フィア]	名 ①(…への)恐れ、恐怖(of, for)　②不安 他 を恐れる 自 心配する 　　for fear of A　Aを恐れて

「心配する」

concernを動詞として使うと「を心配させる」という意味なので、「心配する」と言いたい場合は、be concernedと受動態を使う。

I'm concerned about the result of the English test.
「私は英語のテストの結果について心配している」

ものを説明する	□□□ 0261 理由を説明する	**explain** the reason
	□□□ 0262 私の考えを述べる	**express** my idea
	□□□ 0263 図表を示す	show a **chart**
身体動作について話す	□□□ 0264 旗を上げる	**raise** a flag
	□□□ 0265 私に向かって叫ぶ	**scream** at me
	□□□ 0266 薬を飲み込む	**swallow** the medicine
	□□□ 0267 ドアをノックする	**knock** at the door
	□□□ 0268 布を広げる	**spread** a cloth
	□□□ 0269 お茶を注ぐ	**pour** tea
	□□□ 0270 ひとりで泣く	**weep** alone

「AにBを説明する」

explainを使って、説明する相手を表すときはexplain B to Aのようにする。前置詞toの後に、説明する相手を示す。

John explained his idea to me. 「ジョンはアイデアを私に説明した」

explain [ikspléin イクスプレイン]	他 自 (を)説明する ▶ explanátion 名 説明
express [iksprés イクスプレス]	他 を述べる、表現する 形 急行の 名 急行列車[バス] ▶ expréssion 名 表現
chart [tʃáːrt チャート]	名 図表、グラフ
raise [réiz レイズ] 発	他 ①を上げる、持ち上げる(⇔ lówer を低くする) ②を育てる、養う 名 昇給
scream [skríːm スクリーム]	自 (…に向かって)叫ぶ(at)、悲鳴をあげる 名 悲鳴
swallow [swálou スワロウ]	他 を飲み込む 名 ①飲むこと、ひと飲み ②ツバメ
knock [nák ナク]	他 自 (を)ノックする、(強く)たたく 名 ノック(の音)
spread [spréd スプレド] 発 活 spread-spread	他 を広げる(⇔ fóld を折りたたむ) 自 広がる 名 広がり
pour [póːr ポー] 発	他 を注ぐ 自 (雨が土砂降りに)降る pour A B A(人)にBを注ぐ
weep [wíːp ウィープ] 活 wept-wept	自 (涙を流して)泣く、嘆く

STEP
7

 「育てる」

raiseには「を育てる」という意味もある。成長する方向を「上」だとイメージして raiseが使われるようになったと考えられる。

My mother raised me by herself.「私の母はひとりで私を育てた」

人やものの状態を描写する

☐☐☐ 0271 よい状態で	in good **condition**
☐☐☐ 0272 混んでいるバス	a **crowded** bus
☐☐☐ 0273 生き延びる	stay **alive**
☐☐☐ 0274 悪い状況	a bad **situation**
☐☐☐ 0275 雨不足	**lack** of rain

人の移動について話す

☐☐☐ 0276 イベントに姿を見せる	**appear** at the event
☐☐☐ 0277 永遠に消える	**disappear** forever
☐☐☐ 0278 すばやくそばを通り過ぎる	**pass** by quickly
☐☐☐ 0279 通りをぶらぶらと歩き回る	**wander** about the streets
☐☐☐ 0280 駅へ急いで行く	**rush** to the station

 appear＋形容詞

appearは「のように見える」という意味でも使われる。
You appear (to be) very happy.「あなたはとても嬉しそうです」

280 !!

condition [kəndíʃən コンディション]	名 ①状態、状況　②条件
crowded [kráudəd クラウデド] 発	形 混んでいる ▶ crówd 名 群衆　他 に群がる
alive [əláiv アライヴ] 発	形 生きている、活動している(⇔déad 死んでいる) ▶ life 名 生命、生活 ▶ líve 自 生きる、生活する
situation [sitʃuéiʃən スィチュエイション]	名 ①状況、立場　②事態
lack [lǽk ラク]	名 不足 他 を欠いている 　be lacking in A　Aが不足して 　lack for A　Aが不足して困っている
appear [əpíər アピア]	自 ①姿を見せる、現れる(⇔disappéar 消える) 　②見える　③(…であると)思われる(that節) 　appear (to be) A　Aのように見える ▶ appéarance 名 外見、現れること
disappear [dìsəpíər ディサピア]	自 消える、見えなくなる(⇔appéar 現れる) ▶ disappéarance 名 見えなくなること、失踪
pass [pǽs パス]	自 ①通り過ぎる　②(時などが)過ぎる、通る 他 ①を通り過ぎる、通る　②(試験など)に受かる 　③(料理など)を回す、手渡す 名 入場許可証、無料入場券
wander [wɑ́ndər ワンダ]	自 ①歩き回る　②ふらりと立ち去る(off, away)
rush [rʌ́ʃ ラシュ]	自 急いで行く、勢いよく走る 他 ①を急いで連れていく　②を急がせる 名 殺到、突進

in a rush

「急いでいる」状態を表すときにin a rushが使われる。同じような表現としてin a hurryがある。

I'm in a rush.「私は急いでいる」

意思や考えを伝える	0241	あの子どもたちは、彼らの意見に反対する人には誰にでも腹を立てる。	Those kids are angry at anyone who opposes their opinions.
	0242	その女性は権利を主張して私たちに金を要求した。	The woman claimed her rights and asked us for money.
	0243	彼は、私の意見を聞いたあとに彼の考え方を示した。	He presented his view after listening to my opinion.
	0244	私の妹は自分が間違っていることを決して認めない。	My sister never admits being wrong.
	0245	カールは手伝うと約束したが何もしなかった。	Carl promised to help but didn't do anything.
	0246	ケンはなるべく早く彼女にあやまるべきだと思う。	I think Ken should apologize to her as soon as possible.
	0247	ホテルは私たちの連絡先の情報を求めた。	The hotel asked for our contact information.
	0248	学校へ行く前に彼の母は彼を抱擁した。	Before he left for school, his mother gave him a hug.
	0249	アダムズ先生は、一生懸命勉強するよう生徒たちを励ました。	Ms. Adams encouraged her students to study hard.
	0250	君は将来のことで彼に忠告するべきだ。	You should advise him on his future.
マイナスの気持ちを表現する	0251	今日でさえ、多くの人々が戦争の恐怖を経験している。	Even today, many people experience the horror of war.
	0252	3年前、ニュージーランドでおそろしい地震があった。	There was an awful earthquake in New Zealand three years ago.
	0253	彼がまた戻ってきたら私は気が変になるだろう。	I will go crazy if he comes back again.
	0254	私は高いところが怖いので空を飛ぶのに神経質になる。	I get nervous about flying because I'm afraid of heights.
	0255	彼が足を骨折したと聞いたので、私は彼を本当に気の毒に思った。	I really felt pity for him since I heard he broke his leg.
	0256	外の雷鳴が全員をおびえさせた。	The roll of thunder outside terrified everyone.
	0257	テーブルの下のそのネコを怖がらせないように努めてください。	Please try not to frighten the cat under the table.
	0258	仕事を失って以来、彼女は将来のことを心配している。	Since losing her job, she has been anxious about the future.
	0259	プラスチックのリサイクル方法は、私たち全員の懸念事項である。	How to recycle plastics is a matter of concern for all of us.
	0260	リンダは庭でその大きなヘビを見て、恐れて泣いた。	Linda cried in fear when she saw the large snake in her garden.

ものを説明する	0261	ジョンは遅刻した理由を説明した。	John explained the reason for being late.
	0262	私は自分の考えを述べて、全員が同意した。	I expressed my idea, and everyone agreed.
	0263	科学者はその調査によるデータを含む図表を示した。	The scientists showed a chart with data from the research.
身体動作について話す	0264	リーダーは立ち上がり、旗を上げて大衆に呼びかけた。	The leader stood up and raised a flag to call out to the public.
	0265	彼女は私に向かって叫んで、私をばかと呼んだ。	She screamed at me and called me a fool.
	0266	私が薬を飲み込めなかったので、医師は私に注射した。	The doctor gave me a shot because I couldn't swallow the medicine.
	0267	誰かがドアをノックしたので、それが誰かを見に行った。	Someone knocked at the door, and I went to see who it was.
	0268	夕食の前にテーブルの上に布を広げましょう。	Let's spread a cloth on the table before we have dinner.
	0269	母は庭に座って、お客様のためにお茶を注いでいる。	My mother is sitting in the garden and pouring tea for guests.
	0270	アンドリューは自分の部屋に行ってひとりで泣いた。	Andrew went to his room and wept alone.
人やものの状態を描写する	0271	私はスマートフォンをよい状態で保つためにケースを使う。	I use a case to keep my smartphone in good condition.
	0272	私は混んでいるバスで旧友に出会った。	I met an old friend of mine in a crowded bus.
	0273	行方不明だった男の子は、川の水を飲んで数日間生き延びていた。	The missing boy stayed alive on river water for several days.
	0274	家の鍵を失くして、私は悪い状況にあった。	I was in a bad situation when I lost my house key.
	0275	今年の夏は雨不足なので、草がみな茶色になっている。	The grass is all brown because there has been a lack of rain this summer.
人の移動について話す	0276	何人かの有名なスポーツ選手が、学校のイベントに姿を見せるだろう。	Some sports stars will appear at our school's event.
	0277	彼はすべてのお金を貧しい人々にあげて、永遠に消えた。	He gave all his money to the poor and disappeared forever.
	0278	ミュージシャンの一団が突然現れてすばやくそばを通り過ぎた。	The group of musicians suddenly appeared and passed by quickly.
	0279	新しい街にいるとき、通りをぶらぶらと歩き回るのは楽しい。	When you are in a new city, it is fun to wander about the streets.
	0280	彼女は終電に乗るために駅へ急いで行った。	She rushed to the station to catch the last train.

位置・場所について話す

□□□ 0281 内側の部分	the **inner** parts
□□□ 0282 その位置を変える	change the **position**
□□□ 0283 遠く離れた村	a **remote** village
□□□ 0284 よそに助けを求める	look **elsewhere** for help
□□□ 0285 互いに離れて	**apart** from each other
□□□ 0286 別々の部屋で眠る	sleep in **separate** rooms
□□□ 0287 中心街に住む	live **downtown**
□□□ 0288 遊泳区域	a swimming **zone**
□□□ 0289 木陰	the **shade** of the tree
□□□ 0290 光源	a **source** of light

apartの慣用表現

▶ fall apart 「崩壊する、ばらばらにする」
The cake I made fell apart so I cried loudly.
「自分が作ったケーキが崩れて私は大声で泣いた」

▶ apart from A 「Aは別にして」
Apart from sumo, he doesn't watch TV.
「相撲は別にして、彼はテレビを見ない」

inner [ínər イナ]	形 ①内側の、内部の(⇔óuter 外側の、外部の) ②精神的な、内面的な
position [pəzíʃən ポズィション]	名 ①位置 ②立場 ③姿勢 ④職、地位
remote [rimóut リモウト]	形 (時間や距離が)遠く離れた、辺ぴな
elsewhere [élsʰwèər エルス(ホ)ウェア]	副 よそに、どこかほかのところに
apart [əpá:rt アパート]	副 ①離れて、分かれて ②ばらばらに apart from A　Aは別として
separate [sépərət セパレト] ⑦	形 別々の、離れた 他 [sépərèit セパレイト] ①を隔てる、分ける ②を切り離す、分離する ▶ sèparátion 名 分離
downtown [dáuntáun ダウンタウン]	副 中心街に[で、へ]、繁華街に 形 中心街の、繁華街の 名 中心街、街の中心地区
zone [zóun ゾウン] 発	名 区域、地帯
shade [ʃéid シェイド]	名 ①日陰 ②光[熱]をさえぎるもの ▶ shádow 名 (人などの)影
source [sɔ́:rs ソース]	名 ①源、原因 ②情報源 ③水源(地)

STEP 8

 downtown は「下町」ではない

downが入っているので、「下」をイメージしてしまうかもしれないが、このdownは高いところにある住宅地から中心地への方向を示していると考えるとよい。

仕事・職業について話す

□□□ 0291 最初の日本人宇宙飛行士	the first Japanese **astronaut**
□□□ 0292 私のお気に入りの作家	my favorite **author**
□□□ 0293 有名な心理学者	a famous **psychologist**
□□□ 0294 勇敢な兵士たち	the brave **soldiers**
□□□ 0295 地元の理髪店	a local **barber**
□□□ 0296 秘書として働く	work as a **secretary**
□□□ 0297 旅行代理業者	a travel **agent**
□□□ 0298 職業を選ぶ	choose an **occupation**
□□□ 0299 町のために働く	**serve** my town
□□□ 0300 彼の仕事から引退する	**retire** from his job

「仕事」

　「仕事」を表す単語にはいくつかあるが、occupationは公式な書類などに記入する用語。他に、workは一般的に「仕事」を表す単語。jobやtaskは具体的な仕事を示す。

astronaut
[ǽstrənɔ:t アストロノート] 発

图 宇宙飛行士

author
[ɔ́:θər オーサ] 発

图 作家、著者

psychologist
[saikálədʒist サイカロヂスト] 発

图 心理学者
▶ psychológical 形 心理的な
▶ psychólogy 图 心理学

soldier
[sóuldʒər ソウルヂャ] 発

图 ① (陸の)兵士(⇔ sáilor 水兵、船員)　② 軍人

STEP
8

barber
[bɑ́:rbər バーバ]

图 理髪店[師]、床屋

secretary
[sékrətèri セクレテリ]

图 秘書

agent
[éidʒənt エイヂェント]

图 代理業者、代理人
▶ ágency 图 ① 代理店　② (政府)機関

occupation
[àkjəpéiʃən アキュペイション]

图 ① 職業　② 占領
▶ óccupy 他 を占める

serve
[sə́:rv サーヴ]

他 ① のために働く、に仕える　② (食べもの)を出す
　③ (客)に応対する
自 務める、働く
▶ sérvice 图 奉仕、有用、サービス

retire
[ritáiər リタイア]

自 (…から)引退する、退職する(from)
▶ retirement 图 引退

---

serve as A

serveには自動詞の使い方で serve as A「Aとして働く」がある。
I served as a teacher a few years ago.
「私は数年前、教員として働いていた」

話題を広げる ⑧

家事について話す

□□□ 0301 ほこりを払う	brush the **dust**
□□□ 0302 しみをきれいにする	clean off **marks**
□□□ 0303 片づいた部屋	a **tidy** room
□□□ 0304 ボタンを縫い付ける	**sew** a button
□□□ 0305 昼食を準備する	**prepare** lunch

歴史・時代について話す

□□□ 0306 古代都市	an **ancient** city
□□□ 0307 21世紀	the twenty-first **century**
□□□ 0308 王国を支配する	rule the **kingdom**
□□□ 0309 共通の祖先	a common **ancestor**
□□□ 0310 奴隷たちを解放する	free **slaves**

 tidy と clean

tidy (up) は「整理整頓する」、clean (up) は特に「汚れやほこりを取り除く」の意味
で用いる。いずれも口語では up をつけることが多い。
　Please tidy up your room.「あなたの部屋をきちんと片付けてください」
　Let's clean up the window.「窓をきれいにしましょう」

310 !!

dust [dʌ́st ダスト]	名 ほこり、ちり
mark [máːrk マーク]	名 ①しみ、しるし、跡　②記号　③成績、点数 他 にしるしを付ける
tidy [táidi タイディ]	形 片づいた、きちんとした 他 自 (を)整理する、片づける(up)
sew [sóu ソウ] 発 活 sewed-sewed[sewn]	他 を縫い付ける、縫う、縫い合わせる
prepare [pripéər プリペア]	他 を(…のために)準備する、用意する(for) 自 (…のために)準備する(for) ▶ preparátion 名 準備すること ▶ prepáratory 形 準備の
ancient [éinʃənt エインシェント] 発	形 古代の(⇔ módern 現代の)
century [séntʃəri センチュリ]	名 世紀、100年
kingdom [kíŋdəm キングダム]	名 王国 ▶ kíng 名 王、国王
ancestor [ǽnsestər アンセスタ] ア	名 祖先(⇔ óffspring 子孫)
slave [sléiv スレイヴ]	名 奴隷

STEP
8

prepare to *do*

prepareの後に動詞を続けるときには to *do* を使う。

You should prepare to leave soon. 「すぐに出発する準備をすべきだ」

学習日 ／ ／ ／ **123**

事実や情報を伝える ⑯

集団・組織について話す	
□□□ 0311 テニス部に所属する	**belong** to the tennis club
□□□ 0312 協会に加入する	join the **association**
□□□ 0313 チームを組織する	**organize** a team
□□□ 0314 助手が必要である	need an **assistant**
□□□ 0315 親切な上司	a kind **boss**
□□□ 0316 議長になる	become **chairman**
□□□ 0317 日本を代表する	**represent** Japan
人の能力について話す	
□□□ 0318 知的な女性	an **intelligent** woman
□□□ 0319 歌の才能	a **talent** for singing
□□□ 0320 君の能力を試す	test your **ability**

 PTA

PTAはParent-Teacher Associationの略で、保護者と先生による団体を指す。PTAは1897年にアメリカで始まったが、現在のアメリカでは、全米PTA団体には未加盟のPTO（Parent-Teacher-Organization）というボランティア団体が主流で、学校運営のための募金活動やイベントなどを行っている。

belong [biló:ŋ ビローング]	自 (…に)所属する、(…の)ものである(to) ▶ belóngings 名 所有物
association [əsòuʃiéiʃən アソウシエイション]	名 ①協会、連合 ②連想 ▶ assóciate 他 を連想する
organize [ɔ́:rgənàiz オーガナイズ]	他 ①を組織する ②をとりまとめる、主催する ▶ òrganizátion 名 組織
assistant [əsístənt アスィスタント]	名 助手 形 補助の ▶ assístance 名 補助
boss [bɔ́:s ボース]	名 (職場などの)上司、長
chairman [tʃéərmən チェアマン]	名 議長、委員長《※男女平等の観点から chairperson とすることもある》
represent [rèprizént レプリゼント] ア	他 ①を代表する ②を表す、象徴する(= stánd fòr)
intelligent [intélədʒənt インテリヂェント]	形 ①知的な ②知能の高い ▶ intélligence 名 知性、知能
talent [tǽlənt タレント] ア	名 ①(…の)才能(for) ②才能のある人たち《※日本でいう「タレント」は TV personality, TV star など》
ability [əbíləti アビリティ]	名 (する)能力(to do) ▶ áble 形 できる

STEP
8

political correctness

　political correctness とは、性別・人種・民族・宗教などによる差別を防ぐ目的で、中立的な言葉を使うことを指す。stewardess「飛行機の女性客室乗務員」の代わりに cabin attendant「キャビンアテンダント、CA」と言ったり、chairman の代わりに chairperson と言ったりするのがその例。LGBT などへの配慮から、husband「夫」や wife「妻」の代わりに partner とする例も一般的になっている。

学習日 ／ ／ ／ **125**

例文でCHECK!!

0281	地球の内側の部分はとても熱い。	The inner parts of the Earth are very hot.
0282	私たちはテレビの画面が見えなかったため、先生がその位置を変えた。	We couldn't see the TV screen so the teacher changed its position.
0283	ベスは遠く離れた村で育ったので、ニューヨークの景色や音を楽しんでいる。	Beth grew up in a remote village, so she enjoys the sights and sounds of New York.
0284	図書館には必要な本がなかったので、彼女はよそに助けを求める必要があった。	The library didn't have the book she needed, so she had to look elsewhere for help.
0285	互いに離れるように机を設置してください。	Please set the desks apart from each other.
0286	私たちのチームは同じホテルに泊まったが、メンバーは別々の部屋で眠った。	Our team stayed at the same hotel, but the members slept in separate rooms.
0287	私は車を使いたくないので中心街に住むのが好きだ。	I like to live downtown because I don't want to use a car.
0288	遊泳区域より向こうへ行くのは危険だ。	It is dangerous to go beyond the swimming zone.
0289	旅行者は木陰で座っていた。	The traveler was sitting under the shade of the tree.
0290	太陽は私たちの惑星の光源である。	The sun is a source of light for our planet.

0291	秋山豊寛は宇宙へ行った最初の日本人宇宙飛行士だった。	Toyohiro Akiyama was the first Japanese astronaut who went into space.
0292	私のお気に入りの作家は村上春樹であり、その理由は彼の文体が大好きだからだ。	My favorite author is Haruki Murakami because I love his style of writing.
0293	カール・ユングはアジア思想に大きく影響された有名な心理学者だった。	Carl Jung was a famous psychologist who was heavily influenced by Asian thoughts.
0294	その勇敢な兵士たちは数百万人の命を救った。	The brave soldiers saved the lives of millions.
0295	ある日、髪の毛を切るために地元の理髪店へ行った。	One day, I went to a local barber to have my hair cut.
0296	私の母は、私のおじの会社で秘書として働いている。	My mother works as a secretary in my uncle's company.
0297	私たちはローマでよいホテルを見つけるよう旅行代理業者に頼んだ。	We asked a travel agent to find a good hotel in Rome.
0298	私たちは自分たちが好きな職業を選ぶ権利をもつべきだ。	We should have the right to choose an occupation we like.
0299	私は警察官として町のために働きたい。	I want to serve my town as a police officer.
0300	彼は65歳で彼の仕事から引退した。	He retired from his job at the age of 65.

家事について話す	☐ 0301	彼女は棚からほこりを払った。	She brushed the dust off the shelf.
	☐ 0302	彼は石けんで壁のしみをきれいにした。	He cleaned off marks on the walls with soap.
	☐ 0303	片づいた部屋は、君の心も整理するだろう。	A tidy room will also make your mind tidy.
	☐ 0304	彼の母親は、ポケットにボタンを縫い付けた。	His mother sewed a button on the pocket.
	☐ 0305	お客様が来る前に私たちは昼食を準備する必要がある。	We need to prepare lunch before the guests come.
歴史・時代について話す	☐ 0306	京都は1200年の歴史のある古代都市である。	Kyoto is an ancient city with a 1200-year history.
	☐ 0307	MP3プレーヤーは21世紀の製品である。	An MP3 player is a product of the twenty-first century.
	☐ 0308	優れた女王は賢明に王国を支配した。	The good queen ruled the kingdom wisely.
	☐ 0309	私たちがサルと共通の祖先を共有していると信じる人もいる。	Some people believe we share a common ancestor with monkeys.
	☐ 0310	リンカーンは奴隷たちを解放するのを助けようと演説を行った。	Lincoln gave speeches in the effort to help free slaves.
集団・組織について話す	☐ 0311	私の友達の多くはテニス部に所属して毎日練習している。	Many of my friends belong to the tennis club and practice every day.
	☐ 0312	協会に加入したければ、下のボタンをクリックしてください。	If you would like to join the association, please click the button below.
	☐ 0313	私たちの市は、プロ野球チームを組織する計画を立てている。	Our city is planning to organize a professional baseball team.
	☐ 0314	彼はこの仕事を手伝う助手が必要である。	He needs an assistant to help him with this job.
	☐ 0315	彼は親切な上司であるだけでなく、よい友達でもある。	He is not only a kind boss, but also my good friend.
	☐ 0316	ジョンはその会議で議長になった。	John became chairman at the meeting.
	☐ 0317	彼は2016年のオリンピックで日本を代表した。	He represented Japan in the 2016 Olympics.
人の能力について話す	☐ 0318	その会社の社長は本当に知的な女性だ。	The president of the company is a really intelligent woman.
	☐ 0319	彼女は非常に若くして歌の才能があった。	She had a talent for singing at a very young age.
	☐ 0320	君の英語を話す能力を試すためにいくつか質問をします。	I will ask you some questions to test your ability to speak English.

考えや意図を伝える 6

ある話題について話す

□□□ 0321	彼女の私生活に言及する	**refer** to her private life
□□□ 0322	私の名前を話に出す	**mention** my name
□□□ 0323	間違ったうわさ	a false **rumor**
□□□ 0324	雑談を楽しむ	enjoy a **chat**
□□□ 0325	彼の言葉を疑う	**doubt** his words
□□□ 0326	見たところでは簡単な	**apparently** easy
□□□ 0327	チャンスを逃す	miss the **chance**
□□□ 0328	方法を考える	**consider** a way
□□□ 0329	熟考	deep **thought**
□□□ 0330	なぞのままである	remain a **mystery**

ある話題について話す

確実ではないことについて話す

熟慮する

doubtとsuspect

doubtは「そうではないと思う」、suspectは「そうだと思う」の意味。
I suspect he did it.「彼がそれをやったのではないかと思う」
I doubt it is a problem.「それは問題ではないだろうと思う」

refer [rifə́:r リファー]	自 ①(…に)**言及する(to)** ②(…を)**参照する(to)** ▶ réference 名 言及、参照
mention [ménʃən メンション]	他 **を話に出す、(名前など)を挙げる**
rumor [rú:mər ルーマ]	名 **うわさ** 他 《be rumored で》**うわさされている**
chat [tʃǽt チャト]	名 **雑談、おしゃべり** 自 **雑談する**
doubt [dáut ダウト] 発	他 (…かどうか)を**疑う、を疑問に思う(if[whether]節)** 名 **疑い**
apparently [əpǽrəntli アパレントリ]	副 **見たところでは、外見上は** ▶ appárent 形 明らかな
chance [tʃǽns チャンス]	名 ①(偶然の)**チャンス、機会(＝opportúnity)** ②**見込み、可能性** by chance 偶然に
consider [kənsídər コンスィダ] ア	他 ①**を考える、(し)ようかと思う(doing)** ②**と思う** consider A B　AをBと見なす
thought [θɔ́:t ソート] 発	名 ①(…についての)**考え、思考(on, about)** ②**思いやり、配慮** ▶ thínk 他 自 (を)考える
mystery [místəri ミスタリ]	名 ①**なぞ、神秘** ②**不可解なこと** ▶ mystérious 形 神秘的な

STEP 9

apparentlyのニュアンス

apparentlyは、「実際には違うかもしれないが、少なくとも外見上は」というニュアンスがある。以下の文では、実際に飲酒していたかどうかはわからないが、言動から見て酔っているように見えた、ということ。

Apparently, he was drunk. 「見たところでは、彼は酔っていた」

学習日 　／　　／　　／　 **129**

危険について話す	□□□ 0331 警報ベル	the **alarm** bell
	□□□ 0332 危険にひんしている	be in **danger**
	□□□ 0333 緊急電話	an **emergency** call
犯罪・治安について話す	□□□ 0334 犯罪を予防する	prevent **crimes**
	□□□ 0335 殺人事件	a **murder** case
	□□□ 0336 彼から金を奪う	**rob** him of his money
	□□□ 0337 パンを盗む	**steal** bread
	□□□ 0338 どろぼうを捕まえる	catch a **thief**
	□□□ 0339 乱暴な行為	a **violent** act
	□□□ 0340 その橋を破壊する	**destroy** the bridge

「緊急時」

決まった言い回しとしてin case of emergency〔in an emergency〕「緊急時に」という表現がある。電車やバスなどを見回してみよう。よく使われているのがわかるだろう。

340 !!

alarm [əláːrm アラーム]	图 ①警報（装置）、目覚まし時計　②驚き 他 を驚かせる、不安にさせる
danger [déindʒər デインヂャ] 発	图 危険 ▶ dángerous 形 危険な
emergency [imə́ːrdʒənsi イマーヂェンスィ]	形 緊急の、非常の 图 緊急（事態）、非常時
crime [kráim クライム]	图 犯罪 ▶ críminal 图 犯人　形 犯罪の
murder [mə́ːrdər マーダ]	图 殺人
rob [ráb ラブ]	他 から奪う 　　rob A of B　AからBを奪う ▶ róbbery 图 強盗事件
steal [stíːl スティール] 活 stole-stolen	他 自 (を) (…から) (こっそり) 盗む(from) 图 盗み 　　have A stolen　Aを盗まれる
thief [θíːf スィーフ] 複 thieves [θíːvz スィーヴズ]	图 どろぼう
violent [váiələnt ヴァイオレント]	形 乱暴な、激しい ▶ víolence 图 暴力
destroy [distrɔ́i ディストロイ]	他 ①を破壊する　②をだいなしにする ▶ destrúction 图 破壊 ▶ destrúctive 形 破壊的な

STEP
9

　「罪を犯す」

「罪を犯す」と言いたいときにはdoではなく、commitを使う。

He said that he had committed a crime.「彼は罪を犯したと言った」

学習日　／　／　／　**131**

考えや意図を伝える ❼

複数のものを比較して話す

□□□ 0341 2つの計画を比較する	**compare** the two plans
□□□ 0342 代わりに外食をする	eat out **instead**
□□□ 0343 待っているよりもむしろ	**rather** than waiting
□□□ 0344 似て見える	look **similar**
□□□ 0345 有利である	have an **advantage**

強調する・特定する

□□□ 0346 適切な服	**proper** clothes
□□□ 0347 私を除いて全員	everyone **except** me
□□□ 0348 本当にそう信じている	**indeed** believe so
□□□ 0349 具体的な情報	**specific** information
□□□ 0350 ちょうど時間通りに	**exactly** on time

be similar to

何かに似ていることを表すときには、similarの後に前置詞toを使う。withを使う誤りが多いので注意。

They're similar to each other. 「彼らはお互いに似ている」

compare [kəmpéər コンペア]	他 ①を**比較する** ②をたとえる compare A with [to] B　AとBを比べる ▶ compárison 图 比較
instead [instéd インステド] 発	副 **代わりに** instead of A　Aの代わりに
rather [rǽðər ラザ]	副 ①(…より)**むしろ**(than)　②かなり、とても
similar [símələr スィミラ]	形 **似ている、類似した** ▶ similárity 图 類似(点)
advantage [ədvǽntidʒ アドヴァンティヂ]	图 **有利な立場、利点**(⇔ disadvántage 不利)
proper [prápər プラパ]	形 ①**適切な、ちゃんとした**　②固有の、独特の ▶ próperty 图 特性、財産
except [iksépt イクセプト]	前 **を除いて** except for A　Aを除けば ▶ excéption 图 例外
indeed [indí:d インディード]	副 **本当に、実に**
specific [spəsífik スペスィフィク]	形 ①**具体的な、明確な**　②特定の ▶ spécify 他 を詳細に述べる
exactly [igzǽktli イグザクトリ]	副 ①**ちょうど、正確に**(= júst) ②《答えに使って》**そのとおり** ▶ exáct 形 正確な

「そのとおり」

exactlyは、相手の発言に対して「そのとおり」と返答するときにも使う。

　　A: Should I finish my homework today?「私は今日、宿題を終えるべきですか」
　　B: Exactly.「そのとおり」

科学技術について話す	□□□ 0351 原子の研究	the study of **atoms**
	□□□ 0352 危険な化学物質	dangerous **chemical**
	□□□ 0353 クローン人間	a human **clone**
	□□□ 0354 小さい機械を発明する	**invent** a small machine
	□□□ 0355 新しい星を発見する	**discover** a new star
	□□□ 0356 人工知能	**artificial** intelligence
	□□□ 0357 電力	**electric** power
旅行や休暇について話す	□□□ 0358 美しい風景	the beautiful **landscape**
	□□□ 0359 旅に出る	go on a **journey**
	□□□ 0360 かばんに荷物を詰める	**pack** my bag

🐻 electricとelectrical

いずれもelectricity「電気」の形容詞形。ほぼ同じ意味だが、electricalは「電気を使う、送電に使う」という意味も含み、やや広い場面で使われる。例えば、「電気自動車」はelectric car, electrical carのいずれも使われるのに対し、「送電ケーブル」はelectric cableよりelectrical cableがふつう。また、ディズニーランドの夜のパレードはelectrical paradeだが、これをelectric paradeとすると「電気がほとばしるパレード」のようなイメージとなり、やや不自然。

atom [ǽtəm アトム]	名 原子 ▶ atómic 形 原子の
chemical [kémikəl ケミカル] 発	名 化学物質 形 化学の、化学的な
clone [klóun クロウン]	名 クローン、まったく同じもの[人] 他 (クローン)を作り出す
invent [invént インヴェント]	他 を発明する ▶ invéntion 名 発明
discover [diskávər ディスカヴァ]	他 を発見する、(初めて)見つける ▶ discóvery 名 発見(すること)
artificial [à:rtəfíʃəl アーティフィシャル]	形 人工の(⇔ nátural 自然の)
electric [iléktrik イレクトリク]	形 電気の、電動の ▶ eléctrical 形 電気で動く ▶ electrícity 名 電気
landscape [lǽndskèip ランドスケイプ]	名 風景、景色
journey [dʒə́:rni ヂャーニ]	名 (長い)旅
pack [pǽk パク]	他 (かばん)に荷物を詰める、(荷物)をかばんに詰める 自 荷造りする pack A with B　A(かばんなど)にBを詰める

STEP
9

packの意外な意味

packには、「(場所に)(人)を詰め込む」、「(人が)詰めかける」という意味もある。

More than 50 thousand people were packed in the stadium.
「5万人を超える人がスタジアムに詰めかけた」

The audience packed into the theater.
「観衆は劇場に詰めかけた」

ある話題について話す	0321	彼女はこの本の中で彼女の私生活に言及した。	She <u>referred to her private life</u> in this book.
	0322	私の名前を話に出すだけで、彼らはあなたを助けてくれるだろう。	Just <u>mention my name</u> and they will help you.
	0323	インターネット上には多くの間違ったうわさがある。	There are many <u>false rumors</u> on the Internet.
	0324	私は自由な時間があるときにいつも友人と雑談を楽しむ。	I always <u>enjoy a chat</u> with my friends when I have free time.
確実ではないことについて話す	0325	彼は正直な男であると思うが、それでも私は彼の言葉を疑っている。	I think he is an honest man, but I still <u>doubt his words</u>.
	0326	この問題は見たところでは簡単だが、実際はとても難しい。	This question is <u>apparently</u> easy but actually very difficult.
	0327	私の兄はフランスに行くチャンスを逃したのでとても悲しかった。	My brother was very sad because he <u>missed the chance</u> to go to France.
熟慮する	0328	私たちは資金を集める方法を考える必要がある。	We need to <u>consider a way</u> to raise money.
	0329	父は熟考しているように見えたので、私は静かにしていた。	My father appeared to be in <u>deep thought</u> so I kept quiet.
	0330	彼がなぜそのようなことを言ったのかなぞのままである。	Why he said such a thing <u>remains a mystery</u>.
危険について話す	0331	警報ベルが鳴った時、私は飛び上がった。	I jumped when <u>the alarm bell</u> went off.
	0332	トラはインドで絶滅する危険にひんしている。	Tigers <u>are in danger</u> of dying out in India.
	0333	消防署は夜遅く緊急電話を受けた。	The fire station received <u>an emergency call</u> late at night.
犯罪・治安について話す	0334	警察は防犯カメラを使って犯罪を予防する。	The police use security cameras to <u>prevent crimes</u>.
	0335	数年前、この村で殺人事件があった。	There was <u>a murder case</u> in this village a few years ago.
	0336	ジェフの計画はその訪問者をだまし、彼から金を奪うことだった。	Jeff's plan was to trick the visitor and <u>rob him of his money</u>.
	0337	その少年は店からパンを盗もうとした。	The boy tried to <u>steal bread</u> from the shop.
	0338	彼らはレストランからお金を盗んでいるどろぼうを捕まえた。	They <u>caught the thief</u> stealing money from the restaurant.
	0339	私はそのような乱暴な行為を目の前にして黙っていられなかった。	I couldn't stay silent in the face of such <u>a violent act</u>.
	0340	その橋は1830年の戦争の間に破壊された。	<u>The bridge</u> <u>was</u> <u>destroyed</u> during the war in 1830.

複数のものを比較して話す	0341 どちらの方がよいか見るため、私たちは2つの計画を比較しなければならない。	We must compare the two plans to see which one is better.
	0342 疲れすぎて夕食を作れないので、私たちは代わりに外食をするべきだと思う。	I'm too tired to make dinner, so I think we should eat out instead.
	0343 ここで席を待っているよりもむしろ別のレストランに行こう。	Let's go to a different restaurant rather than waiting for a seat here.
	0344 人々はいつも、姉と私が似て見えると言う。	People always say my sister and I look similar.
	0345 このホテルは駅に近いため有利である。	This hotel has an advantage because it is close to the station.
強調する・特定する	0346 そのパーティーでは、適切な服と靴を身につける必要がある。	You need to wear proper clothes and shoes at the party.
	0347 私のクラスでは、私を除いて全員が海外旅行をしたことがある。	In my class, everyone except me has traveled overseas.
	0348 君は今日雨が降るかもしれないと言ったが、私も本当にそう信じている。	You said it might rain today, and indeed, I believe so too.
	0349 その生徒は、レポート用の具体的な情報を見つけるために図書館へ行った。	The student went to the library to find specific information for his report.
	0350 日本は電車がちょうど時間通りに到着することでとても有名である。	Japan is very famous for trains arriving exactly on time.
科学技術について話す	0351 アルベルト・アインシュタインは、原子の研究で知られている。	Albert Einstein is known for his study of atoms.
	0352 危険な化学物質は、子どもの手の届かないところに保管するべきだ。	Dangerous chemicals should be kept out of the reach of children.
	0353 私たちはクローン人間を作るべきではないと思う。	I don't think we should make a human clone.
	0354 彼女は、皿をさらに素早く洗う小さい機械を発明した。	She invented a small machine to wash plates more quickly.
	0355 アニーは、多くの新しい星を発見したため有名になった。	Annie became famous because she discovered many new stars.
	0356 彼の最新の小説は人工知能の危険性を示した。	His latest novel showed the dangers of artificial intelligence.
	0357 私たちの町のバスはすべて電力で走っている。	All the buses in our town run on electric power.
旅行や休暇について話す	0358 私たちは丘の頂上からの美しい風景を楽しんだ。	We enjoyed the beautiful landscape from the top of the hill.
	0359 私たちは世界一周の旅に出る計画を立てている。	We are making plans to go on a journey around the world.
	0360 私は昨晩かばんに荷物を詰めたので、もう行く準備ができている。	I packed my bag last night, so I'm now ready to go.

行事やイベントについて話す		
□□□ 0361 同窓会を開く	hold a **reunion**	
□□□ 0362 自分たちの記念日を祝う	celebrate our **anniversary**	
□□□ 0363 美術展覧会	an art **exhibition**	
□□□ 0364 私たちの結婚式を計画する	plan our **wedding**	
□□□ 0365 賞を獲得する	win an **award**	
□□□ 0366 劇を上演する	**perform** a play	
□□□ 0367 観客を感動させる	move the **audience**	

災害について話す		
□□□ 0368 大洪水	a heavy **flood**	
□□□ 0369 戦争を逃れる	**escape** the war	
□□□ 0370 その寒い冬を生き延びる	**survive** the cold winter	

🐻 audience

audienceは主にコンサートや演劇などの「聴衆」を指し、スポーツの観客には spectator「観客」（可算名詞）を使う。audienceは×audiencesのように複数形にはしない。「観客一人ひとり」を指すときは、主にイギリス英語では複数扱いとする場合もある。

There was a large audience.「大観衆がいた」
The audience was [were] moved to tears.「観衆は泣いた」

reunion [ri:jú:njən リーユーニャン]	名 ①同窓会、再会　②再結成、再結合
anniversary [æ̀nəvə́:rsəri アニヴァーサリ]	名 記念日
exhibition [èksəbíʃən エクスィビション] 発	名 展覧会、展示会 ▶ exhíbit 他 を展示する
wedding [wédiŋ ウェディング]	名 結婚式、婚礼
award [əwɔ́:rd アウォード] 発	名 賞、賞品 他 (賞など)を与える
perform [pərfɔ́:rm パフォーム]	他 ①を上演する、演じる、演奏する　②を行う 自 演じる、演奏する ▶ perfórmance 名 上演、演奏、遂行
audience [ɔ́:diəns オーディエンス]	名 観客、聴衆
flood [flʌ́d フラド] 発	名 洪水 他 ①を氾濫させる　②にどっと押し寄せる 自 ①氾濫する　②どっと押し寄せる
escape [iskéip イスケイプ]	他 を逃れる 自 (…から)逃げる(from) 名 逃亡
survive [sərváiv サヴァイヴ]	他 ①を生き延びる、生き残る　②より長生きする 自 生き残る ▶ survíval 名 生存、生き残ること

STEP
10

anniversary

anniversaryは「毎年の記念日」という意味。second, thirdなどをつけると、「○周年記念日」といった言い方になる。

the 10th anniversary of our wedding「結婚10周年記念日」

身の回りのものについて話す

□□□ 0371 便利な器具	a useful **instrument**
□□□ 0372 網を投げる	throw a **net**
□□□ 0373 カッコいいもの	cool **stuff**
□□□ 0374 鎖を壊す	break the **chain**
□□□ 0375 重い荷物	a heavy **load**
□□□ 0376 香水をつける	put on **perfume**
□□□ 0377 石の土台	a stone **base**
□□□ 0378 家の枠組み	the **frame** of the house
□□□ 0379 ひもを切る	cut the **string**
□□□ 0380 蛇口を開ける	open the **tap**

tool と instrument

tool は「道具」を意味する一般的な語で、一般的に手仕事で使う道具に使われる。一方、instrument は medical instrument「医療器具」のように、実験や医療など特定の用途のために使用され、扱いに技術や正確性が求められる「器具」に用いられる。

instrument [ínstrumənt インストルメント] ⑦	名 ①器具　②楽器　③手段
net [nét ネト]	名 ①網　②インターネット 形 ①正味の、掛け値なしの（⇔ gróss 総体の） 　②（あらゆる考慮を加えた）最終的な
stuff [stʌ́f スタフ]	名 ①もの、物事　②物質、材料 他 を（…に）押し込む（in, into）、（容器など）を（…で）いっぱいにする（with）
chain [tʃéin チェイン]	名 ①鎖、チェーン　②ひと続き、連続、連鎖
load [lóud ロウド]	名 ①（重い）荷物、（積み）荷　②重荷、負担 他 自 （に）荷物を積む
perfume [pə́:rfju:m パーフューム]	名 香水
base [béis ベイス]	名 土台、ふもと 他 の基礎を置く ▶ básic 形 基本の
frame [fréim フレイム]	名 ①枠組み、骨組み　②（窓などの）枠、額縁 他 を枠にはめる、組み立てる
string [stríŋ ストリング]	名 ひも、糸
tap [tǽp タプ]	名 （水道・ガスなどの）蛇口

STEP
10

「糸」「ひも」

糸やひもを表す言葉には、stringのほかにthread「糸」、code「ひも」、rope「縄」などがある。threadは細い糸、stringは太い糸や楽器の弦、codeは電気コードなど、ropeは太い綱や縄などを言う。

心の働きや状態について話す

□□□ 0381	機嫌が悪い	be in a bad **mood**
□□□ 0382	その問題に集中する	**concentrate** on the problem
□□□ 0383	何が起こったのかしらと思う	**wonder** what happened
□□□ 0384	失礼な態度	a rude **attitude**
□□□ 0385	成功を確信して	**confident** of success
□□□ 0386	私に故郷を思い出させる	**remind** me of my hometown
□□□ 0387	仕事で成功する	**succeed** in business
□□□ 0388	ひらめきを見出す	draw **inspiration**
□□□ 0389	権力への野心	**ambition** for power
□□□ 0390	魚より肉を好む	**prefer** meat to fish

 remind が無生物主語をとる場合

目的語の「人」を主語にして訳すと、より自然な日本語になる。
This photo reminds me of the trip.
「この写真を見ると、私はその旅行を思い出す」

mood [mú:d ムード]	名 ① 機嫌、気分 ② (社会、人々の) 感情、雰囲気
concentrate [kánsəntrèit カンセントレイト]	自 (…に)集中する、専念する(on) 他 を集中させる ▶ còncentrátion 名 集中
wonder [wʌ́ndər ワンダ]	他 …かしら(と思う)、…かどうか知りたいと思う 自 不思議に思う 名 驚き ▶ wónderful 形 すばらしい
attitude [ǽtətjù:d アティテュード]	名 (…に対する)態度(to, toward)、考え
confident [kánfədənt カンフィデント]	形 ① (…を)確信して(about, of)、(…ということを)確信して(that節) ② (…への)信頼(in) ▶ cònfidéntial 形 秘密の ▶ cónfidence 名 自信
remind [rimáind リマインド]	他 に思い出させる remind A of B AにBを思い出させる
succeed [səksí:d サクスィード]	自 ① (…で[に])成功する(in)(⇔ fáil 失敗する) ② (…の)後を継ぐ(to) 他 (…として)の後を継ぐ(as) ▶ succéss 名 成功
inspiration [ìnspəréiʃən インスピレイション]	名 ひらめき、インスピレーション ▶ inspíre 他 を奮い立たせる
ambition [æmbíʃən アンビション]	名 (…する[の]) 野心、大望(to do, for) ▶ ambítious 形 野心のある
prefer [prifə́:r プリファー]	他 をより好む prefer to do むしろ…したい prefer A to B BよりAを好む

STEP 10

confident の派生語

confidential は形容詞で「秘密の」という意味。手紙に confidential と書くと、「親展」(宛名の本人以外は開封しないでほしいという意味) となる。
I had a confidential talk with a friend. 「私は友達と内密の話をした」

ものに対する評価について話す	

□□□ 0391 あなたのいつもどおりの服	your **usual** clothes
□□□ 0392 否定的な感情	**negative** feelings
□□□ 0393 ふさわしい理由	an **appropriate** reason
□□□ 0394 全員に必要な	**necessary** for everyone
□□□ 0395 便利な手段	a **convenient** means
□□□ 0396 彼女のニーズに合う	**suit** her needs

経験や事実について話す

□□□ 0397 重要な事実	an important **fact**
□□□ 0398 私の個人的な経験	my personal **experience**
□□□ 0399 彼の学歴	his educational **background**
□□□ 0400 商売に失敗する	**fail** in business

 proper と appropriate の違い

proper は「本来の性質に即した」、appropriate は「特定の目的や条件に即した」のニュアンス。proper language は「本来の正しいことば」、appropriate langauge for the young children は「その幼い子どもたちにふさわしいことばづかい」という意味。

usual
[júːʒuəl ユージュアル]

形 いつも（どおり）の
▶ úsually 副 ふだんは、いつも

negative
[négətiv ネガティヴ]

形 ①否定的な、消極的な（⇔ pósitive 肯定的な）
②悪い　③不賛成の

appropriate
[əpróupriət アプロウプリエト] ⑦

形 ふさわしい、適切な（＝ súitable）

necessary
[nésəsèri ネセセリ]

形 必要な
it is necessary (for A) to do (Aは) …する必要がある
▶ necéssity 名 必要性

convenient
[kənvíːnjənt コンヴィーニェント] ⑦

形 便利な、（…にとって）都合のよい（for）
▶ convénience 名 便利さ

STEP 10

suit
[súːt スート]

他 ①に合う、適している　②に都合がよい
③に（服・色などが）似合う
自 ①合う、適する　②都合がよい
名 ①（上下ひとそろいの）服、スーツ　②訴訟
be suited for[to] A Aに適している

fact
[fǽkt ファクト]

名 ①事実（⇔ fíction 作り話）　②現実

experience
[ikspíəriəns イクスピアリエンス] 発

名 経験、体験（したこと）
他 を経験する、体験する
▶ expérienced 形 経験のある

background
[bǽkgràund バクグラウンド]

名 ①経歴　②背景

fail
[féil フェイル]

自 ①（…に）失敗する（in）（⇔ succéed 成功する）
②（…で）不合格になる（in）
他 ①に落ちる　②の役に立たない
③（し）損なう、（し）ない（to do）
▶ fáilure 名 失敗

🐻 convenientの使い方

convenientは人ではなく、itを主語にとる。
Please come when it is convenient for you.
「あなたの都合のよいときに来てください」

行事やイベントについて話す	0361	彼らは、大学を卒業して10年後に同窓会を開いた。	They held a reunion ten years after they graduated from college.
	0362	私たちはハワイ旅行で自分たちの記念日を祝うつもりだ。	We will celebrate our anniversary with a trip to Hawaii.
	0363	来週市庁舎で美術展覧会がある。	There will be an art exhibition at the city hall next week.
	0364	私の姉は、私たちの結婚式を計画するのを助けてくれた。	My older sister helped us plan our wedding.
	0365	彼女はピアノのコンクールに参加して賞を獲得した。	She won an award when she entered a piano contest.
	0366	生徒たちは文化祭で劇を上演する予定だ。	The students will perform a play at the school festival.
	0367	その俳優の演技で観客は感動して涙を流した。	The actor's performance moved the audience to tears.
災害について話す	0368	その橋は、大洪水で流された。	That bridge was washed away in a heavy flood.
	0369	その一家はシリアの戦争を逃れることができた。	The family was able to escape the war in Syria.
	0370	彼の祖父はよく、どうやってその寒い冬を生き延びたか私たちに話してくれる。	His grandfather often tells us how he survived the cold winter.
身の回りのものについて話す	0371	コンピューターは便利な器具であることをみんなが知っている。	Everyone knows that the computer is a useful instrument.
	0372	その漁師は海に網を投げた。	The fisherman threw a net into the sea.
	0373	渋谷にはカッコいいものがたくさんある。	There is a lot of cool stuff in Shibuya.
	0374	どろぼうが鎖を壊して私の自転車を盗んだ。	A thief broke the chain and stole my bike.
	0375	そのウマは、背中に重い荷物を運んでいる。	The horse is carrying a heavy load on his back.
	0376	私はパーティに行くときはいつも自分のお気に入りの香水をつける。	I always put on my favorite perfume when I go to a party.
	0377	その黄金のブッダ像は、石の土台の上に設置されている。	The golden Buddha statue is set on a stone base.
	0378	その家の枠組みは木でできている。	The frame of the house is made of wood.
	0379	彼ははさみでひもを切った。	He cut the string with a pair of scissors.
	0380	子どもたちは、蛇口を開けて水を飲む。	Children open the tap to drink water.

心の働きや状態について話す	☐ 0381	私の母は、私が部屋の片づけをしていなかったため機嫌が悪かった。	My mother was in a bad mood because I hadn't cleaned up my room.
	☐ 0382	私たちは静かな部屋に行ったため、その問題に集中できた。	We went to a quiet room so we could concentrate on the problem.
	☐ 0383	隣の家の老人に何が起こったのかしらと思っている。	I wonder what happened to the old man next door.
	☐ 0384	スタッフが失礼な態度をとったため、私たちはそのホテルが好きではなかった。	We didn't like the hotel because the staff had a rude attitude.
	☐ 0385	あのバスケットボール選手たちは、来週の試合での成功を確信している。	Those basketball players are confident of success in the game next week.
	☐ 0386	この写真はいつも私に故郷を思い出させる。	This photo always reminds me of my hometown.
	☐ 0387	彼は学校では成績がよくなかったが、その後仕事で成功した。	He didn't do well in school, but succeeded in business later.
	☐ 0388	その芸術家は自然からのひらめきを見出すために散歩をした。	The artist took a walk to draw inspiration from nature.
	☐ 0389	彼の権力への野心はしばしば友人との間で問題を起こした。	His ambition for power often caused problems with his friends.
	☐ 0390	多くの若者は魚より肉を好む。	Many young people prefer meat to fish.
ものに対する評価について話す	☐ 0391	この仕事のために、あなたのいつもどおりの服を着てもよい。	For this job you can just wear your usual clothes.
	☐ 0392	彼女は、コンテストで優勝した友人に否定的な感情を抱いていた。	She had negative feelings about her friend who won the contest.
	☐ 0393	授業が難しいという事実は、それを取るのをやめるのにふさわしい理由ではない。	The fact that the class is difficult is not an appropriate reason for quitting it.
	☐ 0394	この用紙に記入することが全員に必要である。	It is necessary for everyone to fill out this form.
	☐ 0395	私たちは便利なコミュニケーションの手段を見つける必要がある。	We need to find a convenient means of communication.
	☐ 0396	新しいコンピューターは、彼女のニーズに合う特徴をすべて備えている。	The new computer has all the features to suit her needs.
経験や事実について話す	☐ 0397	私たちは、彼がお金を盗んでいないことを示す重要な事実を見つけた。	We have found out an important fact to show that he did not steal the money.
	☐ 0398	私の個人的な経験から、アメリカの人々はとてもやさしい。	From my personal experience, people in America are very kind.
	☐ 0399	その面接官は、彼の学歴を説明するよう彼に求めた。	The interviewer asked him to explain his educational background.
	☐ 0400	彼は商売に失敗して、その町を去った。	He failed in business and left the town.

考えや意図を伝える 8

食事について話す

□□□ 0401 軽い夕食をとる	have a light **supper**
□□□ 0402 健康食	a healthy **diet**
□□□ 0403 リンゴをかじる	**bite** an apple

支払いをする・受ける

□□□ 0404 車をクレジットで買う	buy a car on **credit**
□□□ 0405 財布を取り出す	take out my **wallet**
□□□ 0406 その満足した客	the happy **customer**
□□□ 0407 入場料	the entrance **fee**

調理について話す

□□□ 0408 お湯をわかす	**boil** water
□□□ 0409 玉ねぎを薄く切る	**slice** onions
□□□ 0410 生の魚	**raw** fish

diet

ダイエットはもともと「食事」という意味だが、転じて「(治療や減量のための) 規定食、食事制限」といった意味で用いるようになった。「ダイエットする」は be [go] on a diet という。なお、the Diet と大文字にすると「(日本などの) 国会」という全く違った意味になる。

a member of the Diet「国会議員」

supper [sʌ́pər サパ]	名 (軽い)夕食
diet [dáiət ダイエト]	名 ①食事、日常の食べもの ②規定食、ダイエット ③《the Diet で》(日本などの)国会
bite [báit バイト] 活 bit-bitten [bit]	他 自 (を)かじる、かむ 名 ①かむこと ②ひとかじり、食事
credit [krédət クレディト]	名 ①クレジット、つけ ②名誉、信用 他 を信用する on credit クレジットで
wallet [wálət ワレト]	名 財布、札入れ
customer [kʌ́stəmər カスタマ]	名 (店・レストランなどの)客
fee [fiː フィー]	名 (手数料・入場料などの)料金、報酬
boil [bɔ́il ボイル]	他 をわかす、ゆでる、煮る 自 わく、煮える
slice [sláis スライス]	他 を薄く切る、スライスする 名 (パン、肉などの薄い)ひと切れ、1枚
raw [rɔ́ː ロー] 発	形 ①生の、加工されていない ②未熟な

STEP
11

boil の使い方

　日本語では「お湯をわかす」と言うが、英語では boil water と言う。boil の後に hot water と続けるのは誤り。

　また、boil は「をゆでる」という意味なので、「ゆで卵」と英語で言う場合には、boiled egg (ゆでられた卵) とする。

事実や情報を伝える ⑱

□□□ 0411 優雅に踊る	dance with **grace**
□□□ 0412 興味を示す	show an **interest**
□□□ 0413 ほっそりしたままである	stay **slim**
□□□ 0414 人の影	the **shadow** of a person
□□□ 0415 変なふるまい	strange **behavior**
□□□ 0416 膝を曲げる	**bend** my knees
□□□ 0417 彼の話し方	his **manner** of speaking
□□□ 0418 ウェブを利用する	use the **Web**
□□□ 0419 詳細を繰り返す	repeat the **details**
□□□ 0420 手掛かりを見つける	find a **clue**

情報を得る・伝える

🐻 interest の動詞用法

interest には「興味をもたせる」という動詞用法もある。

Her speech interested me. = I was interested in her speech.

「私は彼女の話に興味をもった」

grace [gréis グレイス]	名 優雅、優美 ▶ gráceful 形 優雅な
interest [íntərəst インタレスト]	名 ①(…への)興味(in) ②利子、利益 他 に興味を起こさせる
slim [slím スリム]	形 (体などが)ほっそりした、スリムな
shadow [ʃǽdou シャドウ]	名 影《※平面上にできた影》 ▶ sháde 名 日陰
behavior [bihéivjər ビヘイヴャ]	名 ふるまい、行動 ▶ beháve 自 ふるまう
bend [bénd ベンド] 活 bent-bent	他 を曲げる 自 曲がる、身を曲げる
manner [mǽnər マナ]	名 ①やり方、方法(=wáy) ②《manners で》行儀、礼儀作法
web [wéb ウェブ]	名 ①《the Web で》ウェブ、インターネット ②クモの巣
detail [dí:teil ディーテイル]	名 詳細、細部 in detail 詳細に
clue [klú: クルー]	名 (…への)手掛かり(to)

STEP
11

---

shade と shadow

shade と shadow には次のような違いがある。

▶ shade：建物の陰や日陰など、一面に暗くなっている場所
▶ shadow：光をさえぎってできた影

They were standing in the shade.「彼らは日陰に立っていた」
I saw his shadow there.「私はそこで彼の影を見た」

なお、shade には「日よけ、ランプのかさ」といった意味もある。

気持ちを伝える ④

プラスの気持ちを伝える

□□□ 0421	快適ないす	a **comfortable** chair
□□□ 0422	楽しい会話	a **pleasant** talk
□□□ 0423	すべてのニーズを満たす	**satisfy** all the needs
□□□ 0424	誇りをもつ	take **pride**
□□□ 0425	彼を信頼している	have **trust** in him
□□□ 0426	彼女に感謝して	**grateful** to her

人やものをほめる

□□□ 0427	彼の演説を称賛する	**admire** his speech
□□□ 0428	名誉を得る	win **honor**
□□□ 0429	驚くべき場所	a **marvelous** place
□□□ 0430	すばらしい俳優	a **brilliant** actor

 satisfyingとsatisfied

いずれもsatisfy「を満足させる」から派生した形容詞。satisfying「満足のいく」、satisfied「満足した（←満足させられた）」。
　a satisfying result「満足のいく結果」
　be satisfied with the result「その結果に満足する」

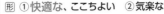

comfortable [kʌ́mfərtəbl カンフォタブル] 発 ア	形 ①快適な、ここちよい　②気楽な ▶ cómfort 名 快適さ　他 を慰める
pleasant [plézənt プレザント] 発	形 楽しい、気持ちのよい ▶ pléase 他 を喜ばせる ▶ pléasure 名 楽しみ
satisfy [sǽtəsfài サティスファイ]	他 自 (を)満たす、満足させる ▶ sátisfied 形 満足した ▶ sàtisfáction 名 満足
pride [práid プライド]	名 誇り、自尊心 ▶ próud 形 誇りをもっている
trust [trʌ́st トラスト]	名 信頼、信用 他 を信頼する、信用する ▶ trústwòrthy 形 信頼できる
grateful [gréitfəl グレイトフル]	形 感謝して(=thánkful) be grateful to A for B　A(人など)のBに感謝する
admire [ədmáiər アドマイア] ア	他 ①を称賛する、に感心する　②に見とれる ▶ admirátion 名 感嘆
honor [ánər アナ] 発	名 ①名誉(⇔dishónor 不名誉)　②敬意、尊敬 他 ①に名誉を与える　②(賞など)を授与する be honored to do　…して光栄に思う
marvelous [máːrvələs マーヴェラス]	形 驚くべき、すばらしい
brilliant [bríljənt ブリリャント]	形 ①すばらしい、優秀な　②きらきら輝く

STEP
11

honorのイディオム

in honor of Aで「Aを記念して、Aを祝って」の意味。Aには人や出来事がくる。

He made a speech in honor of our victory.

「彼は勝利を祝ってスピーチをした」

学習日　／　／　／　**153**

会話のきっかけをつくる ❷

自分や家族について話す

□□□ 0431 私のいとこの花嫁	the **bride** of my cousin
□□□ 0432 孫がいる	have a **grandchild**
□□□ 0433 私の母国	my **native** country
□□□ 0434 ありふれた名字	a common **surname**
□□□ 0435 少年少女のためのテレビ番組	a TV program for **teenagers**

自分の学校や街について話す

□□□ 0436 私たちの学校の校長先生	our school **principal**
□□□ 0437 アパートで暮らす	live in an **apartment**
□□□ 0438 大学を卒業する	**graduate** from college
□□□ 0439 石像	the stone **statue**
□□□ 0440 街の広場で	in a town **square**

June bride

June bride「6月の花嫁」という言葉が示す通り、欧米では、6月に結婚すると幸せになるという言い伝えがある。この理由にはいくつかの説があるが、6月を司る女神ジュノー（Juno）が結婚と出産を象徴する神であるからというのがひとつである。もうひとつは、入浴の季節だからだというもの。昔の欧米人は、冬の間は入浴をせず、春になって初めて川などで体を洗っていた。そこで、身を清めたばかりなので結婚式によい季節だと考えられたとされている。

bride [bráid ブライド]	名 花嫁、新婦 (⇔ brídegroom 花婿、新郎)
grandchild [grǽndtʃàild グランドチャイルド] 複 grandchildren	名 孫 (⇔ grándpàrent 祖父母)
native [néitiv ネイティヴ]	形 ①母国の、出生地の　②その土地に生まれた 名 その土地で生まれた人
surname [sə́ːrnèim サーネイム]	名 名字、姓
teenager [tíːnèidʒər ティーネイヂャ]	名 (13歳から19歳までの)少年少女、ティーンエイジャー
principal [prínsəpəl プリンスィパル]	名 校長 (先生) 形 主要な、主な
apartment [əpáːrtmənt アパートメント]	名 《米》アパート、マンション
graduate [grǽdʒuèit グラヂュエイト]	自 (…を)卒業する (from) 名 卒業生 ▶ gràduátion 名 卒業
statue [stǽtʃuː スタチュー]	名 像、彫像
square [skwéər スクウェア]	名 ①広場　②正方形、四角形　③平方、2乗 形 正方形の

STEP
11

さまざまな名字

　イギリスでは13世紀頃から名字が使われるようになったが、日本とは異なり、職業や身分に制限されず、あらゆる階層の人間が名字をつけた。欧米人の名字には、さまざまな由来がある。
・職業に由来するもの　Cook (料理人)　Fisher (魚屋)　Gardner (庭師)
・親の名前　Peterson (ピーターの息子)　Johnson (ジョンの息子)
　その他、地名や髪の毛の色に由来するものなど、さまざまなものがある。

   155

食事について話す	☐ 0401	昼食の量が多かったので、今晩は軽い夕食をとる計画にしよう。	Since we had a large lunch, let's plan on <u>having</u> a <u>light</u> <u>supper</u> this evening.
	☐ 0402	日本食は健康食だ。	Japanese food is <u>a healthy diet</u>.
	☐ 0403	カレンは、リンゴをかじったときドレスに汁をつけた。	Karen got juice on her dress when she <u>bit</u> <u>an</u> <u>apple</u>.
支払いをする・受ける	☐ 0404	私は車をクレジットで買いたくない。	I don't want to <u>buy</u> a <u>car</u> <u>on</u> <u>credit</u>.
	☐ 0405	私は昼食の支払いをするために財布を取り出した。	I <u>took</u> <u>out</u> <u>my</u> <u>wallet</u> to pay for lunch.
	☐ 0406	その満足した客は、ウェイターに多くのチップを支払った。	The <u>happy</u> <u>customer</u> paid a big tip to the waiter.
	☐ 0407	その遊園地の入場料は高すぎる。	<u>The</u> <u>entrance</u> <u>fee</u> at that amusement park is too high.
調理について話す	☐ 0408	彼女はスープを作るためにお湯をわかしている。	She <u>is</u> <u>boiling</u> <u>water</u> to make soup.
	☐ 0409	ジョージはサンドイッチにのせる玉ねぎを薄く切った。	George <u>sliced</u> <u>onions</u> to put in the sandwiches.
	☐ 0410	日本を訪れる多くの人は、実際には生の魚を食べるのが好きではない。	Many visitors to Japan actually don't like eating <u>raw</u> <u>fish</u>.
人の様子について話す	☐ 0411	私が若いとき、おばは私に優雅に踊る方法を教えてくれた。	When I was young, my aunt taught me how to <u>dance</u> <u>with</u> <u>grace</u>.
	☐ 0412	彼はいつもコンピューターに非常に興味を示してきた。	He <u>has</u> always <u>shown</u> <u>a</u> great <u>interest</u> in computers.
	☐ 0413	ほっそりしたままでいたいため、私はいつもサラダを食べている。	I am always eating salads as I want to <u>stay</u> <u>slim</u>.
	☐ 0414	太陽が沈むにつれて人の影がより長くなる。	As the sun goes down, <u>the</u> <u>shadow</u> <u>of</u> <u>a</u> <u>person</u> gets longer.
	☐ 0415	彼女は最近、自分の年とったおじの変なふるまいを心配している。	Recently she has been worried about her old uncle's <u>strange</u> <u>behavior</u>.
	☐ 0416	私は脚をけがしたため膝を曲げるのが大変だ。	I hurt my leg so it is hard to <u>bend</u> <u>my</u> <u>knees</u>.
	☐ 0417	彼の言葉はていねいだが、彼の話し方が好きではない。	His words are polite, but I don't like <u>his</u> <u>manner</u> <u>of</u> <u>speaking</u>.
情報を得る・伝える	☐ 0418	もしあなたがいくつかの情報を知りたければ、ウェブを利用することができる。	If you want to know some information, you can <u>use</u> <u>the</u> <u>Web</u>.
	☐ 0419	警察官は彼に、その事故の詳細を繰り返すよう求めた。	The police officer asked him to <u>repeat</u> <u>the</u> <u>details</u> of the accident.
	☐ 0420	警察は手掛かりを見つけるためにその部屋を見回した。	The police looked around the room to <u>find</u> <u>a</u> <u>clue</u>.

プラスの気持ちを伝える	0421	老人は、庭で快適ないすに座っているのを楽しんでいる。	The old man enjoys sitting in a comfortable chair in his garden.
	0422	私は隣人と楽しい会話をした。	I had a pleasant talk with my neighbor.
	0423	この新しいショッピングモールは、地元の人々のすべてのニーズを満たすはずだ。	This new shopping mall should satisfy all the needs of the local people.
	0424	その若者は、4か国語を話す能力に誇りをもっている。	The young man takes pride in his ability to speak four languages.
	0425	彼は若いが、部長は彼を信頼している。	He is young but the manager has trust in him.
	0426	トムは、数学のテストの準備を手伝ってくれたことで彼女に感謝している。	Tom is grateful to her for helping him prepare for the math test.
人やものをほめる	0427	彼の演説はよくまとまってわかりやすかったので、みんなが彼の演説を称賛した。	Everyone admired his speech because it was well organized and easy to understand.
	0428	マザー・テレサは、貧しい人々を助ける取り組みにより名誉を得た。	Mother Teresa won honor for her efforts to help poor people.
	0429	このコンサートホールは音楽を聴くための驚くべき場所だ。	This concert hall is a marvelous place for listening to music.
	0430	彼は私たちの時代の最もすばらしい俳優のひとりであると考えられている。	He is considered one of the most brilliant actors of our times.
自分や家族について話す	0431	白いドレスの女の子は私のいとこの花嫁である。	The girl in the white dress is the bride of my cousin.
	0432	彼らには3人の娘から生まれた10人の孫がいる。	They have 10 grandchildren from their three daughters.
	0433	私は19歳のとき、私の母国を去った。	I left my native country when I was 19.
	0434	ブラウンは、イギリスでありふれた名字である。	Brown is a common surname in England.
	0435	その歌番組は少年少女のための人気のあるテレビ番組である。	The music show is a popular TV program for teenagers.
自分の学校や街について話す	0436	私たちの学校の校長先生が会議で最初に話す予定だ。	Our school principal will be the first speaker at the meeting.
	0437	東京は若い女性がひとりでアパートで暮らせるほど安全だ。	Tokyo is safe enough for a young girl to live in an apartment alone.
	0438	大学を卒業したあと、彼はシンガポールに行った。	After he graduated from college, he went to Singapore.
	0439	中央公園の石像は7年前に作られた。	The stone statue in the central park was made seven years ago.
	0440	私たちは毎年、街の広場で秋祭りを行う。	We have an autumn festival in a town square every year.

考えや意図を伝える ⑨

人やものに働きかける	□□□ 0441 私たちの将来をよりよくする	<u>improve</u> our future
	□□□ 0442 彼の考えを支持する	<u>support</u> his idea
	□□□ 0443 強い衝撃を与える	make a strong <u>impact</u>
	□□□ 0444 大きな影響がある	have a great <u>influence</u>
	□□□ 0445 事実を示す	<u>indicate</u> the fact
	□□□ 0446 変更を強いる	<u>force</u> a change
	□□□ 0447 テーブルをたたく	<u>strike</u> the table
手紙のやりとりをする	□□□ 0448 その封筒を開ける	open the <u>envelope</u>
	□□□ 0449 切手を貼る	put a <u>stamp</u>
	□□□ 0450 その手紙を郵便で出す	<u>post</u> the letter

 influenceとeffect

influenceは「影響」を表す一般的な語。effectは、影響を与えた結果として変化が見られる、つまり「効果」を意味するときによく用いる。

TV can have a bad influence on children.
「テレビは子どもたちに悪影響を及ぼすことがある」
This medicine had no effect on me. 「この薬は私には効果がなかった」

improve [imprúːv インプルーヴ]	他 をよりよくする、改善する 自 (…の点で)よくなる(in) ▶ impróvement 名 改善
support [səpɔ́ːrt サポート]	他 ①を支持する ②を養う ③を支える 名 支持、支援 in support of A Aを支持して ▶ suppórter 名 支持者
impact [ímpækt インパクト] ⑦	名 ①衝撃 ②(…への)(強い)影響、効果(on) 他 [impǽkt インパクト] に影響を与える 自 (…に)影響を与える(on)
influence [ínfluəns インフルエンス]	名 (…への)影響(力)(on) 他 に影響を及ぼす ▶ influéntial 形 影響力がある
indicate [índəkèit インディケイト] ⑦	他 ①を示す、指摘する ②指し示す ▶ indicátion 名 指摘
force [fɔ́ːrs フォース]	他 を強いる、強制する 名 ①力 ②暴力 force A to do Aが…するのを強制する
strike [stráik ストライク] 活 struck-struck[striken]	他 ①をたたく、打つ ②をぶつける 自 打つ、たたく 名 ストライキ
envelope [énvəlòup エンヴェロウプ]	名 封筒
stamp [stǽmp スタンプ]	名 ①切手 ②スタンプ 他 ①に切手を貼る、スタンプを押す ②を踏みつける
post [póust ポウスト] 発	他 ①を郵便で出す ②を掲示する 名 ①郵便、郵便物 ②地位、職

STEP
12

🐻 stamp「切手」の由来

19世紀前半の郵便物には郵便料金を支払ったことを証明するために赤いスタンプ (stamp) が押されていたが、そのスタンプが紙の切手に置き換わったあと、今度は切手のことを引き続きstampと呼ぶようになった。

体の不調と医療について話す

□□□ 0451

病気になる | become **ill**

□□□ 0452

医療ケア | **medical** care

□□□ 0453

睡眠薬 | sleeping **pills**

□□□ 0454

足首を負傷する | **injure** my ankle

□□□ 0455

君の子どもたちに害を及ぼす | **harm** your children

□□□ 0456

身体の健康 | **physical** health

□□□ 0457

歯医者に行く | go to the **dentist**

人の体について話す

□□□ 0458

赤いほお | red **cheeks**

□□□ 0459

広い胸 | a broad **chest**

□□□ 0460

彼のあごを打つ | hit him on the **chin**

---

illとsick

illはイギリス、sickはアメリカで使うことが多いが、基本的な意味はほぼ同じ。ただし、修飾する名詞の直前に置くときは、一般的にsickを使う。

　a sick boy「病気の男の子」

ill [íl イル] 変 worse-worst	形 ①病気で、具合の悪い (= síck) (⇔ héalthy, wéll) ②悪い、有害な (⇔ góod よい) 副 悪く speak ill of A Aのことを悪く言う ▶ íllness 名 病気
medical [médikəl メディカル]	形 医療の、医学の ▶ médicine 名 医学、薬
pill [píl ピル]	名 (丸)薬、錠剤
injure [índʒər インヂャ] ⑦	他 ①を傷つける、にけがをさせる ②(感情など)を害する ▶ injury[índʒəri インヂャリ] 名 けが
harm [há:rm ハーム]	他 に害を及ぼす、を傷つける 名 害、損害 ▶ hármful 形 有害な
physical [fízikəl フィズィカル]	形 ①身体の、肉体の (⇔ méntal 精神の) ②物質の ③物理(学)の
dentist [déntist デンティスト]	名 歯医者、歯科医
cheek [tʃíːk チーク]	名 ほお
chest [tʃést チェスト]	名 ①胸 ②(ふた付きの)大箱
chin [tʃín チン]	名 (下)あご

STEP
12

「傷つける」

injureとhurtはともに「を傷つける」という意味をもつ語である。hurtはこの意味の最も一般的な語で、精神的に傷つける場合にも用いられる。injureは事故などの偶発的な危害が生じた場合に用いられる。また、hurtに比べ、ニュースなどのフォーマルな場面でよく使われる。

話し合いをする

☐☐☐ 0461 その話題を討論する	**debate** the topic
☐☐☐ 0462 従って何も言わなかった	**therefore** said nothing
☐☐☐ 0463 解決策を見つける	find a **solution**
☐☐☐ 0464 その問題を議論する	discuss the **issue**
☐☐☐ 0465 この会議の目的	the **purpose** of this meeting
☐☐☐ 0466 行くことを決める	**decide** to go
☐☐☐ 0467 お金のことで言い合いをする	**argue** about money
☐☐☐ 0468 計画を提案する	**suggest** a plan
☐☐☐ 0469 私の電子メールに返事をする	**reply** to my email
☐☐☐ 0470 委員会を設ける	form a **committee**

debate

　日本語でも「ディベート」というが、debateは、「あるトピックについて異なる立場に分かれて議論する、公式の討論」を意味する。debateの起源は、古代ギリシアの哲学者やソフィストと呼ばれる教育者たちによる弁論術にさかのぼることができる。

debate [dibéit ディベイト] ⑦	他 を討論する 自 (…と)討論する(with) 名 討論
therefore [ðéərfɔ̀ːr ゼアフォー]	副 従って、それゆえに
solution [səlúːʃən ソルーション]	名 ①解決策、解決　②溶液 ▶ sólve 他 を解決する
issue [íʃuː イシュー]	名 ①問題(点) 　②発行(物)、(新聞・雑誌などの)号 他 を発行する
purpose [pə́ːrpəs パーパス] 発 ⑦	名 目的 for the purpose of A　Aの目的で
decide [disáid ディサイド]	他 自 ①(を)決める、決心する　②(を)決定する decide to *do*　…することを決心[決定]する ▶ decísion 名 決心、決定
argue [áːrɡjuː アーギュー] 発	自 (…のことで)言い合いをする(about, over) 他 について議論する、を主張する ▶ árgument 名 議論
suggest [səɡdʒést サグヂェスト]	他 ①を提案する、(…ということ)を提案する(that節) 　②を暗示する ▶ suggéstion 名 提案
reply [riplái リプライ] ⑦	自 (…に)返事をする、答える(to) 名 答え、返事
committee [kəmíti コミティ]	名 委員会、(集合的に)委員

STEP
12

suggestの語法

　suggestの語法としては、①〈suggest + *doing*〉と②〈suggest + that節〉を押さえておこう。②の場合、that節の中の動詞は、主語にかかわらず動詞の原形が使われることもある（仮定法現在）。

　I suggest leaving now.「私は今出発することを提案する」

　I suggested that he see a doctor.「私は彼が医者に行くことを提案した」

調整・移動する

□□□ 0471
彼のベルトを調節する

adjust his belt

□□□ 0472
ごみを埋める

bury garbage

□□□ 0473
その機械を動かす

operate the machine

□□□ 0474
その時計を修理する

repair the watch

物理的に働きかける

□□□ 0475
脂肪を燃やす

burn fat

□□□ 0476
板を2つに裂く

split the board into two

□□□ 0477
そのケーキを分ける

divide the cake

□□□ 0478
さまざまな色を混ぜる

mix different colors

□□□ 0479
皿を積み重ねる

pile up the dishes

□□□ 0480
秋の木の葉を集める

gather autumn leaves

repair と fix

　「修理する」の意味の英単語には、repair のほかに fix もある。repair は特に、機械などの物理的な修理に使われることが多い。fix は幅広く「修理する」という意味に用いられるほか、fix a problem「問題を解決する」のように「抽象的な物事を本来の状態に修正する」という意味でも用いられる。

adjust [ədʒʌ́st アヂャスト]	他 ①を(…に合うように)**調節する**(to) 　②を**適合させる** 自 (…に)**順応する**(to) ▶ adjústment 图 調節、適合
bury [béri ベリ] 発	他 ①を**埋める**　②を**埋葬する** ▶ burial[bérial ベリアル] 图 埋葬、葬式
operate [ápərèit アパレイト]	他 を**動かす、操作する** 自 **作動する** ▶ opèrátion 图 操作
repair [ripéər リペア]	他 を**修理する** 图 **修理**
burn [bə́:rn バーン] 活 burned[burnt]-burned[burnt]	他 ①を**燃やす**　②を**こがす** 自 ①**燃える**　②**こげる**
split [splít スプリト] 活 split-split	他 ①を(…に)**裂く**(into)　②を**分裂させる** 自 ①**分裂する**　②**分かれる**
divide [dəváid ディヴァイド]	他 を**分ける、分割する** ▶ divísion 图 分割
mix [míks ミクス]	他 を**混ぜる** 自 ①**混ざる**　②(人と)**打ち解けてつきあう** 图 **混合(品)**
pile [páil パイル]	他 を**積み重ねる**(up) 自 **積み重なる** 图 **積み重ね** 　a pile of A　たくさんの A
gather [gǽðər ギャザ]	他 を**集める** 自 **集まる**

STEP
12

🐻 split のイメージ

split は、「分ける、破る、裂く」というのが基本的なニュアンス。split the bill で「割り勘にする」という意味の表現になるが、bill「勘定書き」の紙を引き裂いてそれぞれが支払う、というイメージでとらえればわかりやすい。

人やものに働きかける	☐ 0441	リサイクルは、私たちの将来をよりよくする方法のひとつだ。	Recycling is one way to <u>improve our future</u>.
	☐ 0442	その研究者は、彼の考えを支持するグラフを示した。	The researcher showed us a graph to <u>support his idea</u>.
	☐ 0443	その犯罪の恐怖は、地域社会に強い衝撃を与えた。	The horror of the crime <u>made a strong impact</u> on the community.
	☐ 0444	太陽は、すべての生きものに大きな影響がある。	The sun <u>has a great influence</u> on every living thing.
	☐ 0445	その報告書は、大半の学生が十分な睡眠をとっていないという事実を示している。	The report <u>indicates the fact</u> that most students do not get enough sleep.
	☐ 0446	雨が私たちの計画の変更を強いた。	The rain <u>forced a change</u> in our plan.
	☐ 0447	その男はテーブルをたたいて外に出た。	The man <u>struck the table</u> and went out.
手紙のやりとりをする	☐ 0448	私はその封筒を開け、手紙を取り出した。	I <u>opened the envelope</u> and took out the letter.
	☐ 0449	手紙を投函する前に、切手を貼ることを忘れないでください。	Don't forget to <u>put stamps</u> on the letter before you post it.
	☐ 0450	今日の5時までにその手紙を郵便で出してくれませんか。	Can you <u>post the letter</u> by 5 o'clock today?
体の不調と医療について話す	☐ 0451	私の祖父は病気になって入院しなければならなかった。	My grandfather <u>became ill</u> and had to go into hospital.
	☐ 0452	イギリスはよい医療ケア制度をもっている。	The United Kingdom has a good system of <u>medical care</u>.
	☐ 0453	私の母は夜眠れないので、睡眠薬を飲んでいる。	My mother can't sleep at night and takes <u>sleeping pills</u>.
	☐ 0454	私は体育の授業で足首を負傷したため、今は歩くのが難しい。	I <u>injured my ankle</u> in the PE class and now it's hard to walk.
	☐ 0455	喫煙は君の子どもたちにひどく害を及ぼす可能性がある。	Smoking can <u>harm your children</u> seriously.
	☐ 0456	私の祖母は80歳だが、身体の健康はよい状態である。	My grandmother is 80 years old, but she is in good <u>physical health</u>.
	☐ 0457	歯医者に行かなければならないとき、私はいつも緊張する。	I always feel nervous when I have to <u>go to the dentist</u>.
人の体について話す	☐ 0458	彼女は泣いていて、赤いほおは涙でぬれていた。	She was crying and her <u>red cheeks</u> were wet with tears.
	☐ 0459	この運動は、君が広い胸を手にする助けになるだろう。	This exercise will help you to have <u>a broad chest</u>.
	☐ 0460	不運なことに、その野球のボールは彼のあごを強く打った。	Unfortunately, the baseball <u>hit him on the chin</u> hard.

0461	委員会は明日その話題を討論する予定だ。	The committee will <u>debate</u> <u>the</u> <u>topic</u> tomorrow.
0462	私にはよい考えがなかった。従って何も言わなかった。	I didn't have any good ideas, and <u>therefore</u> <u>said</u> <u>nothing</u>.
0463	私たちはできるだけ早くその問題への解決策を見つけなければならない。	We have to <u>find a</u> <u>solution</u> to the problem as soon as possible.
0464	私たちは一晩中その問題を議論した。	We <u>discussed</u> <u>the</u> <u>issue</u> all night.
0465	この会議の目的は、そのイベントの日付と場所を決めることだ。	<u>The</u> <u>purpose</u> <u>of</u> <u>this</u> <u>meeting</u> is to decide the date and place of the event.
0466	ユキは、今年の夏にアムステルダムへ行くことを決めた。	Yuki <u>decided</u> <u>to</u> <u>go</u> to Amsterdam this summer.
0467	彼らはいつもお金のことで言い合いをしている。	They <u>are</u> always <u>arguing</u> <u>about</u> <u>money</u>.
0468	彼は私たちにすばらしい計画を提案した。	He <u>suggested</u> <u>a</u> great <u>plan</u> to us.
0469	これは私の2通目のメッセージなので、すぐに私の電子メールに返事をしてください。	This is my second message, so please <u>reply</u> <u>to</u> <u>my</u> <u>email</u> quickly.
0470	その会社は、その計画を見直すために委員会を設けた。	The company <u>formed</u> <u>a</u> <u>committee</u> to review the plan.

STEP
12

0471	彼は一瞬の間立ちどまって、ベルトを調節した。	He stopped for a second to <u>adjust</u> <u>his</u> <u>belt</u>.
0472	山にごみを埋めないでください。	Don't <u>bury</u> <u>garbage</u> in the mountains.
0473	あなたにその機械を動かす方法を教えることができます。	I can show you how to <u>operate</u> <u>the</u> <u>machine</u>.
0474	この店は、その壊れた時計を修理できます。	This store can <u>repair</u> <u>the</u> broken <u>watch</u>.

0475	水泳は、脂肪を燃やすすばらしい方法です。	Swimming is a great way to <u>burn</u> <u>fat</u>.
0476	その空手家は、板を2つに裂いた。	The karate player <u>split</u> <u>the</u> <u>board</u> <u>into</u> <u>two</u>.
0477	私たちは、全員が試食できるようにそのケーキを小さく分けた。	We <u>divided</u> <u>the</u> <u>cake</u> into small pieces so everyone could try some.
0478	その画家はさまざまな色を混ぜる方法を私たちに見せた。	The painter showed us how to <u>mix</u> <u>different</u> colors.
0479	少女は棚に皿を積み重ねた。	The girl <u>piled</u> <u>up</u> <u>the</u> <u>dishes</u> on the shelf.
0480	私たちは、秋の木の葉を集めるために森へ行った。	We went into the woods to <u>gather</u> <u>autumn</u> <u>leaves</u>.

事実や情報を伝える ⑳

時や頻度について話す

□□□ 0481 即答	an **instant** answer
□□□ 0482 正午に	at **noon**
□□□ 0483 定期的な会合	a **regular** meeting
□□□ 0484 突然の変更	a **sudden** change
□□□ 0485 私たちの日常生活	our **daily** life

マイナスの結果について話す

□□□ 0486 誤りを見つける	find an **error**
□□□ 0487 わなにかかる	fall into a **trap**
□□□ 0488 読者を混乱させる	**confuse** the readers
□□□ 0489 パーティーをだいなしにする	**spoil** the party
□□□ 0490 責任があって	at **fault**

dailyの類語

▶ weekly：「毎週(の)」 **cf. biweekly**「1週おき(の)」
▶ monthly：「毎月(の)」 **a monthly magazine**「月刊誌」
▶ yearly：「毎年(の)」 **an yearly event**「毎年のイベント」

490 !!

instant [ínstənt インスタント]	形 即座の 名 瞬間
noon [nú:n ヌーン]	名 《無冠詞で》正午、真昼
regular [régjələr レギュラ]	形 ①定期的な、いつもの ②規則正しい(⇔irrégular 不規則な) ▶ règulátion 名 規則 ▶ régulate 他 を規制する
sudden [sʌ́dn サドン]	形 突然の、思いがけない ▶ súddenly 副 突然に
daily [déili デイリ]	形 日常の、毎日の 副 毎日 ▶ dáy 名 日、1日
error [érər エラ]	名 誤り、間違い(=mistáke)
trap [trǽp トラプ]	名 わな、策略 他 をわなにかける
confuse [kənfjú:z コンフューズ]	他 を混乱させる、当惑させる、混同する confuse A with B AをBと混同する ▶ confúsed 形 混乱した ▶ confúsion 名 混乱
spoil [spɔ́il スポイル]	他 ①をだいなしにする、だめにする ②(子どもなど)を甘やかしてだめにする
fault [fɔ́:lt フォールト] 発	名 ①(失敗などの)責任　②欠点、欠陥

STEP
13

🐻 faultのイディオム

▶ find fault with A 「Aを非難する、Aについて不平を言う」
  She is always finding fault with others.
  「彼女はいつも他人を非難してばかりいる」
▶ at fault 「責任[罪]があって、故障して」
  He was at fault in the trouble. 「彼にはそのトラブルの責任があった」

学習日　／　　／　　／　　**169**

特定の人について話す

□□□ 0491 スポーツの英雄	a sports **hero**
□□□ 0492 まったく見知らぬ人	a perfect **stranger**
□□□ 0493 芸術の専門家	an **expert** on art
□□□ 0494 飛行機の乗客たち	plane **passengers**
□□□ 0495 何百人という見張り	hundreds of **guards**

ものの動きや働きを描写する

□□□ 0496 水をはねかける	**splash** water
□□□ 0497 牛乳をこぼす	**spill** milk
□□□ 0498 脳の機能	brain **functions**
□□□ 0499 海中に沈む	**sink** under the sea
□□□ 0500 自動ドア	an **automatic** door

 **heroとheroine**

hero は本来、神話などに登場する「男性の主人公」を指す言葉だが、男女の区別なく「ヒーロー」というときに使える。特に女性の主人公を指す場合は **heroine**[hérouin ヘロウイン]という。

hero [híːrou ヒーロウ]	名 ①英雄、偉人　②主人公
stranger [stréindʒər ストレインヂャ]	名 ①見知らぬ人、他人（⇔ acquáintance 知人） 　②不慣れな人 ▶ stránge 形 奇妙な、見たことのない
expert [ékspəːrt エクスパート] ⑦	名 専門家、エキスパート ▶ èxpertíse 名 専門的技術[知識]
passenger [pǽsəndʒər パセンヂャ]	名 乗客、旅客
guard [gáːrd ガード] 発	名 見張り、警備(員)、ガードマン 他 を(…から)守る(against)
splash [splǽʃ スプラシュ]	他 (水・泥など)をはねかける 自 (水などが)はねかかる 名 ①《a splash で》バシャン[ザブン]という音 　②はねかけること
spill [spíl スピル] 活 spilled[spilt]-spilled[spilt]	他 をこぼす 自 こぼれる
function [fʌ́ŋkʃən ファンクション]	名 機能、役割 自 機能する、働く ▶ fúnctional 形 機能上の
sink [síŋk スィンク] 活 sank[sunk]-sunk	自 沈む 他 を沈める 名 (台所の)流し
automatic [ɔ̀ːtəmǽtik オートマティク]	形 自動の、自動的な(⇔ mánual 手動の) ▶ automátically 副 自動的に

STEP 13

 spill

　spill は「秘密を漏らす」という意味もある。とくに、**spill the beans**「秘密を漏らす」の表現は、口語でよく用いられる。このイディオムの由来は諸説あるが、古代ギリシアの秘密投票に白豆と黒豆が用いられており、その豆をこぼしてしまうと誰が何に投票したかがわかってしまう、という故事に基づくというのが有力説である。

学習日　／　／　／　**171**

ものの やりとり・受け渡しについて話す

□□□ 0501 その電池を取り替える	**replace** the battery
□□□ 0502 電話を受ける	**receive** a call
□□□ 0503 部屋を借りる	**rent** a room
□□□ 0504 情報を交換する	**exchange** information
□□□ 0505 無料の飲みものを提供する	**offer** a free drink
□□□ 0506 貧しい人々に食べものを提供する	**provide** food for poor people
□□□ 0507 彼女のアドバイスを受け入れる	**accept** her advice

水準・基準について話す

□□□ 0508 最高品質	the finest **quality**
□□□ 0509 ある程度まで	to some **degree**
□□□ 0510 大きい規模で	on a large **scale**

 replace, exchange, change

「私たちは座席を交換した」と言いたい場合、次のカッコには何が入るだろうか。

　We （　　） the seats.

　1 . replaced 2. exchanged 3. changed

答は2と3。exchangeは「他の人と交換してものをやりとりする」、replaceは「壊れているものやもう使わないものを交換する」という意味。changeは両方の場合に使える広義の語。

replace [ripléis リプレイス]	他 を取り替える、に取って代わる 　replace A with B　AをBと取り替える ▶ replácement 图 交代、交換
receive [risíːv リスィーヴ]	他 ①を受ける　②を受け取る(⇔ sénd を送る) ▶ receipt[risíːt レスィート] 图 領収(書)
rent [rént レント]	他 ① (不動産・車など)を借りる、賃借する 　②を貸す、賃貸する 图 使用料、家賃
exchange [ikstʃéindʒ イクスチェインヂ]	他 ①を交換する、やりとりする　②を両替する 图 交換、両替 　exchange A for B　AをBと交換する[に両替する]
offer [ɔ́ːfər オーファ] ⑦	他 を提供する 图 提案、申し出 　offer to do …することを申し出る
provide [prəváid プロヴァイド]	他 を提供[供給]する 　provide A with B[B for A]　A(人)にB(もの)を提供する
accept [əksépt アクセプト]	他 を受け入れる、受け取る ▶ accéptable 形 受け入れられる ▶ accéptance 图 受け入れ
quality [kwάləti クワリティ]	图 品質、質(⇔ quántity 量) 形 良質の
degree [digríː ディグリー] ⑦	图 ①程度(= extént)　② (温度などの)度　③学位
scale [skéil スケイル]	图 ①規模、段階　②物差し　③はかり、計量器

STEP
13

🐻 provide の語法

provideは、〈provide A (人) + with B〉または は、〈provide B + for A (人)〉の語法をとる。withとforの後にくる語に注意して使い分けよう。なお、forの代わりに〈provide B + to A (人)〉の形もよく見られる。

They provided us with food. = They provided food for us.
「彼らは私たちに食料を提供した」

数量や増減について話す

☐☐☐ 0511 500人から600人に増える	**increase** from 500 to 600
☐☐☐ 0512 広範囲	a wide **range**
☐☐☐ 0513 平均年齢	the **average** age
☐☐☐ 0514 余分なお金	**extra** money
☐☐☐ 0515 十分な時間	**plenty** of time
☐☐☐ 0516 数か月	a **few** months
☐☐☐ 0517 私の年齢の2倍	**double** my age
☐☐☐ 0518 その正確な数値	the correct **figures**
☐☐☐ 0519 数を数える	**count** the number
☐☐☐ 0520 4分の1を占める	**account** for a quarter

extra の副詞の意味

extraは副詞で「特別に、余分に」という意味がある。
She looks extra beautiful today. 「今日の彼女は特別きれいだ」
You will need to pay extra to use this machine.
「この機械を使うには、余分にお金を払わないといけない」

increase [inkrí:s インクリース] 発 ア	自 (…が)増える (in) (⇔ decréase 減る)
	他 を増やす
	名 [ínkri:s インクリース] 増加

| **range**
[réindʒ レインヂ] | 名 範囲 |
| | 自 及んでいる、範囲にわたる |

average [ǽvəridʒ アヴェリヂ] ア	形 平均の
	名 平均
	on average 平均して

extra [ékstrə エクストラ]	形 余分な、追加の (= addítional)
	副 余分に
	名 オプション製品、追加料金

plenty [plénti プレンティ]	名 十分、たくさん
	plenty of 十分な、たくさんの
	形 十分な
	副 たっぷり、十分に

few [fjú: フュー]	形 ①《a few で》少数の、2、3の
	②《few で》少数の (…しかない)
	代 少数(の人[もの])

double [dʌ́bl ダブル]	形 ①2倍の ②二重の
	他 を2倍にする
	名 2倍

figure [fígjər フィギャ]	名 ①数値 ②数字 ③人物 ④図
	他 (…だ)と思う (that 節)
	figure A out A を理解する

count [káunt カウント]	他 ①を数える ②を勘定に入れる、当てにする
	自 ①数える ②重要である
	名 数えること

| **account**
[əkáunt アカウント] | 自 ①(割合を)占める (for) ②(…を)説明する (for) |
| | 名 ①口座 ②考慮、説明 |

account の名詞用法

account にはさまざまな名詞の意味もある。

▶口座：**a bank account**「銀行口座」
▶理由：**on account of illness**「病気のために」
▶会計：**an account book**「会計帳簿」
▶説明：**give a full account**「詳しい説明をする」

学習日   **175**

時や頻度について話す	0481	私は、たいてい即答を得られるのでインターネットが大好きだ。	I love the Internet because I can usually get an instant answer.
	0482	私たちの学校の昼食時間は正午に始まる。	Our school's lunch time starts at noon.
	0483	そのクラブは毎月、練習日程についての定期的な会合を開く。	The club has a regular meeting about its practice schedule every month.
	0484	先生のひとりが病気だったため、私たちの授業予定に突然の変更があった。	There was a sudden change to our lesson schedule as one of our teachers was sick.
	0485	運動は私たちの日常生活の一部にするべきだ。	Exercise should be a part of our daily life.
マイナスの結果について話す	0486	彼女は先生に提出する前に自分のエッセイの誤りを見つけた。	She found an error in her essay before giving it to the teacher.
	0487	そのキツネはわなにかかり、脱け出すことができなかった。	The fox fell into a trap and could not get out.
	0488	彼は読者を混乱させる長い文章をよく書く。	He often writes long sentences that confuse the readers.
	0489	激しい雨がパーティーをだいなしにした。	The heavy rain spoiled the party.
	0490	タクシー運転手に、その自動車事故の責任があると思う。	I think the taxi driver is at fault in the car accident.
特定の人について話す	0491	多くの子どもたちがスポーツの英雄になる夢を抱く。	Many children dream of becoming a sports hero.
	0492	母はとても親しみやすく、まったく見知らぬ人ともよく会話を始める。	My mother is very friendly and often will start conversations with perfect strangers.
	0493	リサはルネッサンス期の芸術の専門家だ。	Risa is an expert on art of the Renaissance.
	0494	飛行機の乗客たちは空港で3時間待たなければならなかった。	The plane passengers had to wait three hours at the airport.
	0495	その城の周りには何百人という見張りがいた。	There were hundreds of guards around the castle.
ものの動きや働きを描写する	0496	私は目を覚ましたままでいるために顔に水をはねかけた。	I splashed water on my face to stay awake.
	0497	その少年は転んで床に牛乳をこぼした。	The boy fell down and spilled milk on the floor.
	0498	科学者たちは、基本的な脳の機能について学ぶためにラットを使っている。	The scientists are using rats to learn about basic brain functions.
	0499	彼女が落とした指輪は、海中に沈んだ。	The ring she dropped sank under the sea.
	0500	入口に自動ドアがある。	There is an automatic door at the entrance.

ものやりとり・受け渡しについて話す	0501	私はスマートフォンの電池を取り替える必要がある。	I need to replace the battery in my smartphone.
	0502	私は学生時代の旧友から電話を受けた。	I received a call from an old friend from my school days.
	0503	彼はパリで6か月過ごす予定なので、中心街の真ん中に部屋を借りたがっている。	He will spend six month in Paris, so he wants to rent a room in the center of downtown.
	0504	その生徒たちは毎週、大気汚染について情報を交換している。	The students exchange information about air pollution every week.
	0505	このレストランは、定食を頼んだら無料の飲みものを提供する。	This restaurant offers a free drink if you order a set menu.
	0506	毎週日曜日に、この慈善団体は貧しい人々に食べものを提供している。	This charity provides food for poor people every Sunday.
	0507	あなたは彼女のアドバイスを受け入れて、コンピューターの授業を取るべきだ。	You should accept her advice and take the computer class.
水準・基準について話す	0508	私の父は最高品質の木綿のシャツが好きだ。	My father likes cotton shirts of the finest quality.
	0509	彼女はある程度まで正しいと私は思う。	I think she is right to some degree.
	0510	君の考えはよさそうだが、たぶん大きい規模ではうまくいかないだろう。	Your idea sounds good, but it probably will not work on a large scale.
数量や増減について話す	0511	私たちの学校の生徒数は10年間で500人から600人に増えた。	The number of students in our school has increased from 500 to 600 in 10 years.
	0512	このホテルは、自然散歩や乗馬など、広範囲のアクティビティを提供している。	This hotel offers a wide range of activities, including nature walks and horse riding.
	0513	日本人の平均年齢は少しずつ上っている。	The average age of Japanese people is slowly rising.
	0514	私はクリスマスの贈りものを買うために余分なお金が必要だ。	I need extra money to buy Christmas gifts.
	0515	私たちは昼食をとる十分な時間がある。	We have plenty of time to have lunch.
	0516	私はアメリカに住むことに慣れるのに、数か月かかった。	It took me a few months to get used to living in the US.
	0517	私のおじは私の年齢の2倍だ。つまり私は16歳で、おじは32歳である。	My uncle is double my age: I'm sixteen and he is 32.
	0518	多くの人々が戦争で亡くなったが、その正確な数値を知っている人はいない。	Many people were killed in the war, but nobody knows the correct figures.
	0519	校外学習で、私たちはその公園の木の数を数えなければならなかった。	In the field trip we had to count the number of trees in the park.
	0520	去年の6月に降った雨は、昨年の全雨量の4分の1を占めた。	The rain we got last June accounted for a quarter of the total rain last year.

お気に入りの映画・本

1 チャンクを確認しよう

これまでに学んだチャンクを使って、次のカッコ内に1語ずつ英単語を入れてみよう。確認したら、チャンクを繰り返し言ってみよう。

①独創的なアイデア　　　　　　　　(original) ideas

②ふつうの生活を送る　　　　　　　live a (normal) life

③深く感動する　　　　　　　　　　deeply (moved)

2 言ってみよう

英語の部分を隠して、次の日本語を英語にしてみよう。
日本語を見て英語がすぐに出てくるように繰り返し言ってみよう。

▶私のお気に入りの映画は「ローマの休日」です。
(My favorite movie is Roman Holiday.)

▶「ローマの休日」は、独創的なアイデアに満ちているわけではありません。
(Roman Holiday is not full of original ideas.)

▶しかし、王女の役を演じるオードリー・ヘップバーンはとても美しく魅力的です。
(But Audrey Hepburn, who plays the role of the princess, is very beautiful and attractive.)

▶彼女はこれまでにふつうの生活を決して送ってきませんでした。
(She never lived a normal life.)

▶しかし、新聞記者の助けを借りて、彼女はしばらくローマの町を楽しみました。
(But with the help of a reporter, she enjoyed the city of Rome for a while.)

▶私は最後のシーンに深く感動しました。
(I was deeply moved by the last scene.)

▶ぜひ見てみてください。　　(You have to see it!)

上の文を参考にして、お気に入りの映画・本について、短いスピーチをしてみよう。

My favorite.... （私のお気に入りの…）　... .

This movie [book] is... （この映画[本]は…）　... .

I was deeply moved by... （…に深く感動した）　... .

CROWN Chunk Builder

Standard

LEVEL

2

CEFR-J B1 レベル

自分や身近なことについて話す

自分や家族について話す

□□□ 0521 よく似て見える	look **alike**
□□□ 0522 自分の身元を隠す	hide my **identity**
□□□ 0523 祖母に似ている	**resemble** my grandmother
□□□ 0524 6時に目覚める	**wake** up at six
□□□ 0525 両親から独立して	**independent** of my parents
□□□ 0526 私の近隣に引っ越してくる	move into my **neighborhood**
□□□ 0527 ふたごを産む	give birth to **twins**

日課や習慣について話す

□□□ 0528 毎日の決まりきったこと	my daily **routine**
□□□ 0529 顔をそる	**shave** my face
□□□ 0530 早起きに慣れている	be **accustomed** to getting up early

 wake up の類義語

▶ awake：目が覚めている状態（形容詞）
▶ awaken：人を目覚めさせる、人に悟らせる、感情を喚起する（他動詞）
　　stay awake「目覚めたままでいる（眠らない）」
　　awaken curiosity「好奇心を呼び起こす」

alike [əláik アライク]	形 よく似て 副 同じように
identity [aidéntəti アイデンティティ]	名 ①身元、特定の人物であること　②アイデンティティ ▶ idéntify 他 の身元を確認する
resemble [rizémbl リゼンブル] 発	他 に似ている
wake [wéik ウェイク] 活 woke[waked]- woken[woke, waked]	自 目覚める、起きる(up) 他 を起こす(up) ▶ awáke 形 目を覚まして
independent [ìndəpéndənt インディペンデント]	形 (…から)独立した(of) (⇔depéndent (…に)依存した (on)) ▶ indepéndence 名 独立
neighborhood [néibərhùd ネイバフド] 発	名 ①近隣、近所　②(ある特色をもった)地域
twin [twín トウィン]	名 《twinsで》ふたご、《a twinで》ふたごの片方 形 ふたごの、一対をなす
routine [ru:tí:n ルーティーン] ア	名 決まりきったこと、日課、手順 形 型通りの
shave [ʃéiv シェイヴ] 活 shaved[shove]-shaved[shaven]	他 (顔・ひげなど)をそる 自 ひげをそる
accustom [əkʌ́stəm アカスタム]	他 《be accustomed toで》に慣れている accustom oneself to A　Aに慣れる

STEP
14

🐻📖 接頭辞 in-

independentの接頭辞in-は、形容詞に付いて否定の意味を表すことがある。
independent = **in** + **dependent**（依存した）「独立した」
接頭辞inを含む語には、以下のものがある。
inefficient「非効率な」 = **in** + **efficient**「効率的な」
insecure「不安な」 = **in** + **secure**「安心な」

考えや意図を伝える ①

計画や目標について話す

□□□ 0531 ねらいをもつ	have an **aim**
□□□ 0532 ある任務を実行する	carry out a **mission**
□□□ 0533 切符を手配する	**arrange** a ticket
□□□ 0534 日付を確認する	**confirm** the date
□□□ 0535 彼らの安全を確保する	**ensure** their safety
□□□ 0536 事業を始める	**launch** a business
□□□ 0537 危険を冒す	run a **risk**
□□□ 0538 逃げようともがく	**struggle** to get away
□□□ 0539 目標を達成する	**accomplish** the goal
□□□ 0540 権利を獲得する	**acquire** the right

confirmとidentify

▶ confirm：（証拠によって）正しいと確認する
▶ identify：（同一の人・ものであるか）身元の確認をする
   confirm the reservation「予約を確認する」
   identify a stranger「見知らぬ人の身元を確認する」

aim [éim エイム]	名 ① ねらい、照準　② 目的、目標 他 自 (を)めざす、ねらう(at, for)、(し)ようと努力する 　　(to *do*)
mission [míʃən ミッション]	名 ① 任務、使命　② 使節団
arrange [əréindʒ アレインヂ]	他 ① を手配する、準備する、取り決める 　　② を並べる、整える 　　arrange (for A) to *do* (Aが)…するように手はずを整える ▶ arrángement 名 手配
confirm [kənfə́ːrm コンファーム]	他 を確認する ▶ confirmátion 名 確認
ensure [inʃúər インシュア]	他 ① を確保する 　　② (…ということ)を保証する、確実にする(that節) ▶ súre 形 確信して
launch [lɔ́ːntʃ ローンチ] 発	他 ① を始める、開始する　② を発射する 名 ① 開始、着手　② 新発売
risk [rísk リスク]	名 危険 他 を危うくする 　　risk *doing* あえて…する
struggle [strʌ́gl ストラグル]	自 (しようと)もがく、努力する(to *do*) 名 闘争、努力
accomplish [əkámpliʃ アカンプリシュ]	他 を達成する、成し遂げる(＝achíeve) ▶ accómplishment 名 達成、業績
acquire [əkwáiər アクワイア]	他 ① を獲得する、手に入れる(＝gét) 　　② を修得する、身につける ▶ acquisítion 名 獲得

STEP
14

 launch

　launchはフランス語のlancier (槍を放つ) が原義。そこから、「船を進水させる」、「ロケットを発射する」、「新製品を発売する」、「事業に乗り出す」といった意味が派生した。ビジネスでは、「新製品をローンチする」という言い方をすることもある。

学習日　／　／　／　**183**

ものの価値・機能について話す

□□□ 0541 基礎を築く	lay the **basis**
□□□ 0542 ふだん着	**casual** clothes
□□□ 0543 共通の特徴	a common **characteristic**
□□□ 0544 主要な原因	a **chief** cause
□□□ 0545 重要な要素	an important **element**
□□□ 0546 本質を理解する	understand the **essence**
□□□ 0547 主演俳優	the **main** actor
□□□ 0548 中立の立場	a **neutral** position
□□□ 0549 永久の平和	**permanent** peace
□□□ 0550 日本に特有の	**unique** to Japan

casualとformal

　レストランやホテルなどには、「ドレスコード」という服装規定を設けているところがある。タキシードやドレスなどの正装を求めるformal（フォーマル）や、ジャケットやネクタイの着用を要求するsemi formal（セミフォーマル）、日常着でも可とするcasual（カジュアル）などがあるが、最近では「おしゃれを意識した日常着で」というsmart casual（スマートカジュアル）が主流。

basis [béisəs ベイスィス]	名 基礎、基準 on the basis of A　Aに基づいて
casual [kǽʒuəl キャジュアル]	形 ふだん着の、略式の(⇔ fórmal 正式の)
characteristic [kæ̀rəktərístik キャラクタリスティク] ア	名 特徴、特性、特色 形 (…に)特有の、独特の(of)
chief [tʃíːf チーフ]	形 ① 主要な、第一の 　　② (地位や権限などが)最高の 名 長、責任者
element [éləmənt エレメント]	名 ① 要素　② 元素 ▶ èleméntary 形 基本の
essence [ésəns エセンス]	名 本質 ▶ esséntial 形 絶対必要な
main [méin メイン]	形 主要な、主な ▶ máinly 副 主に
neutral [njúːtrəl ニュートラル]	形 ① 中立の、公平な　② 中間的な、あいまいな
permanent [pə́ːrmənənt パーマネント]	形 永久の、不変の(⇔ témporary 一時的な)
unique [juːníːk ユーニーク] 発	形 ① (…に)特有の、独特の(to) 　　② 比類がない、優れた

STEP
14

パーマは permanent から

　髪にかける「パーマ」は permanent wave の略で、「化学作用によって長期間崩れない髪型にすること」を意味する。ドライヤーによる一時的な髪型のセットに対して使うことば。

学習日　／　／　／　**185**

気持ちを伝える ❶

プラスの感情や評価を表す

0551 私たち全員を奮い立たせる	**inspire** all of us
0552 彼の生活に満足して	**content** with his life
0553 すばらしいながめ	an **amazing** view
0554 栄光を勝ちとる	win **glory**
0555 喜びを感じる	feel **delight**
0556 とても幸運な	**fortunate** enough

人を受け入れる・認める

0557 心の広い人	a **generous** person
0558 同情する	have **sympathy**
0559 彼女の過ちを許す	**forgive** her mistake
0560 他人を尊敬する	**respect** others

---

 content, ashamed, aware

いずれも補語としてのみ用いる。また、boy など名詞をそのあとに続けるのは誤り。
She was content with the result.「彼女は結果に満足していた」
The boy is ashamed of what he did.「少年は自分の行動を恥じている」
The cat was aware of the danger.「そのネコは危険に気づいていた」

inspire [inspáiər インスパイア]	他 ①を奮い立たせる ②に着想[ひらめき]を与える ▶ inspirátion 图 ひらめき
content [kəntént コンテント] ⑦	形 (…に)満足して (with) 图 [kántent カンテント] ①中身、内容 ②《contents で》(本の)目次
amazing [əméiziŋ アメイズィング]	形 ①すばらしい、見事な ②驚くべき ▶ amáze 他 を驚かせる ▶ amázed 形 びっくりして
glory [glɔ́:ri グローリ]	图 ①栄光、栄誉 ②壮麗さ、全盛 ▶ glórious 形 栄誉ある
delight [diláit ディライト]	图 喜び、喜びとなるもの 他 を喜ばせる ▶ delíghted 形 喜んでいる ▶ delíghtful 形 とても楽しい
fortunate [fɔ́:rtʃənət フォーチュネト]	形 (することで)幸運な (to do, in doing) ▶ fórtune 图 富、財産
generous [dʒénərəs ヂェネラス]	形 心の広い、気前のよい ▶ gènerósity 图 寛大さ
sympathy [símpəθi スィンパスィ]	图 ①(…への)同情、思いやり (for) ②共感、共鳴 ▶ sỳmpathétic 形 同情的な
forgive [fərgív フォギヴ] 麗 forgave-forgiven	他 (人・行為・罪など)を許す
respect [rispékt リスペクト]	他 を尊敬する、尊重する 图 ①尊敬、尊重 ②点 ▶ respéctable 形 きちんとした、立派な ▶ respéctful 形 敬意を表する

delightとjoy, pleasure

3語とも「喜び、楽しみ」という意味だが、delightとjoyは、英英辞典を引くとgreat pleasureと書かれている。つまり、delightやjoyは、pleasureよりも大きな喜びや楽しみを意味する。

自分や家族について話す	0521	あの2人の少年はよく似て見えるが兄弟ではない。	Those two boys look alike but they are not brothers.
	0522	私はパーティに行くときサングラスをかけて自分の身元を隠した。	I wore sunglasses to hide my identity when I went to the party.
	0523	私は母よりも、祖母に似ている。	I resemble my grandmother more than I resemble my mother.
	0524	私は自転車で学校に登校する時間をとるため、6時に目覚める。	I wake up at six in order to have time to ride my bicycle to school.
	0525	私はほんの18歳のときに両親から独立した。	I became independent of my parents when I was only eighteen years old.
	0526	新しい家族が先週、私の近隣に引っ越してきた。	A new family moved into my neighborhood last week.
	0527	おばは3か月前にふたごを産んだ。	My aunt gave birth to twins three months ago.
日課や習慣について話す	0528	運動は常に私の毎日の決まりきったことの一部として重要だ。	Exercise is always an important part of my daily routine.
	0529	私はあごひげを生やしたいので、顔をそるのをやめた。	I stopped shaving my face because I want to grow a beard.
	0530	私は、朝の早起きに慣れている。	I'm accustomed to getting up early in the morning.
計画や目標について話す	0531	その市は、外国人訪問者の人数を増やすねらいをもっている。	The city has an aim to increase the number of foreign visitors.
	0532	将軍はある危険な任務を実行するよう兵士たちに求めた。	The general asked the soldiers to carry out a dangerous mission.
	0533	休暇でオーストラリアに行くための飛行機の切符を手配する必要がある。	I need to arrange a plane ticket for my vacation to Australia.
	0534	そのホテルは結婚パーティの日付を確認するために電話をした。	The hotel called to confirm the date of the wedding party.
	0535	そのロッククライマーたちは、彼らの安全を確保するために2本のロープを使った。	The rock climbers used two ropes to ensure their safety.
	0536	その男は宇宙産業で事業を始めたがっている。	The man wants to launch a business in the space industry.
	0537	山の中で道に迷う危険を冒したくなかったら、地図を持っていきなさい。	Take a map with you if you don't want to run a risk of getting lost in the mountains.
	0538	そのネコは獣医を見たとき、逃げようともがいた。	The cat struggled to get away when it saw the animal doctor.
	0539	彼らは一生懸命働き、予定よりも前に目標を達成した。	They worked hard and accomplished the goal ahead of time.
	0540	そのスタジオはその本から映画を作る権利を獲得したがっている。	That studio wants to acquire the rights to make a movie from the book.

ものの価値・機能について話す	0541	最初のレッスンは残りの講義のための基礎を築く。	The first lesson lays the basis for the rest of the lectures.
	0542	私は働くためにスーツよりもむしろふだん着を着ることを好む。	I like wearing casual clothes rather than a suit to work.
	0543	多くの成功した会社には、共通の特徴がある。	Many successful companies have common characteristics.
	0544	病気がインカ帝国崩壊の主要な原因だった。	Disease was a chief cause of the collapse of the Inca empire.
	0545	その音楽はあの映画での重要な要素である。	The music is an important element in that movie.
	0546	私はすべての言葉がわかったわけではないが、彼女の講義の本質を理解した。	I didn't know all the words, but I understood the essence of her lecture.
	0547	その映画の主演俳優は弁護士の役を演じた。	The main actor in the movie played the part of a lawyer.
	0548	その政治家は、あの政策については中立の立場をとっている。	The politician is taking a neutral position about that policy.
	0549	アメリカ合衆国には、戦死者を記憶し永久の平和を祈るための休日がある。	The US has a holiday to remember those who died in war and pray for permanent peace.
	0550	畳の床がある家は、日本に特有のものだ。	Houses that have *tatami* floors are unique to Japan.
プラスの感情や評価を表す	0551	彼女の行動は、他の人を助けるよう私たち全員を奮い立たせるはずだ。	Her actions should inspire all of us to help others.
	0552	マットは多くのお金を稼いではいなかったが、彼の生活に満足していた。	Matt did not earn a lot of money, but he was content with his life.
	0553	あのアパートからその都市のすばらしいながめが見える。	That apartment has an amazing view of the city.
	0554	そのサッカー選手はすばらしいゴールで、チームのために栄光を勝ちとった。	The soccer player won glory for his team with an amazing goal.
	0555	私はまもなく直接あなたに会えるという考えに喜びを感じている。	I feel delight at the idea of seeing you in person soon.
	0556	私はこのチームに参加できてとても幸運です。	I have been fortunate enough to join this team.
人を受け入れる・認める	0557	彼女はいつも近所の人に食べものを与える、とても心の広い人だ。	She is a very generous person who always gives food to her neighbors.
	0558	彼はいつも忙しそうなので、私は彼に同情する。	I have sympathy for him because he always looks busy.
	0559	彼女は報告書を忘れたが、マネージャーは彼女の過ちを許した。	She forgot a report, but the manager forgave her mistake.
	0560	その先生は他人を尊敬することが大事だったと説明している。	The teacher explains that it was important to respect others.

ものの様子・状態について話す

□□□ 0561 利用できる方法	**available** means
□□□ 0562 脂肪を含む	**contain** fat
□□□ 0563 その湾に流れ込む	**flow** into the bay
□□□ 0564 液体の薬	a **liquid** medicine
□□□ 0565 平和を維持する	**maintain** peace
□□□ 0566 明らかなうそ	an **obvious** lie
□□□ 0567 場所を占める	**occupy** space
□□□ 0568 より多くの時間を必要とする	**require** more time
□□□ 0569 固体物	a **solid** object
□□□ 0570 安定した職	a **steady** job

available のさまざまな表現

available には次のようなさまざまな表現がある。

Is Mr. Yamanishi available?「(電話で) 山西さんはいらっしゃいますか」

Is this seat available?「この席は空いていますか」

Only available for today「本日限り利用可能」

I'm not available right now.「いま手が離せません」

available [əvéiləbl アヴェイラブル]	形 (…にとって)利用できる、入手できる(to) ▶ avàilabílity 名 利用できること
contain [kəntéin コンテイン]	他 を含む、入れている
flow [flóu フロウ]	自 流れる 名 流れ
liquid [líkwəd リクウィド] 発	形 液体の、液状の 名 液体
maintain [meintéin メインテイン]	他 ①を維持する、持続する ②を整備する ▶ maíntenance 名 維持、保全
obvious [ábviəs アブヴィアス] ア	形 明らかな、明白な(＝pláin) ▶ óbviously 副 明らかに
occupy [ákjəpài アキュパイ] ア	他 ①を占める、に居住する ②を占領する ▶ occupátion 名 職業、占領
require [rikwáiər リクワイア]	他 ①を必要とする、(すること)が必要である(doing)、 (…ということ)を要求する(that節) require A to do Aに…するよう要求する ▶ reqúirement 名 必要条件
solid [sáləd サリド]	形 固体の、堅い 名 固体、固形物
steady [stédi ステディ] 発	形 ①安定した、一定の ②固定された、しっかりした

STEP
15

 maintainとpreserve

maintainは「定期的な点検や修繕により、よい状態に保つこと」、preserveは「変化しないように危害等から守ること」を意味する。したがって、preserve the forestは「森林を(手を加えず)そのままの状態に保存する」、maintain the forestは「(伐採など、手を加えることにより)森林を維持する」というニュアンスになる。

考えや意図を伝える ❷

複数のものについて話す

□□□ 0571 都市を結ぶ	**connect** cities
□□□ 0572 私のものと違う	**differ** from mine
□□□ 0573 代わりの手段	an **alternative** means
□□□ 0574 危険を伴う	**involve** risks
□□□ 0575 10代に特有の	**typical** of teenagers
□□□ 0576 2つの集団を統合させる	**unite** the two groups
□□□ 0577 さまざまな理由で	for **various** reasons
□□□ 0578 違いを強調する	**emphasize** the difference
□□□ 0579 絶対に正しい	**absolutely** right
□□□ 0580 アクセントを加える	add an **accent**

物事を強調する

alternativeのニュアンス

alternativeは「主流ではないもの、既存の型にとらわれないもの、伝統を打ち破ろうとするもの」というニュアンスがある。例えば、注文するとすぐに食事が出てくるfast food「ファストフード」に対するslow food「スローフード」などが、alternativeの一例。

connect [kənékt コネクト]	他 を結ぶ、接続する connect A with [to] B　AをBと結びつける、接続する ▶ connéction 名 関係、接続
differ [dífər ディファ] ⑦	自 (…と)違う、異なる(from, with) ▶ dífferent 形 違った ▶ dífference 名 違い
alternative [ɔːltə́ːrnətiv オールターナティヴ] 発 ⑦	形 代わりの、どちらか1つを選ぶべき 名 代わりの手段、二者択一
involve [inválv インヴァルヴ]	他 ①を伴う、含む　②を巻き込む be involved in A　Aにかかわっている ▶ invólvement 名 かかわり合い
typical [típikəl ティピカル] 発	形 ①(…に)特有の(of)　②典型的な ▶ týpically 副 典型的に
unite [juːnáit ユーナイト]	他 を統合させる、結合させる、団結させる ▶ únion 名 労働組合
various [véəriəs ヴェアリアス]	形 さまざまな、多様な ▶ varíety 名 さまざま ▶ váry 自 異なる
emphasize [émfəsàiz エンファサイズ]	他 を強調する、力説する ▶ émphasis 名 強調
absolutely [ǽbsəlùːtli アブソルートリ]	副 ①絶対に　②まったく　③《否定文で》全然 ▶ ábsolute 形 完全な
accent [ǽksent アクセント]	名 ①アクセント　②強調(点)　③なまり

STEP 15

"United" States of America

　アメリカ合衆国の正式名称は、the United States of Americaだが、これはstate「州」がunited「結合されて」成り立っている国家だからである。

　アメリカでは州ごとに法律や規則や免許などが違う。州は自律性が高く、通貨と外交以外は独自の権限を有している。原則として教育、福祉、警察、民法等を管轄しており、州ごとに固有の憲法と州兵をもつ。すなわち、「主権を共有しながらも独立した主体」とされている。

学習日 ／ ／ ／ **193**

ものに働きかける

□□□ 0581 グラスを持ち上げる	**lift** a glass
□□□ 0582 ジャケットをかける	**hang** a jacket
□□□ 0583 かばんを置く	**lay** a bag
□□□ 0584 その紙を折りたたむ	**fold** the paper
□□□ 0585 ボタンを押す	**press** the button
□□□ 0586 彼の指を突きさす	**stick** his finger
□□□ 0587 ベルを取りつける	**fix** a bell
□□□ 0588 洪水を引き起こす	**trigger** floods
□□□ 0589 贈りものを包む	**wrap** the gift
□□□ 0590 雪を取り除く	**remove** snow

lieとlay

　lieは「横たわって休む」という意味の自動詞、layは「を置く、横たえる」という意味の他動詞。lieはlie-lay-lainと活用。すなわちlieの過去形とlayの原形が同じ形になるので注意しよう。

lift [líft リフト]	他 を持ち上げる（⇔ lówer を降ろす） 名 持ち上げること、《英》エレベーター
hang [hǽŋ ハング] 活 hung-hung [hʌ́ŋ ハング]	他 ① をかける 　② 《活 hanged-hanged》を絞首刑にする 自 かかっている
lay [léi レイ] 活 laid-laid	他 ① を置く、横たえる　② (卵)を産む 自 卵を産む
fold [fóuld フォウルド]	他 ① を折りたたむ（⇔ ópen, spréad を開く） 　② (腕など)を組む
press [prés プレス]	他 自 (を)押す、押しつける 名 報道機関、マスコミ ▶ préssure 名 圧力
stick [stík スティク]	他 ① を(…に)突きさす(in, through)　② を貼る 自 ① (ものが)(…に)くっつく(to)　② 動かない 名 棒、つえ
fix [fíks フィクス]	他 ① を取りつける、固定する　② を修理する 　③ を決定する
trigger [trígər トリガ]	他 を引き起こす、のきっかけになる 名 引き金
wrap [rǽp ラプ] 発	他 を包む、くるむ 自 (暖かい服に)くるまる 名 (食べものなどの)ラップ、包装 ▶ wrápping 名 包装紙
remove [rimú:v リムーヴ]	他 を取り除く、片づける ▶ remóval 名 取り除くこと

STEP
15

fix のもう1つの意味

fix には fix the date for the meeting のように、「(会議などの) 日時を決定する」という意味もある。日本語でも「会う時間をフィックスする」などカタカナ語で使われることが増えてきた。

事実や情報を伝える ❸

<table>
<tr><td>人との関係について話す</td><td>□□□ 0591
君の友達といっしょに行く</td><td>**accompany** your friend</td></tr>
<tr><td></td><td>□□□ 0592
私たちの家族のきずな</td><td>our family **bond**</td></tr>
<tr><td></td><td>□□□ 0593
強敵</td><td>a strong **enemy**</td></tr>
<tr><td></td><td>□□□ 0594
安全を保証する</td><td>**guarantee** safety</td></tr>
<tr><td></td><td>□□□ 0595
相互の尊重</td><td>**mutual** respect</td></tr>
<tr><td>時間について話す</td><td>□□□ 0596
短い滞在</td><td>a **brief** stay</td></tr>
<tr><td></td><td>□□□ 0597
ただちに報告する</td><td>**immediately** report</td></tr>
<tr><td></td><td>□□□ 0598
小休止する</td><td>take a **pause**</td></tr>
<tr><td></td><td>□□□ 0599
臨時の仕事</td><td>a **temporary** job</td></tr>
<tr><td></td><td>□□□ 0600
緊急の会議</td><td>an **urgent** meeting</td></tr>
</table>

 accompany の語法

accompanyは、受け身の文で使われることも多い。

The President was accompanied by his family.

「大統領は、家族を連れてきていた」

accompany [əkʌ́mpəni アカンパニ]	他 ①といっしょに行く、についていく ②《be accompanied by で》に伴って起こる、付随する
bond [bɑ́nd バンド]	名 きずな、結びつき 他 自 (を)結合する、接着する
enemy [énəmi エネミ]	名 敵(⇔fríend 友、味方)
guarantee [gæ̀rəntíː ギャランティー] ⑦	他 を保証する、約束する 名 保証、保証書
mutual [mjúːtʃuəl ミューチュアル]	形 ①相互の、互いの ②共同の、共通の
brief [bríːf ブリーフ]	形 ①短い、短時間の ②簡潔な
immediately [imíːdiətli イミーディエトリ] 発	副 ①ただちに、即座に ②直接に、じかに ▶ immédiate 形 即座の、直接の
pause [pɔ́ːz ポーズ] 発	名 小休止、途切れ 自 休止する
temporary [témpərèri テンポレリ]	形 臨時の、一時的な(⇔pérmanent 永久の)
urgent [ə́ːrdʒənt アーヂェント]	形 緊急の、急を要する

STEP
15

 brief

　briefはもともと「短い」が原義。そこから「短い報告」「(ローマ教皇の)書簡」といった意味が派生し、こうした書類を入れるかばんのことをbriefcase(ブリーフケース)と呼ぶようになった。なお、男性の短い下着のことを「ブリーフ」と言うが、英語ではbriefsと複数形で言う。

学習日 ／ ／ ／ **197**

ものの様子・状態について話す	0561 その古いボートは彼がその島に到達するために利用できる唯一の方法だった。	The old boat was his only <u>available means</u> of getting to the island.
	0562 アイスクリームは脂肪と砂糖を含むのであなたの健康にはよくない。	Ice cream <u>contains fat</u> and sugar, so it's not good for your health.
	0563 たくさんのサケがその湾に流れ込む川で卵を産む。	Many salmon lay eggs in the river that <u>flows into the bay</u>.
	0564 その子は頭痛のため液体の薬を飲んだ。	The child took a <u>liquid medicine</u> for her headache.
	0565 その地域で平和を維持するためにその団体が呼ばれた。	The group was called in to <u>maintain peace</u> in the area.
	0566 その先生は、生徒が明らかなうそを言ったときに怒った。	The teacher got angry when the student told <u>an obvious lie</u>.
	0567 私たちは床で場所を占めているおもちゃを片付けるべきだ。	We should get rid of the toys that <u>occupy space</u> on the floor.
	0568 授業用のこのレポートを仕上げるのに、多分より多くの時間を必要とするだろう。	I probably will <u>require more time</u> to finish this report for class.
	0569 医者は赤ちゃんの胃からその固体物を取り除いた。	The doctor removed <u>the solid object</u> from the baby's stomach.
	0570 ウォルトは今、ガソリンスタンドで働くという安定した職についている。	Walt now has a <u>steady job</u> working at a gas station.
複数のものについて話す	0571 アメリカは都市を相互に結ぶ列車をもっと必要としている。	America needs more trains to <u>connect cities</u> to each other.
	0572 エイミーの制服が私のものと違っているのは、彼女のはより新しいからだ。	Amy's uniform <u>differs from mine</u> because hers is newer.
	0573 私たちはその問題を解決する代わりの手段を見つける必要がある。	We need to find <u>an alternative means</u> of solving the problem.
	0574 この計画は危険を伴うが、私たちはそれを試すべきだとまだ思っている。	This plan <u>involves risks</u>, but I still think we should try it.
	0575 アランは朝早く起きるのが嫌いだが、それは10代に特有のことだ。	Allan hates to wake up early in the morning, but that is <u>typical of teenagers</u>.
	0576 その会社は、2つのチームを1つの部門に統合させたい。	The company wants to <u>unite the two teams</u> into one department.
	0577 彼女はさまざまな理由でパーティーに出席しないことを決めた。	She decided not to attend the party <u>for various reasons</u>.
物事を強調する	0578 その広告は他の商品との違いを強調した。	The advertisement <u>emphasized the difference</u> from other products.
	0579 あなたが言っていることは、絶対に正しい。	What you are saying is <u>absolutely right</u>.
	0580 このネクタイはあなたのスーツに色のアクセントを加えるでしょう。	This tie will <u>add an accent</u> of color to your suit.

☐ 0581	さあ、グラスを持ち上げて、マリアとドミトリの結婚を祝しましょう！	Let's <u>lift a glass</u> in honor of the marriage of Malia and Demitri!
☐ 0582	ジャーナリストは、ジャケットをいすの背もたれにかけた。	The journalist <u>hung his jacket</u> on the back of his chair.
☐ 0583	あなたの服が汚れないように、かばんを地面に置いてその上に座りなさい。	<u>Lay a bag</u> on the ground to sit on so your clothes don't get dirty.
☐ 0584	彼女は封筒に入れる前に、その紙を注意深く折りたたんだ。	She carefully <u>folded the paper</u> before putting it into the envelope.
☐ 0585	その赤ちゃんは、家族が止める前にボタンを押した。	The baby <u>pressed the button</u> before his family stopped him.
☐ 0586	その男の子は、トーストの上のジャムの中に彼の指を突きさした。	The boy <u>stuck his finger</u> into the jam on the toast.
☐ 0587	私の自転車にベルを取りつける必要がある。	I need to <u>fix a bell</u> to my bike.
☐ 0588	もし雪が急速に溶けたら、温暖な気候は洪水を引き起こすかもしれない。	The warm weather may <u>trigger floods</u> if the snow melts too quickly.
☐ 0589	パーティーでペニーに贈りものを渡す前に包むべきだ。	We should <u>wrap the gift</u> before giving it to Penny at her party.
☐ 0590	その男性は私たちに、屋根から雪を取り除くのを手伝うように頼んだ。	The man asked us to help <u>remove snow</u> from the roof.

STEP
15

☐ 0591	君の友達といっしょに、君は電車の駅に行くべきだ。	You should <u>accompany your friend</u> to the train station.
☐ 0592	兄と私は遠く離れて住んでいるにもかかわらず、私たちの家族のきずなは強い。	<u>Our family bond</u> is strong even though my brother and I live far apart.
☐ 0593	その小さい軍隊は、より多くの武器を持った強敵を倒すことができた。	The small army was able to defeat <u>a strong enemy</u> that had more weapons.
☐ 0594	あの航空会社は乗客の安全を保証している。	That airline company <u>guarantees the safety</u> of its passengers.
☐ 0595	生徒にとって、相互の尊重をもってお互いに接することは大事だ。	It is important for students to treat each other with <u>mutual respect</u>.

☐ 0596	私たちはオーストリアに旅行する前ドイツに短い滞在をするだろう。	We will have <u>a brief stay</u> in Germany before traveling to Austria.
☐ 0597	もし何かふつうでないものを見たら、ただちに先生に報告しなさい。	If you see anything unusual, <u>immediately report</u> it to your teacher.
☐ 0598	彼女は適切なことばを思いつくよう、書いている間に小休止した。	She <u>took a pause</u> while writing to come up with the right words.
☐ 0599	ロブは夏休みの間、荷物を運ぶ臨時の仕事を得た。	Rob got <u>a temporary job</u> delivering packages during his summer break.
☐ 0600	そのマネージャーは、人々に残業を求めるための緊急の会議を開いた。	The manager held <u>an urgent meeting</u> to ask people to work extra hours.

ものの外観について話す	□□□ 0601 明らかな変化	an **apparent** change
	□□□ 0602 さまざまな側面	various **aspects**
	□□□ 0603 巨人と戦う	fight a **giant**
	□□□ 0604 独特の模様	a unique **pattern**
頻度について話す	□□□ 0605 頻繁な訪問	**frequent** visits
	□□□ 0606 ときどき遅い	**sometimes** late
	□□□ 0607 コンサートの間ずっと	**throughout** the concert
限定する	□□□ 0608 数を制限する	**limit** the number
	□□□ 0609 ほんの子ども	**merely** a child
	□□□ 0610 わずかな遅れ	a **slight** delay

apparentの2つの意味

apparentは通常、補語のときには「明らかな」の意味、名詞の直前に置いて修飾するときには「外見上の、見せかけの」という意味になる。

It is apparent that she told a lie. 「彼女が嘘をついたのは明らかだ」
Don't be fooled by his apparent friendliness.
「彼の見せかけの親しみやすさにだまされてはいけない」

610 !!

apparent [əpǽrənt アパレント] 発 ア	形 ①明らかな　②外見上の、見せかけの ▶ appárently 副 見たところでは…らしい ▶ appéar 自 ①に見える　②現れる
aspect [ǽspekt アスペクト] ア	名 側面、様相
giant [dʒáiənt ヂャイアント]	名 ①巨人　②大企業[組織]、偉大な人 形 巨大な
pattern [pǽtərn パタン] 発 ア	名 模様、型、傾向
frequent [frí:kwənt フリークウェント]	形 頻繁な、たびたびの ▶ fréquency 名 頻度、頻発 ▶ fréquently 副 頻繁に
sometimes [sámtàimz サムタイムズ]	副 ときどき
throughout [θru:áut スルーアウト] ア	前 ①の間ずっと　②の至る所に 副 ①ずっと、終始　②至る所
limit [límət リミト]	他 を制限する 名 限界、制限 ▶ límited 形 限られた ▶ limitátion 名 限定
merely [míərli ミアリ]	副 ほんの、ただ単に ▶ mére 形 単なる
slight [sláit スライト]	形 わずかな

STEP
16

slight の別の意味

slight には、「(人が) ほっそりした」、あるいは 「(物事が) 取るに足らない」 という意味もある。

a slight girl 「ほっそりした少女」
a slight issue 「取るに足らない問題」

事実や情報を伝える ❺

人の性格を表す

□□□ 0611 攻撃的になる	turn **aggressive**
□□□ 0612 勇敢な旅行者	a **bold** traveler
□□□ 0613 君のことを知りたがる	**curious** about you
□□□ 0614 正直な助言	**honest** advice
□□□ 0615 積極的な態度	**positive** attitude
□□□ 0616 本気になる	get **serious**
□□□ 0617 短気	a short **temper**

事務手続きについて話す

□□□ 0618 そのファイルにアクセスする	have **access** to the file
□□□ 0619 彼らの婚姻を登録する	**register** their marriage
□□□ 0620 彼の申請を拒絶する	**reject** his application

---

 curiousを使ったことわざ

curious「もの好きな、詮索好きな」という悪い意味でも用いる。イギリスには、Curiosity killed the cat.「好奇心はネコを殺す」のことわざがある。英語にはほかにA cat has nine lives.「ネコは9つの命をもっている」という言い回しがあるが、Cusiosity killed the cat.は、9つの命をもつネコですら、好奇心で身を滅ぼすことがある、という意味のことわざである。

aggressive [əgrésiv アグレスィヴ]	形 攻撃的な、乱暴な ▶ aggréssively 副 攻撃的に、積極的に
bold [bóuld ボウルド] 発	形 ① 勇敢な、大胆な　② あつかましい　③ 際立った ▶ bóldness 名 大胆さ
curious [kjúəriəs キュアリアス]	形 ① (…のことを)知りたがる、(…について)好奇心の強い 　(about) 　② 奇妙な ▶ curiósity 名 好奇心
honest [ánəst アネスト] 発	形 正直な ▶ hónesty 名 正直
positive [pázətiv パズィティヴ]	形 ① 積極的な、肯定的な(⇔ négative 否定的な) 　② よい ▶ pósitively 副 積極的に
serious [síəriəs スィアリアス] 発	形 ① 本気の、まじめな　② 重大な ▶ sériously 副 まじめに
temper [témpər テンパ]	名 ① 気分、気質　② 短気、怒りっぽい性格 　lose *one*'s temper　腹を立てる
access [ǽkses アクセス]	名 ① アクセス、利用する権利[方法] 　② (ある場所への)交通の便　③ 接近、立ち入り 他 (データなど)にアクセスする ▶ accèssibílity 名 入手しやすさ
register [rédʒəstər レヂスタ]	他 自 (を)登録する、記録する 名 記録簿 ▶ règistrátion 名 登録
reject [ridʒékt リヂェクト]	他 を拒絶する[断る] ▶ rejéction 名 拒絶

STEP
16

temper

temperは、He has a temper.「彼は短気だ」のように単独で使うと「短気だ」という意味だが、an even temperとすると「おだやかな気質」となる。また、lose one's temperという表現は「カッとなる、怒る」という意味で、「短気ではなくなる」ではない。紛らわしいので、一つひとつチャンクで使い方を覚えるようにしよう。

ものを得る・受け入れる	□□□ 0621 支持を得る	**gain** support
	□□□ 0622 コインを拾い上げる	**pick** up a coin
	□□□ 0623 よい成績を取得する	**obtain** a good mark
	□□□ 0624 水を吸収する	**absorb** water
買いものをする	□□□ 0625 品目を選ぶ	**select** an item
	□□□ 0626 財布を持ってくる	bring my **purse**
	□□□ 0627 10％の割引を受ける	get a 10% **discount**
	□□□ 0628 手頃な価格	a **reasonable** price
	□□□ 0629 車を買う余裕がない	can't **afford** to buy a car
	□□□ 0630 料金を支払う	pay a **charge**

affordの使い方

affordは、主に否定文、疑問文で用いる。

cannot afford to buy a private plane 「自家用機を買う余裕がない」

なお、後ろには afford to do と to不定詞のほか、名詞を目的語にとることもある。

cannot afford a house 「家を買う余裕がない」

gain [géin ゲイン]	他 を得る (⇔ lóse を失う) 自 (体重などが)増える 名 ① 増加　② もうけ高、利益
pick [pík ピク]	他 自 ① (を)拾い上げる (up)　② (を)選ぶ ③ (花など) (を)摘む
obtain [əbtéin オブテイン]	他 を取得する、得る (= gét)
absorb [əbsɔ́:rb アブソーブ]	他 ① を吸収する　② を夢中にさせる、の心を奪う be absorbed in A　A に夢中である ▶ absórption 名 ① 吸収、合併　② (…への)没頭、夢中 (in)
select [səlékt セレクト]	他 を選ぶ (= chóose) 形 上質の、選び抜かれた ▶ seléction 名 選択
purse [pə́:rs パース]	名 ① 財布　② 《米》ハンドバッグ
discount [dískaunt ディスカウント] ⑦	名 割引 他 を割引する
reasonable [rí:zənəbl リーズナブル]	形 ① (価格が)手頃な、適当な、妥当な ② 筋の通った、道理をわきまえた ▶ réason 名 理由
afford [əfɔ́:rd アフォード]	他 《否定文・疑問文で》を (する)余裕がある、持つ余裕がある (to do) ▶ affórdable 形 (値段が)手ごろな
charge [tʃá:rdʒ チャーヂ]	名 ① 料金　② 責任、監督　③ 告発、非難 他 ① を請求する ② 《be charged with で》 (責任など)を負う 自 請求する in charge of A　A を担当して

STEP 16

🐻 gain と get

▶ gain : (主に)努力や競争の末に手に入れ、その量がだんだんと増えること
▶ get : いろいろな手段で手に入れること。なお、gain には次のような表現もある
gain weight by 1 kg「体重が1キロ増える」
My watch gains 4 minutes a day.「私の時計は1日4分進む」

事実や情報を伝える ❻

情報を伝える

□□□ 0631 出来事を君に知らせる	**inform** you of what happened
□□□ 0632 たとえば	for **instance**
□□□ 0633 概要を示す	show the **outline**
□□□ 0634 君の能力を証明する	**prove** your ability

プラスの特性について話す

□□□ 0635 正確な記録	an **accurate** report
□□□ 0636 バランスを保つ	maintain a **balance**
□□□ 0637 神聖な場所	a **holy** place
□□□ 0638 ぜいたくに暮らす	live in **luxury**
□□□ 0639 純金	**pure** gold
□□□ 0640 安定したいす	a **stable** chair

ハリウッド

　映画撮影所が多く集まるロサンゼルス北西部の Hollywood「ハリウッド」は、昔は「聖林」と書かれることがあった。これは、「ヒイラギモチの木」を意味する holly を holy「聖なる」と間違えたことに由来するとされる。

inform [infɔ́:rm インフォーム]	他 に知らせる、告げる inform A of[about] B　AにBについて知らせる ▶ informátion 名 情報
instance [ínstəns インスタンス]	名 (事)例 for instance　たとえば
outline [áutlàin アウトライン]	名 概要、輪郭 他 の要点を述べる、輪郭を描く
prove [prú:v プルーヴ] 発	他 を証明する、(…ということ)を証明する(that節、 wh-節) 自 (であると)判明する(to be) ▶ próof 名 証明
accurate [ǽkjərət アキュレト] 発 ア	形 正確な ▶ áccuracy 名 精度
balance [bǽləns バランス]	名 バランス、つり合い 自 つり合う 他 のつり合いをとる
holy [hóuli ホウリ]	形 神聖な、聖なる ▶ hóliness 名 神聖さ
luxury [lʌ́kʃəri ラクシャリ] ア	名 ①ぜいたく、《形容詞的に》豪華な、ぜいたくな ②快楽、満足 ▶ luxúrious 形 ぜいたくな
pure [pjúər ピュア]	形 ①純粋な　②きれいな、汚れていない ▶ púrify 他 を浄化する
stable [stéibl ステイブル]	形 安定した、永続的な ▶ stabílity 名 安定(性)

STEP
16

stable の名詞の意味

stable には、「(馬の)厩舎」の意味がある。また、stable は「(同じ指導者や管理者の下にある)人々の一団」という意味があり、「相撲部屋」という意味でも使われる。

Dewanoumi stable「出羽の海部屋」

例文でCHECK!!

ものの外観について話す	0601	だれも私の髪の色の明らかな変化について質問しなかった。	Nobody asked about my apparent change in hair color.
	0602	その経営者は新しい従業員に仕事のさまざまな側面を説明した。	The manager explained various aspects of the job to the new worker.
	0603	その英雄は山に住む巨人と戦った。	The hero fought a giant that lived in the mountains.
	0604	この蝶は、羽に独特の模様がある。	This butterfly has a unique pattern on its wings.
頻度について話す	0605	ケンドラは心臓の問題のため、その医者への頻繁な訪問を行っている。	Kendra makes frequent visits to the doctor because of her heart problem.
	0606	私の父は仕事から家に帰るのがときどき遅くなる。	My father is sometimes late getting home from work.
	0607	両親にとって驚いたことに、その赤ちゃんはコンサートの間ずっと静かにしていた。	To the surprise of her parents, the baby kept quiet throughout the concert.
限定する	0608	彼らは会議に参加できる人の数を制限した。	They limited the number of people who could attend the meeting.
	0609	彼は母親を覚えていない。彼女は彼がほんの子どものときに死んだのだ。	He doesn't remember his mother, who died when he was merely a child.
	0610	休日のため、注文の品の配達にわずかな遅れが発生した。	The holiday caused a slight delay in delivering the order.
人の性格を表す	0611	男の子たちは攻撃的になり、互いにけんかをし始めた。	The boys turned aggressive and started fighting with each other.
	0612	カートは勇敢な旅行者で、よくひとりでアフリカへ行く。	Curt is a bold traveler and often goes to Africa alone.
	0613	クラスの女の子たちは全員、君のことを知りたがっている。	All the girls in the class are curious about you.
	0614	ファーザドは医学部に入学する見込みについて、正直な助言がほしかった。	Farzad wanted honest advice about his chances of getting into medical school.
	0615	彼女の積極的な態度は、彼女が学校でとても人気があることに貢献している。	Her positive attitude has helped make her very popular at school.
	0616	そのチームは最初の試合に勝ったあと、トーナメントで本気になった。	The team got serious about the tournament after winning the first match.
	0617	クライドは短気で、よく先生に向かって怒る。	Clyde has a short temper and often gets angry at his teachers.
事務手続きについて話す	0618	事務所のほんの数人だけがそのファイルにアクセスすることができる。	Only a few people in the office can have access to the file.
	0619	そのカップルは結婚式をしたあと、市役所で彼らの婚姻を登録した。	The couple registered their marriage at city hall after a ceremony.
	0620	アレックスは大学が彼の申請を拒絶したことに動揺した。	Alex was upset that the university rejected his application.

ものを得る・受け入れる	0621	その社長は、彼の新しい計画について支持を得ようと試みている。	The principal is trying to <u>gain support</u> for his new plan.
	0622	彼は娘に、床からコインを拾い上げるように頼んだ。	He asked his daughter to <u>pick up a coin</u> from the floor.
	0623	サウルは数学でよい成績を取得したい。	Saul wants to <u>obtain a good mark</u> in mathematics.
	0624	このタオルはよく水を吸収しないので、私には新しいタオルが必要だ。	This towel does not <u>absorb water</u> well, so I need a new one.
買いものをする	0625	エレンは実際に店で見たあと、インターネットでひとつの品目を選んだ。	Ellen <u>selected an item</u> on the Internet after looking at one in a store.
	0626	財布を持ってこなかったので、お金がありません。	I didn't <u>bring my purse</u> so I have no money.
	0627	50ドルを超えて支払うと、誰でも10%の割引を受けられる。	Anyone who spends over $50 will <u>get a 10% discount</u>.
	0628	私は手頃な価格でジョンから中古車を買った。	I got a used car from John at <u>a reasonable price</u>.
	0629	私は車を買う余裕がないので、毎日バスに乗って仕事に行く。	I <u>can't afford to buy a car</u>, so I ride the bus to work every day.
	0630	もう1日滞在したければ、あなたは追加料金を支払わなければならない。	You must <u>pay an</u> extra <u>charge</u> if you want to stay another day.
情報を伝える	0631	私は会議での出来事を君に知らせたかった。	I wanted to <u>inform you of what happened</u> at the meeting.
	0632	君は、たとえばバターなど油っぽい食べものを食べるのを減らすべきだ。	You should eat less oily foods, <u>for instance</u>, butter.
	0633	すべてを書く前に、先生にそのレポートの概要を示しなさい。	<u>Show the outline</u> of the report to the teacher before writing everything down.
	0634	投票でチームのキャプテンに選ばれる前に、君の能力を証明する必要がある。	You need to <u>prove your ability</u> before you can be voted captain of the team.
プラスの特性について話す	0635	警察はどのようにしてその事故が起こったかという正確な記録をほしがった。	The police wanted <u>an accurate report</u> of how the accident happened.
	0636	仕事での務めと家庭での務めのバランスを保つことは困難だ。	It is hard to <u>maintain a balance</u> between work and family duties.
	0637	ストーンヘンジはおそらく昔の人々にとって、神聖な場所だった。	Stonehenge was probably <u>a holy place</u> to ancient people.
	0638	彼は貧しい家庭で育ったが、今はぜいたくに暮らしている。	He came from a poor family, but now he <u>lives in luxury</u>.
	0639	柔らかい金属であるため、ほとんどの指輪は純金で作られていない。	Most rings are not made of <u>pure gold</u> because it is a soft metal.
	0640	テアは電球を取り換えるために安定したいすの上に立った。	Thea stood on <u>a stable chair</u> to change the light bulb.

事実や情報を伝える 7

学習について話す

□□□ 0641 直角	the right **angle**
□□□ 0642 対策をとる	take **measures**
□□□ 0643 満点	a perfect **score**
□□□ 0644 古いことわざ	an old **proverb**
□□□ 0645 調査を行う	**conduct** research

歴史・時代について話す

□□□ 0646 明治時代	the Meiji **era**
□□□ 0647 原始時代	the **primitive** age
□□□ 0648 古代文明	an ancient **civilization**
□□□ 0649 独立を宣言する	**declare** independence
□□□ 0650 記念碑を建てる	raise a **monument**

 eraとperiod

eraとperiodはどちらも「時代」を意味するが、eraは「ある重要な出来事や人物で特徴づけられる期間」を意味し、periodは「歴史上の特定の時代名」を意味する。

the Showa era「昭和（天皇の）時代」　　　**the Nara period**「奈良時代」

angle [ǽŋɡəl アングル]	图 角度、かど
measure [méʒər メジャ] 発	图 ①《measures で》(…に対する)対策(against) 　　②寸法 他 を測定する ▶ méasurement 图 量、寸法
score [skɔ́ːr スコー]	图 ①得点　②楽譜 他 を取る 自 得点する
proverb [právəːrb プラヴァーブ]	图 ことわざ
conduct [kəndʌ́kt コンダクト] ア	他 ①を行う、管理する　②を導く、案内する 自 導く、案内する 图 [kándəkt カンダクト] 行い、行為 ▶ condúctor 图 指揮者
era [íərə イアラ] 発	图 時代、年代
primitive [prímətiv プリミティヴ]	形 ①原始(時代)の　②原始的な
civilization [sivələzéiʃən スィヴィリゼイション]	图 文明
declare [dikléər ディクレア]	他 ①を宣言する　②を明言する 　　③(課税品など)を申告する ▶ declarátion 图 宣言
monument [mánjəmənt マニュメント]	图 記念碑

STEP
17

🐻 civilizationとculture

civilization「文明」は、「社会が高度に進んだ状態」を表し、主に物質面・経済面での発展に重点が置かれるのに対し、culture「文化」はある地域や時代、国の生活様式全般、特に精神的な活動に重点が置かれる。

考えや意図を伝える ❺

対応する	□□□ 0651 光に反応する	**react** to light
	□□□ 0652 テーブルを移す	**shift** the table
	□□□ 0653 時代に適応する	**adapt** to the times
ものを移動する	□□□ 0654 乗客を運搬する	**convey** passengers
	□□□ 0655 テーブルを引きずる	**drag** the table
	□□□ 0656 食べものを分配する	**distribute** food
	□□□ 0657 郵便物を配達する	**deliver** mail
周囲に働きかける	□□□ 0658 船を捕える	**capture** a ship
	□□□ 0659 君の健康に影響を与える	**affect** your health
	□□□ 0660 彼の話をさえぎる	**interrupt** his talk

shift

shiftは「場所を移動する」という意味が原義。野球で「バントシフト」などと言うが、これは、バントに備えて内野陣が守備位置を移動することを意味する。また、shiftは仕事の勤務時間を表すこともある。

the night shift「夜勤」

work in shift「シフト制で働く」

react [riǽkt リアクト]	自 ① (…に)反応する(to) ② (…に)反発する、反抗する(against) ▶ reáction 名 反応
shift [ʃíft シフト]	他 ①を移す ②を変える[変更する] 自 移る 名 ①変化、変更 ②シフト、交代制
adapt [ədǽpt アダプト]	自 (…に)適応する(to) 他 を適応させる
convey [kənvéi コンヴェイ]	他 ①を運搬する ② (意味・感情など)を伝える
drag [drǽg ドラグ]	他 を引きずる、引っ張る
distribute [distríbju:t ディストリビュート] 🅐	他 を(…に)分配する、配る(to) ▶ distribútion 名 分配
deliver [dilívər ディリヴァ]	他 ①を配達する ② (演説など)をする 自 配達する ▶ delívery 名 配達
capture [kǽptʃər キャプチャ]	他 ①を捕える ②を引きつける ③ (場面・雰囲気など)をうまく表現する 名 ①捕獲 ②獲物
affect [əfékt アフェクト]	他 ①に影響を与える ②の心を動かす ▶ afféction 名 愛情
interrupt [intərápt インタラプト] 🅐	他 自 (を)さえぎる、邪魔する、妨げる ▶ interrúption 名 邪魔、妨害

STEP
17

🐻 convey の名詞形

convey の名詞形は conveyor。「ベルトコンベア」は日本語でも定着しているが、英語では conveyor belt と、逆の語順になるのがふつう。ちなみに、回転ずしのことを conveyor belt sushi と言う。

考えや意図を伝える ❻

□□□ 0661 あなたの皮膚に損害を与える	do **damage** to your skin
□□□ 0662 喫煙を思いとどまらせる	**discourage** smoking
□□□ 0663 可能性を排除する	**eliminate** the possibility
□□□ 0664 運転手を罰する	**punish** the driver
□□□ 0665 子どもたちを怖がらせる	**scare** children
□□□ 0666 そのイヌをたたく	**beat** the dog
□□□ 0667 時間を浪費する	**waste** time

決定・指示する

□□□ 0668 謝罪を要求する	**demand** an apology
□□□ 0669 静寂を命じる	**command** silence
□□□ 0670 仕事を割り当てる	**assign** work

beatの第二義

beatの基本的な意味は「繰り返したたく」の意味で、そこから派生して「相手を打ち破る」という意味が生じた。

Mariners beat Yankees 3–1.「マリナーズはヤンキーズに3対1で勝った」

damage [dǽmidʒ ダミヂ] 発 ア	名 損害、被害 他 に損害を与える
discourage [diskɔ́ːridʒ ディスカーリヂ]	他 ①を思いとどまらせる、に(することを)やめさせる (from *doing*) ②をがっかりさせる
eliminate [ilímənèit イリミネイト] ア	他 ①を(…から)排除する、除去する(from) ②《be eliminatedで》敗退する ▶ eliminátion 名 排除、除去
punish [pʌ́niʃ パニシュ]	他 を(…のために)罰する(for) ▶ púnishment 名 罰
scare [skéər スケア]	他 を怖がらせる 自 おびえる ▶ scáry 形 おそろしい
beat [bíːt ビート] 変 beat-beaten	他 ①をたたく、打つ ②を打ち破る、負かす 自 たたく、打つ 名 たたく[打つ]こと、打つ音
waste [wéist ウェイスト]	他 を浪費する、むだに使う 名 ①浪費、むだ使い ②廃棄物 ▶ wásteful 形 むだに使う
demand [dimǽnd ディマンド]	他 を要求する、(すること)を要求する(to *do*)、(…ということ)を要求する(that節) 名 ①要求 ②需要
command [kəmǽnd コマンド]	他 ①を命じる、に(するように)命令する(to *do*) ②を支配する 名 ①命令 ②自由に使いこなす能力、支配力 ▶ commánder 名 指揮官、司令官
assign [əsáin アサイン]	他 ①を割り当てる ②《be assigned as[to]で》に任命される assign A B　AをBに割り当てる ▶ assígnment 名 宿題

STEP 17

command と order

commandとorderはいずれも「命令(する)」という意味だが、orderが「広く一般に命令を意味する」のに対し、commandは「地位のある人や上の人からの命令」、特に軍隊の命令に使われることが多い。人を表す名詞形のcommander「指揮官、司令官」は通常軍人に用いられる語だが、宇宙船の船長もこう呼ばれることもある。

程度について話す

□□□ 0671 密接に関係して	**closely** related
□□□ 0672 彼の全人生	his **entire** life
□□□ 0673 大声	a **loud** voice
□□□ 0674 小さい事故	a **minor** accident
□□□ 0675 速いペースで	at a fast **pace**
□□□ 0676 急速な成長	**rapid** growth
□□□ 0677 まれな事例	a **rare** case
□□□ 0678 十分な空間	**sufficient** space
□□□ 0679 ばく大な知識	**vast** knowledge
□□□ 0680 広範囲にわたる影響	**widespread** effect

minor

　海外のバーやカジノなどでは、No minors allowed. 「未成年入場禁止」といった注意書きが書かれていることがある。何歳までが未成年かは国によって異なる。たとえばアメリカのラスベガスではカジノ入場は21歳から許可されているが、韓国では19歳から可能である。ほかに、アメリカでは飲酒も21歳以上、イギリスでは18歳以上である。

680 !!

closely [klóusli クロウスリ]	副 ①密接に、綿密に　②接近して ▶ clóse 形 親密な、接近した
entire [intáiər インタイア]	形 全体の ▶ entírely 副 完全に
loud [láud ラウド] 発	形 ①(声・音が)大きい、うるさい(⇔lów 小さい) 　　②派手な 副 大きな音[声]で ▶ lóudly 副 やかましく、大声で
minor [máinər マイナ] 発	形 小さな方の、さほど重要でない(⇔májor 大きな 　方の) 名 未成年者 ▶ minórity 名 少数(派)
pace [péis ペイス]	名 ①ペース、速度、歩調　②1歩
rapid [rǽpəd ラピド]	形 急速な、速い(⇔slów 遅い) ▶ rápidly 副 急速に
rare [réər レア]	形 (貴重で)まれな、珍しい ▶ rárely 副 めったに…しない
sufficient [səfíʃənt サフィシェント] ア	形 十分な、必要なだけの(⇔insuffícient 不十分な)
vast [vǽst ヴァスト]	形 ばく大な、広大な(=húge, enórmous)
widespread [wáidspréd ワイドスプレド]	形 広範囲にわたる、広く普及した

STEP
17

🐻 特急と急行、各駅停車

　列車の英語表記は鉄道会社により異なるが、たとえばJRでは、快速をrapid、急行(現在はない)をexpress、特急をlimited expressとしている。limited expressは本来「座席指定(人数限定)の急行」を指しているが、日本の私鉄では、座席指定料金がかからない特急についてもlimited expressと呼んでいる例が多い。

学習について話す	☐ 0641	正方形には4つの直角がある。	A square has four <u>right</u> <u>angles</u>.
	☐ 0642	君はレポートの間違いを減らすため、対策をとるべきだ。	You should <u>take</u> <u>measures</u> to reduce errors in your reports.
	☐ 0643	メラニーは英語のテストで満点をとった。	Melanie got <u>a</u> <u>perfect</u> <u>score</u> on her English test.
	☐ 0644	あれは古いことわざだが、いまだに真実である。	That is <u>an</u> <u>old</u> <u>proverb</u>, but it is still true today.
	☐ 0645	その科学者は植物の遺伝について調査を行っている。	The scientist <u>is</u> <u>conducting</u> research about plant genetics.
歴史・時代について話す	☐ 0646	ラフカディオ・ハーンは明治時代の有名な作家だ。	Lafcadio Hearn was a famous author from <u>the</u> <u>Meiji</u> <u>era</u>.
	☐ 0647	たくさんの美しい石画が原始時代に作られた。	Many beautiful stone drawings were made in <u>the</u> <u>primitive</u> <u>age</u>.
	☐ 0648	その科学者たちはジャングルの中で古代文明の遺跡を見つけた。	The scientists found the ruins of <u>an</u> <u>ancient</u> <u>civilization</u> in the jungle.
	☐ 0649	1902年にキューバはスペインからの独立を宣言した。	In 1902, Cuba <u>declared</u> <u>independence</u> from Spain.
	☐ 0650	その市では、戦争で戦った人たちのために記念碑を建てる予定である。	The city will <u>raise</u> <u>a</u> <u>monument</u> to the men who fought in the war.
対応する	☐ 0651	これらの虫は光に反応して、逃げたり隠れようとしたりする。	These insects <u>react</u> <u>to</u> <u>light</u> by moving away and trying to hide themselves.
	☐ 0652	私たちは、6人のグループがここに座れるようにテーブルを移す必要がある。	We need to <u>shift</u> <u>the</u> <u>tables</u> so that a group of six can sit here.
	☐ 0653	その女性は時代に適応してコンピューターを使用することを拒んだ。	The woman refused to <u>adapt</u> <u>to</u> <u>the</u> <u>times</u> and use a computer.
ものを移動する	☐ 0654	空港へ乗客を運搬する無料のバスがある。	There is a free bus that <u>conveys</u> <u>passengers</u> to the airport.
	☐ 0655	持って運ぶには重すぎたので、彼女は部屋の向こうまでテーブルを引きずった。	She <u>dragged</u> <u>the</u> <u>table</u> across the room because it was too heavy to carry.
	☐ 0656	その慈善団体は貧しい家庭に食べものを分配している。	That charity <u>distributes</u> <u>food</u> to poor families.
	☐ 0657	地元の郵便局は日曜日に郵便物を配達しない。	The local post office does not <u>deliver</u> <u>mail</u> on Sundays.
周囲に働きかける	☐ 0658	警察は日本の国外へこっそりと金を運んでいる船を捕えた。	The police <u>captured</u> <u>a</u> <u>ship</u> secretly carrying gold out of Japan.
	☐ 0659	研究者は、睡眠不足は君の健康に影響を与える可能性があると述べている。	Researchers say that not having enough sleep can <u>affect</u> <u>your</u> <u>health</u>.
	☐ 0660	その生徒は質問をするために先生の話をさえぎった。	The student <u>interrupted</u> <u>the</u> <u>teacher's</u> <u>talk</u> to ask a question.

0661	日光は注意しなければあなたの皮膚に損害を与えうる。	Sunlight can do damage to your skin if you are not careful.
0662	その市は喫煙を思いとどまらせるためのプログラムを開始した。	The city started a program to discourage smoking.
0663	君はお金を失う可能性を排除するためにこの保険に入るべきだ。	You should buy this insurance to eliminate the possibility of losing money.
0664	法律制度は男の子をはねた運転手を罰するだろう。	The legal system will punish the driver that hit the boy.
0665	その幽霊の話は子どもたちを怖がらせ、よりよくふるまうようにさせる。	The ghost story scares children into behaving better.
0666	ある日、私は男がそのイヌをひどくたたいているのを見た。	One day, I saw a man beating the dog hard.
0667	ダグは入口の近くに駐車する場所を探そうとして、多くの時間を浪費した。	Doug wasted a lot of time trying to find a parking spot close to the entrance.

0668	その女優は彼女についての失礼なコメントに謝罪を要求した。	The actress demanded an apology for the rude comments about her.
0669	政治家はスピーチを始める前に静寂を命じた。	The politician commanded silence before starting his speech.
0670	部長は月曜日にその週の仕事を割り当てる。	The manager assigns work for the week on Mondays.

0671	トラとネコはお互いとても密接に関係している。	Tigers and cats are very closely related to each other.
0672	レオは、オハイオ州にある小さな町で彼の全人生を過ごした。	Leo lived his entire life in a small town in Ohio.
0673	アリは後ろで友達が大声で話したとき、飛び上がった。	Ali jumped when his friend spoke in a loud voice behind him.
0674	ジーナは自転車に乗って木にぶつかるという、小さい事故にあった。	Gina had a minor accident when she rode her bike into a tree.
0675	すべての走者は速いペースでレースを始めた。	All the runners started the race at a fast pace.
0676	戦争が終わってから、日本経済は急速な成長を遂げた。	The Japanese economy saw rapid growth after the war ended.
0677	ふたごの象が生まれるのはまれな事例だ。	It is a rare case when twin elephants are born.
0678	プリンターを机の上に置くのに、十分な空間がある。	There is sufficient space to put the printer on the desk.
0679	アイリスは植物を薬として使うことについて、ばく大な知識をもつ。	Iris has vast knowledge about using plants for medicine.
0680	北極周囲の氷が解けることで、海水位に広範囲にわたる影響がある。	The melting of ice around the North Pole has a widespread effect on sea levels.

STEP 17

事実や情報を伝える ❾

人の移動について話す

□□□ 0681	
空港に近づく	**approach** the airport

□□□ 0682	
ボールを追いかける	**chase** a ball

□□□ 0683	
5番ゲートに進む	**proceed** to Gate 5

仕事・職業について話す

□□□ 0684	
彼女の輝かしい経歴	her brilliant **career**

□□□ 0685	
彼の義務を果たす	perform his **duty**

□□□ 0686	
国際貿易に従事する	**engage** in international trade

□□□ 0687	
会社を所有する	own a **firm**

□□□ 0688	
金持ちの商人	a rich **merchant**

□□□ 0689	
職業を選ぶ	choose a **profession**

□□□ 0690	
大学教授	a college **professor**

approach

approachは、「に近づく」という意味では×approach to Aではなく○approach Aと他動詞で用いる。

The plane was approaching the airport. 「その飛行機は空港に近づいていた」

なお、approachは自動詞でも用いることがある。

Spring is approaching. 「春が近づいている」

approach [əpróutʃ アプロウチ] 発	他 自 (に)近づく 名 接近法、アプローチの方法
chase [tʃéis チェイス]	他 自 (を)追いかける、追跡する 名 追跡
proceed [prəsí:d プロスィード]	自 ① (…へ)進む[前進する] (to) ② (することを)続ける (to *do*) ▶ prócess 名 過程、プロセス ▶ procédure 名 手順
career [kəríər カリア] 発 ア	名 ① 経歴　② 仕事、職業
duty [djú:ti デューティ]	名 ① 義務、職務　② 関税 on duty　勤務中で、当番で off duty　勤務時間外で
engage [ingéidʒ インゲイヂ]	自 (…に)従事する (in) 他 ① (関心・注意など)を引く　② を雇う ▶ engágement 名 約束
firm [fə́:rm ファーム]	名 会社、商会 形 堅い、しっかりした
merchant [mə́:rtʃənt マーチャント]	名 商人
profession [prəféʃən プロフェション]	名 職業、専門職 ▶ proféssional 形 職業の、専門的な
professor [prəfésər プロフェサ]	名 教授

STEP
18

 career

　careerは「一生涯続ける専門的職業」という意味。専門性を身につけたり高いポジションへ転職したりすることを「キャリアアップ」というが、これは和製英語。英語ではcareer developmentなどという。

天候や気候について話す	

☐☐☐ 0691
温和な気候 — a mild **climate**

☐☐☐ 0692
天気予報 — the weather **forecast**

☐☐☐ 0693
霜でおおわれている — be covered with **frost**

☐☐☐ 0694
湿気の多い気候 — **humid** weather

動植物や自然について話す

☐☐☐ 0695
海の中に — in the **ocean**

☐☐☐ 0696
山の頂上 — the mountain **summit**

☐☐☐ 0697
流れが速い小川 — a rapid **stream**

☐☐☐ 0698
私にほえる — **bark** at me

☐☐☐ 0699
野獣 — a wild **beast**

☐☐☐ 0700
おだやかな海 — a **calm** sea

weatherとclimate

▶ weather「天気」：短期的な気候状態（不可算名詞）
▶ climate「気候」：ある地域で典型的に見られる気候状態
   The climate of Tokyo is mild, but today's weather is very cold.
   「東京の（ふだんの）気候は温暖だが、今日の天気はとても寒い」

climate [kláimət クライメト] 発	名 ① 気候　② (社会・経済的な)雰囲気、状況
forecast [fɔ́ːrkæst フォーキャスト] 活 forecast[forecasted]- forecast[forecasted]	名 予報、予測 他 を予報する
frost [frɔ́ːst フロースト]	名 ① 霜、霜柱　② 寒気
humid [hjúːməd ヒューミド]	形 湿気の多い(=dámp, móist) 名 湿度 ▶ humídity 名 湿気
ocean [óuʃən オウシャン] 発	名 《the ocean で》海、大洋
summit [sʌ́mət サミト]	名 ① (山の)頂上　② 最高級　③ 首脳会談
stream [stríːm ストリーム]	名 ① 小川、流れ　② (時勢などの)流れ、風潮 自 流れる
bark [báːrk バーク]	自 ① (イヌなどが)(…に)ほえる(at)　② どなる(out) 名 ① (イヌなどの)ほえ声　② 木の皮
beast [bíːst ビースト]	名 (大きな四つ足の)獣、動物
calm [káːm カーム] 発	形 おだやかな、落ち着いた、冷静な 他 を和らげる、静める(down) 自 和らぐ、静まる(down)

STEP
18

calm と mild

▶ calm
　① (感情的にならず) 冷静な、落ち着いた：**in a calm voice**「冷静な声で」
　② (風や波がなく) おだやかな：**a calm lake**「穏やかな湖」
▶ mild
　① (すぐ怒ったりせず) 温厚な：**a mild character**「温厚な性格」
　② (暑くも寒くもなく) 温暖な：**mild weather**「おだやかな気候」

ものの発生・変化について話す

□□□ 0701 問題が生じる	a problem **arises**
□□□ 0702 突然破裂する	suddenly **burst**
□□□ 0703 崩壊を避ける	avoid **collapse**
□□□ 0704 暗闇から現れる	**emerge** from the darkness
□□□ 0705 徐々に消えていく	**fade** away
□□□ 0706 発電する	**generate** electricity
□□□ 0707 溶けてなくなる	**melt** away
□□□ 0708 とてもよく発生する	**occur** very often
□□□ 0709 過程を楽しむ	enjoy the **process**
□□□ 0710 彼女の外見を変える	**transform** her looks

collapse

collapseは、「倒れる、倒壊する」が基本的な意味。さらに、「(橋が) 落ちる」と言うときや、「(人が) 卒倒する、衰弱する」という意味にも使われる。

The bridge suddenly collapsed.「その橋は突然壊れた」

The old woman collapsed on the floor.「その老婦人は床に崩れ落ちた」

arise [əráiz アライズ] 活 arose [əróuz アロウズ]- arizen [ərízən アリズン]	自 生じる、起こる（＝occúr）
burst [bə́:rst バースト] 活 burst-burst	自 破裂する 他 を破裂させる 名 破裂、爆発 　burst into A　突然Aになる
collapse [kəlǽps コラプス]	名 ①（建物などの）崩壊　②（事業などの）失敗 　③衰弱 自 ①（建物などが）崩壊する　②倒れる
emerge [imə́:rdʒ イマーヂ]	自 ①(…から)現れる(from) 　②明らかになる ▶ emérgence 名 出現
fade [féid フェイド]	自 （徐々に）消えていく、しぼむ、色あせる
generate [dʒénərèit ヂェネレイト]	他 ①を発生させる、引き起こす 　②(金)を稼ぐ、(仕事・産業)を生み出す ▶ gènerátion 名 ①発生　②世代、人々
melt [mélt メルト]	自 溶ける 他 を溶かす
occur [əkə́:r オカー] ⑦	自 ①発生する、起こる（＝aríse） 　②（考えが）(…に)浮かぶ、ふと思いつく(to)
process [práses プラセス]	名 ①過程、進行、作業　②製法 他 ①を処理する　②を加工する
transform [trænsfɔ́:rm トランスフォーム]	他 を変える、変化させる、変形[変質]させる 　transform A into B　AをBに変化させる

STEP
18

It occurs to 人 that...

〈It occurs to ＋ 人 that...〉で「…が心に浮かぶ、…とふと思う［思い出す］」という表現になる。

It occurred to me that I forgot his name.

「彼の名前を思い出せない、とふと浮かんだ」

社会について話す

□□□ 0711 人類の役に立つ	serve **humanity**
□□□ 0712 慈善コンサート	a **charity** concert
□□□ 0713 大きく見出しで取り上げられる	hit the **headlines**
□□□ 0714 個人の選択	an **individual** choice
□□□ 0715 大所帯	a large **household**
□□□ 0716 法律上の問題	**legal** problems
□□□ 0717 道徳的な教訓	a **moral** lesson
□□□ 0718 さまざまな人種	different **races**
□□□ 0719 宗教を信じる	believe in **religion**
□□□ 0720 市場の傾向	the market **trends**

household

household「世帯」は、同じ屋根の下に住み、生活や食事を共にする人のことを言う。日本では多くの場合householdとfamilyは一致するが、おじ・おばの家族が同居する場合など、householdの中に複数のfamilyが含まれる場合もある。また、familyは必ず2人以上の人が含まれるが、householdは単身世帯のこともある。

720 !!

humanity [hju:mǽnəti ヒューマニティ]	名 ① 人類(=mankind) ② 人間性 ▶ húman 形 人間の ▶ humane[hju:méin ヒューメイン] 形 人間味のある
charity [tʃǽrəti チャリティ]	名 慈善(行為)、慈善団体
headline [hédlàin ヘドライン]	名 ① (新聞、雑誌の)見出し ② (ニュースの)主な項目
individual [ìndəvídʒuəl インディヴィヂュアル]	形 個人の、個々の(⇔ géneral 全体的な) 名 個人、人
household [háushòuld ハウスホウルド]	名 所帯、世帯、家族
legal [lí:gəl リーガル]	形 法律(上)の、合法の(⇔ illégal 非合法の) ▶ légally 副 法律的に
moral [mɔ́:rəl モーラル]	形 道徳的な、道徳の
race [réis レイス]	名 ① 人種 ② 競争、レース 自 他 (…と)競争する(against, with) ▶ rácial 形 人種の
religion [rilídʒən リリヂョン]	名 宗教 ▶ relígious 形 宗教的な
trend [trénd トレンド]	名 傾向、流行

STEP
18

race

　raceには、「人種」と「競争」という一見全く違う意味がある。「人種」の意味はイタリア語に由来するとされる一方、「競争」はゲルマン祖語（ドイツ語や北欧語などの祖先にあたる言語）の「流れ」に由来すると言われている。このように、英語はラテン語や古代ギリシア語、ゲルマン系の言葉など、さまざまな言語の影響を受けている。

例文でCHECK!!

分類	番号	日本語	英語

人の移動について話す

0681	風のため飛行機は北から空港に近づいた。	Because of the wind, the plane <u>approached the airport</u> from the north.
0682	その男の子は父親が投げたボールを追いかけた。	The boy <u>chased the ball</u> that his father had thrown.
0683	あなたの荷物は預かりましたので、5番ゲートにお進みください。	Your luggage has been checked in, so please <u>proceed to Gate 5</u>.

仕事・職業について話す

0684	彼女の輝かしい経歴は私たち全員に強い印象を与えた。	<u>Her brilliant career</u> impressed all of us.
0685	その兵士は彼の義務を果たさなかったので罰せられた。	The soldier was punished because he did not <u>perform his duty</u>.
0686	日本はほとんど天然資源をもっていないので、国際貿易に従事している。	Japan <u>engages in international trade</u> because it has few natural resources.
0687	マリエは主にテレビの部品を作る会社を所有している。	Marie <u>owns a firm</u> that mainly makes parts for televisions.
0688	金持ちの商人が自宅用に高価な像を買った。	<u>A rich merchant</u> bought an expensive statue for his home.
0689	その生徒は従事すべき職業を選ぶ困難な時期を過ごしている。	The student is having a hard time <u>choosing a profession</u> to follow.
0690	カルロスは大学教授に、化学の分野での経歴についてたずねた。	Carlos asked <u>his college professor</u> about careers in chemistry.

天候や気候について話す

0691	多くの人々は温和な気候を楽しめるのでフロリダに引っ越しをする。	Many people move to Florida because they enjoy <u>its mild climate</u>.
0692	今日は晴れているが、天気予報は明日雨が降るかもしれないと言っている。	Today is sunny, but <u>the weather forecast</u> says it might rain tomorrow.
0693	その木々は霜でおおわれていたために、白く見えた。	The trees looked white because they <u>were covered with frost</u>.
0694	フロリダでは、夏に高温で湿気の多い気候になる。	Florida has hot and <u>humid weather</u> in the summer.

動植物や自然について話す

0695	海の中には数千種の魚がいる。	There are thousands of species of fish <u>in the ocean</u>.
0696	夏に、山の頂上にはまだ雪が残っている。	In summer, there is still snow on <u>the mountain summit</u>.
0697	そんな流れの速い小川で泳ぐのは危険すぎる。	It's too dangerous to swim in such <u>a rapid stream</u>.
0698	この通りを歩いて通るたびに、あのイヌは私にほえる。	That dog <u>barks at me</u> every time I walk down this street.
0699	ヒグマは野獣だが、通常人間を攻撃しない。	Brown bears are <u>wild beasts</u> but usually do not attack humans.
0700	今はおだやかな海に見えるが、台風が迫ってきている。	Although it looks like <u>a calm sea</u> now, a typhoon is coming.

	私がオフィスにいない間に問題が生じたら、電話をしてください。	Please call me if a problem arises while I am not in the office.
0701		
0702	私たちの車の前輪が幹線道路で突然破裂した。	The front tire of our car suddenly burst on the highway.
0703	政府は経済の崩壊を避けようとしている。	The government is trying to avoid the collapse of the economy.
0704	何人かの泥棒が森の暗闇から現れた。	Several thieves emerged from the darkness of the forest.
0705	窓の近くにあるソファの色は、徐々に消えていってしまっていた。	The colors of the couch near the window had faded away.
0706	州はその地域向けに発電するために新しいダムを造っている。	The state is building a new dam to generate electricity for the region.
0707	その花は雪が完全に溶けてなくなってしまう前に咲き始めた。	The flower started to bloom before the snow had completely melted away.
0708	雷雨はこの地域ではとてもよく発生するものではない。	Thunderstorms do not occur very often in this area.
0709	ジョーンはセーターを着るよりも編む過程を楽しむ。	Joan enjoys the process of knitting more than wearing sweaters.
0710	あの新しい髪形は彼女の外見を本当に変えた。	That new haircut really transformed her looks.

0711	彼はアフリカでボランティア活動をすることで、人類の役に立ちたかった。	He wanted to serve humanity by volunteering in Africa.
0712	パムはがんの人たちを助けるための慈善コンサートに出席した。	Pam attended a charity concert to help people with cancer.
0713	その俳優の結婚のニュースは、昨夜大きく見出しで取り上げられた。	The news about the actor's marriage hit the headlines last night.
0714	多くの会社において、何を着るかは個人の選択となっている。	At many companies, what you wear is an individual choice.
0715	彼女は、6人の兄弟と2人の姉妹がいる大所帯で生活している。	She lives in a large household with six brothers and two sisters.
0716	彼は現在、多くの法律上の問題を抱えているため、家を買うことはできない。	He can't buy a house because he has many legal problems right now.
0717	その話は見知らぬ人に親切にすることについて道徳的な教訓を与えてくれる。	The story gives a moral lesson about being kind to strangers.
0718	私は幸運にもさまざまな人種の人々と働くことができた。	I was lucky enough to work with people of many different races.
0719	ハンクは死後の世界があると言う宗教を信じていない。	Hank does not believe in religions that say there is life after death.
0720	宣伝部門は、市場の傾向を注意深く見ている。	The advertising department is carefully watching the market trends.

STEP
18

学習日　／　／　／　**229**

地理について話す		
□□□ 0721 大西洋	the **Atlantic** Ocean
□□□ 0722 熱帯雨林	a **tropical** forest
□□□ 0723 距離を測る	measure **distance**
□□□ 0724 水平線に	on the **horizon**
□□□ 0725 厚い層	a thick **layer**
□□□ 0726 湖水地域	a lake **region**
□□□ 0727 貧しい土壌	poor **soil**

環境問題について話す		
□□□ 0728 生態系に影響を与える	affect the **ecology**
□□□ 0729 絶滅する	become **extinct**
□□□ 0730 ゴミを減らす	**reduce** waste

🐻 Atlantic と Pacific

the Atlantic「大西洋」は、地球を支えるギリシア神話の神アトラス（Atlas）にちなんで名付けられている。英単語としての atlas は、「地図帳」という意味。一方、the Pacific「太平洋」は、世界一周旅行をしたマゼランが、嵐にあわずおだやかな海であったことから命名した。pacific には「平和な」という意味がある。

730 !!

Atlantic [ətlǽntik アトランティク]	名 《the Atlanticで》大西洋 形 大西洋の(⇔ Pacific 太平洋の)
tropical [trápikəl トラピカル]	形 熱帯の、猛暑の
distance [dístəns ディスタンス]	名 距離 　at a distance 少し離れて ▶ dístant 形 遠い
horizon [həráizən ホライズン] 発 ア	名 水平線、地平線
layer [léiər レイア]	名 層、重なり
region [rí:dʒən リーヂョン]	名 地域、地方 ▶ régional 形 地方の
soil [sɔ́il ソイル]	名 土壌、土
ecology [ikálədʒi イカロヂ]	名 ①生態(系)、環境　②生態学 ▶ ecológical 形 生態学の
extinct [ikstíŋkt イクスティンクト]	形 絶滅した ▶ extínction 名 絶滅
reduce [ridjú:s リデュース]	他 を減らす、小さくする ▶ redúction 名 減少

STEP
19

region と area

area は「地域」を表す一般的な語。一方、region は通常 area より広く、他と違う特徴をもつ地域のことを言う。

the Kanto area 「関東地方」
the Asia-Pacific region 「アジア太平洋地域」

学習日　／　　／　　／　**231**

考えや意図を伝える ⑦

意思や考えを伝える

□□□ 0731 勝者を発表する	**announce** the winner
□□□ 0732 論評を行う	make a **comment**
□□□ 0733 重要性を主張する	**insist** on the importance
□□□ 0734 基本理念	a guiding **principle**
□□□ 0735 価値を認識する	**recognize** the value
□□□ 0736 意見を述べる	make a **remark**

物事を円滑にする

□□□ 0737 大きく拍手かっさいする	**applaud** loudly
□□□ 0738 その権利を与える	**grant** the right
□□□ 0739 入ることを許可する	**permit** entry
□□□ 0740 貿易を促進する	**promote** trade

「主張する」のinsistとclaim

insistは「自分の主張をしつこく [譲らず] 主張する」、claimは「(特に裏付けとなる証拠がないときに) 権利を主張する」というニュアンスがある。

She insists on going alone. 「彼女はひとりで行くと言い張っている」
He claims that the picture belongs to him.
「彼はその絵が自分のものだと主張している」

announce [ənáuns アナウンス]	他 を発表する、(…ということ)を発表する(that節) ▶ annóuncement 名 発表
comment [kάment カメント] ⑦	名 論評、コメント 他 自 (を)論評する
insist [insíst インスィスト]	自 ① (…を) (強く)主張する(on) 　　② (…を) (強く)要求する(on) 他 ① (…ということ)を(強く)主張する(that節) 　　② (…ということ)を(強く)要求する(that節)
principle [prínsəpl プリンスィプル]	名 ①理念、主義　②原理、原則
recognize [rékəgnàiz レコグナイズ] ⑦	他 ①を認識する、の見分けがつく 　　② (…ということ)を認める(that節) ▶ rècognítion 名 認識
remark [rimά:rk リマーク]	名 意見、感想 他 自 (を)言う、述べる ▶ remárkable 形 注目すべき
applaud [əplɔ́:d アプロード] 発	自 他 (に)拍手(かっさい)する ▶ appláuse 名 拍手(かっさい)
grant [grǽnt グラント]	他 ①を与える、授ける　②を認める 名 助成金、奨学金
permit [pərmít パミト]	他 ①を許可する　②を可能にする 名 許可証 ▶ permíssion 名 許可
promote [prəmóut プロモウト]	他 ①を促進する 　　②《be promotedで》(…へと)昇進する(to) ▶ promótion 名 促進、昇進

STEP
19

grantの用法

　grantはgiveと同様にSVOOの文型を取るが、giveよりかたい語。なお、take it for granted「当然に思う」というイディオムも確認しておこう。

I took it for granted that she knew the news.
「彼女がその知らせを当然知っていると思っていた」

気持ちを伝える ❷

したいことや希望を話す

□□□ 0741 強い願望を感じる	feel a strong **desire**
□□□ 0742 君に会うことを熱望している	**eager** to see you
□□□ 0743 音楽への情熱	**passion** for music
□□□ 0744 希望を胸に抱く	**cherish** hope
□□□ 0745 ボランティアとして働く	work as a **volunteer**

躊躇・拒絶する

□□□ 0746 申し出を断る	**decline** the offer
□□□ 0747 うわさを否定する	**deny** the rumor
□□□ 0748 抗議する	hold a **protest**
□□□ 0749 私の手助けを拒む	**refuse** my help
□□□ 0750 話すことをためらう	**hesitate** to speak

 refuseとdecline

両者とも「断る」という意味をもつが、ニュアンスが異なる。
- ▶ refuse：直接、はっきり断る
- ▶ decline：やわらかく、ていねいに断る
  I refused his invitation.「私は彼の招待をはっきり断った」
  I'm sorry but I have to decline your offer.
  「申し訳ありませんが、あなたの申し出をお断りしなければなりません」

desire [dizáiər ディザイア]	名 (したいという)願望、欲望(to do)、(…に対する)欲望(for) 他 (すること)を強く望む(to do)
eager [í:gər イーガ]	形 (することを)熱望している(to do)、(…を)しきりに求めている(for)
passion [pǽʃən パション]	名 情熱、(強く激しい)感情 ▶ pássionate 形 情熱的な
cherish [tʃériʃ チェリシュ]	他 ① (希望・記憶など)を胸に抱く ② を大切にする、大事に育てる
volunteer [vàləntíər ヴァランティア]	名 ボランティア 他 を進んでする 自 ボランティア活動をする
decline [dikláin ディクライン]	他 を(ていねいに)断る、辞退する(⇔ accépt を受け入れる) 自 衰える 名 減少、衰退
deny [dinái ディナイ] 発 ア	他 ① (すること)を否定する(doing)(⇔ affírm を肯定する) ② を拒む
protest [próutest プロウテスト] ア	名 (…に対する)抗議(against) 他 自 [prətést プロテスト] (に)強く反対する、抗議する(against)
refuse [rifjú:z リフューズ]	他 自 ① (を)拒む ② (を)断る refuse to do …することを断る ▶ refúsal 名 拒絶
hesitate [hézətèit ヘズィテイト] ア	自 (することを)ためらう(to do) ▶ hesitátion 名 ためらい

STEP 19

プロテスタント

世界史で、「プロテスタント」という語が出てくるが、これは「抗議する者」という意味。16世紀のヨーロッパで発生した宗教改革をはじめとして、ローマ・カトリック教会の教えに「抗議」して分離した人々を指す。英語では Protestant(Pは大文字)という。

話題を広げる ④

経済について話す

□□□ 0751 営業部	the sales **department**
□□□ 0752 世界経済	the global **economy**
□□□ 0753 運転手を雇う	**hire** a driver
□□□ 0754 天然資源	natural **resources**
□□□ 0755 彼らに食料を供給する	**supply** them with food

事故や災害について話す

□□□ 0756 大災害	a major **disaster**
□□□ 0757 もう少しでおぼれ死ぬところ である	almost **drown**
□□□ 0758 その子どもを救う	**rescue** the child
□□□ 0759 走って避難する	run for **shelter**
□□□ 0760 被災者を支援する	support the **victims**

supply A with B = supply B for A

A（人）とB（もの）のどちらが先に来るかで前置詞も違ってくることに注意しよう。
supply A（人）with B（もの）= supply B（もの）for A（人）
supply children with food = supply food for children
「子どもに食料を与える」

department [dipáːrtmənt ディパートメント]	名 ①部、部門　②学部、学科　③売り場 ▶ depárt 自 出発する
economy [ikánəmi イカノミ]	名 ①経済　②節約 ▶ económic 形 経済の ▶ económical 形 経済的な
hire [háiər ハイア] 発	他 ①を雇う　②(車・部屋など)を借りる、賃借りする 名 賃借り、賃貸し
resource [ríːsɔːrs リーソース]	名 《resourcesで》資源、源
supply [səplái サプライ]	他 に(…を)供給する(with)、を提供する 名 ①供給(⇔ demánd 需要)　②たくわえ supply A with B [B for A]　AにBを供給する
disaster [dizǽstər ディザスタ]	名 災害、災難
drown [dráun ドラウン] 発	自 おぼれ死ぬ 他 を溺死させる
rescue [réskjuː レスキュー]	他 を(…から)救う、救出する(from) 名 救助
shelter [ʃéltər シェルタ]	名 ①避難　②避難所、住まい 他 をかくまう、を(…から)保護する(from) 自 (…から)避難する(from)
victim [víktəm ヴィクティム]	名 被災者、犠牲者

STEP
19

🐻 hire

　hireは「人を雇う」という意味ではアメリカ、イギリスともに使われるが、「賃借りする」という意味では、主にイギリスで使う。なお、日本では迎車のタクシーを「ハイヤー」と呼ぶことがあるが、英語のhire自体には「タクシー」の意味はない。

例文でCHECK!!

<table><tbody><tr><td rowspan="7">地理について話す</td><td>□
0721</td><td>ちょうど今大西洋で大型の嵐が発生している。</td><td>There is a large storm in the Atlantic Ocean right now.</td></tr><tr><td>□
0722</td><td>多くの種類の鳥が熱帯雨林に生息している。</td><td>Many species of birds live in the tropical forest.</td></tr><tr><td>□
0723</td><td>光年は宇宙空間で距離を測るために使用される。</td><td>A light year is used to measure distance in outer space.</td></tr><tr><td>□
0724</td><td>船員は、水平線にその小さなボートをかろうじて見ることができた。</td><td>The sailor could barely see the small boat on the horizon.</td></tr><tr><td>□
0725</td><td>道の上に氷の厚い層が張っていたため、運転が困難だった。</td><td>It was hard to drive because there was a thick layer of ice on the road.</td></tr><tr><td>□
0726</td><td>あの湖水地域には、たくさんの釣りが楽しめるリゾートがある。</td><td>There are many fishing resorts in that lake region.</td></tr><tr><td>□
0727</td><td>とても貧しい土壌であるため、ここで育つ植物は多くはない。</td><td>Not many plants grow here because it is very poor soil.</td></tr><tr><td rowspan="3">環境問題について話す</td><td>□
0728</td><td>新しい大規模な幹線道路は、おそらくこの地域の生態系に影響を与えるだろう。</td><td>The large new highway will probably affect the ecology of this region.</td></tr><tr><td>□
0729</td><td>リョコウバトは、最後の鳥が1914年に死んだとき、絶滅した。</td><td>The passenger pigeon became extinct when the last bird died in 1914.</td></tr><tr><td>□
0730</td><td>プラスチック容器をリサイクルすることは、ゴミを減らすひとつの方法だ。</td><td>Recycling plastic containers is one way to reduce waste.</td></tr><tr><td rowspan="6">意思や考えを伝える</td><td>□
0731</td><td>彼らは土曜日にコンテストの勝者を発表する予定だ。</td><td>They will announce the winner of the contest on Saturday.</td></tr><tr><td>□
0732</td><td>レポーターはその政治家に対し、新しい法律について論評を行うよう求めた。</td><td>The reporter asked the politician to make a comment about the new law.</td></tr><tr><td>□
0733</td><td>その先生は明確に書くことの重要性を主張した。</td><td>The teacher insisted on the importance of writing clearly.</td></tr><tr><td>□
0734</td><td>世界平和はあの組織の基本理念だ。</td><td>World peace is a guiding principle of that organization.</td></tr><tr><td>□
0735</td><td>ランダルは、彼が車庫で見つけた絵の価値を認識した。</td><td>Randall recognized the value of the painting he found in a garage.</td></tr><tr><td>□
0736</td><td>そのコメディアンはゲストの新しいメガネについて意見を述べた。</td><td>The comedian made a remark about the guest's new glasses.</td></tr><tr><td rowspan="4">物事を円滑にする</td><td>□
0737</td><td>バンドがステージに登場すると、聴衆は大きく拍手かっさいした。</td><td>The audience applauded loudly when the band appeared on stage.</td></tr><tr><td>□
0738</td><td>アメリカ合衆国では、女性は1920年に投票する権利を与えられた。</td><td>In the United States, women were granted the right to vote in 1920.</td></tr><tr><td>□
0739</td><td>その医者は家族だけに入ることを許可するだろう。</td><td>The doctor will only permit entry to family members.</td></tr><tr><td>□
0740</td><td>インターネットは世界中の貿易を促進してきた。</td><td>The Internet has helped promote trade around the world.</td></tr></tbody></table>

	最近私は、家族のかつての家を訪れたいという強い願望を感じている。	Lately I have felt a strong desire to visit my family's old home.
0741		
	金曜日、空港で君に会うことを熱望している。	I am eager to see you at the airport on Friday.
0742		
	私は音楽への情熱をもっているが、音楽家にはなりたくない。	I have a passion for music, but do not want to become a musician.
0743		
	母親は息子が医者になるという希望を胸に抱いた。	The mother cherished the hope that her son would become a doctor.
0744		
	ホノリオはケニアの病院でボランティアとして働いている。	Honorio works as a volunteer at a hospital in Kenya.
0745		

	その家族は彼らの家を買うという申し出を断った。	The family declined the offer to buy their house.
0746		
	その俳優は彼が結婚したといううわさを否定した。	The actor denied the rumor that he had gotten married.
0747		
	労働者はその危険な装置について抗議した。	The workers held a protest about the dangerous equipment.
0748		
	彼らは私の手助けを拒み、私に出ていくように言った。	They refused my help and told me to leave.
0749		
	その両親は彼らの子どもたちと死について話すことをためらった。	The parents hesitated to speak about death with their children.
0750		

	営業部は4人の新しい従業員を雇う予定だ。	The sales department is hiring four new employees.
0751		
	石油の販売は世界経済の主要な部分である。	The sale of oil is a large part of the global economy.
0752		
	私たちはいくつかの観光地に連れて行ってくれる運転手を雇うべきだ。	We should hire a driver to take us to some tourist spots.
0753		
	カナダは天然ガスや鉱物のような天然資源が豊富だ。	Canada is rich in natural resources such as natural gas and minerals.
0754		
	レスキュー隊員たちは、台風の被災者に食料を供給している。	The rescue workers are supplying typhoon victims with food.
0755		

STEP 19

	その嵐は猛烈だったが、幸運にも大災害ではなかった。	The storm was severe, but luckily it was not a major disaster.
0756		
	テディは橋から川に落ちたとき、もう少しでおぼれ死ぬところだった。	Teddy almost drowned when he fell off the bridge into the river.
0757		
	近所の人が、燃えている建物からその子どもを救った。	A neighbor rescued the child from the burning building.
0758		
	子どもたちは雨が激しく降り出したとき、走って避難した。	The children ran for shelter when it started to rain hard.
0759		
	その慈善団体は地震の被災者を支援するために、資金を集めている。	The charity is raising money to support the victims of the earthquake.
0760		

話題を広げる ⑤

□□□ 0761	国境を越える	cross the **border**
□□□ 0762	城を守って	in **defense** of the castle
□□□ 0763	地球温暖化	**global** warming

消費者の経済活動について話す

□□□ 0764	牛乳を消費する	**consume** milk
□□□ 0765	借金をする	get into **debt**
□□□ 0766	生活費を賄う	cover the living **expenses**
□□□ 0767	高い所得	a high **income**
□□□ 0768	土地を所有する	**possess** land
□□□ 0769	彼の財産を失う	lose his **property**
□□□ 0770	増税をする	raise **taxes**

defense の反対語

defenseの反対語は offense「攻撃」。次のことわざでおさえておこう。

The best defense is a good offense.

「最善の防御はよい攻撃だ（攻撃は最大の防御）」

770 !!

border [bɔ́:rdər ボーダ]	名 ①国境、境　②ふち、へり
defense [diféns ディフェンス]	名 守ること、防御（⇔attáck, offénse 攻撃） ▶ defénd 他 を守る
global [glóubəl グロウバル]	形 地球（規模）の、世界的な ▶ glóbalize 他 を全世界に広める ▶ glòbalizátion 名 世界化、グローバリゼーション
consume [kənsú:m コンスーム]	他 を消費する ▶ consúmer 名 消費者 ▶ consúmption 名 消費
debt [dét デト] 発	名 借金、負債
expense [ikspéns イクスペンス]	名 費用、経費 　at the expense of A　Aを犠牲にして ▶ expénsive 形 高価な
income [ínkʌm インカム]	名 所得、収入
possess [pəzés ポゼス]	他 ①を所有する　②(考えが人に)取りつく ▶ posséssion 名 所有 ▶ posséssive 形 独占欲の強い
property [prápərti プラパティ]	名 ①財産、不動産　②所有物　③(物質の)特性
tax [tǽks タクス]	名 税、税金

STEP
20

---

 taxとtaxi

　tax「税」と taxi「タクシー」は、両方とも「評価する」という意味のラテン語 taxo に由来するとされる。財産などを評価して課税するのが tax、距離と運賃を評価して記録する自動メーターを取りつけた車が taxi と呼ばれるようになった。

学習日　　　／　／　／　**241**

身の回りのものについて話す

□□□ 0771 アクセサリーを身に着ける	wear **accessories**
□□□ 0772 その書類に署名する	sign the **document**
□□□ 0773 美しい噴水	a beautiful **fountain**
□□□ 0774 燃料を燃やす	burn **fuel**
□□□ 0775 毛皮のコート	a **fur** coat
□□□ 0776 ものを保管する	store **objects**
□□□ 0777 スイッチを入れる	turn on the **switch**
□□□ 0778 矢を射る	shoot an **arrow**
□□□ 0779 弓を構える	hold a **bow**
□□□ 0780 商品を買う	buy **goods**

objectとoppose

いずれも「に反対する」という動詞だが、語法に注意。
▶ object：object to Aで「Aに反対する」という意味。
▶ oppose：oppose Aまたはbe opposed to Aで「Aに反対する」という意味。
　　He objected to our plan.「彼は私たちの計画に反対した」
　　He opposed our idea. = He was opposed to our idea.
　　「彼は私たちの考えに反対した」

accessory [əksésəri アクセサリ] ⑦	图《accessoriesで》アクセサリー[装身具]、付属品
document [dákjəmənt ダキュメント]	图 書類、文書 ▶ documéntary 图 記録作品　形 事実を記録した
fountain [fáuntən ファウンテン]	图 噴水、泉
fuel [fjú:əl フューエル]	图 燃料
fur [fə́:r ファー]	图 ①毛皮　②《fursで》毛皮製品
object [ábdʒikt アブヂクト] ⑦	图 ①もの、物体　②目的　③対象 自 [əbdʒékt アブヂェクト]（…に）反対する(to) ▶ objéction 图 反対 ▶ objéctive 图 目標　形 客観的な
switch [switʃ スウィチ]	图 ①スイッチ　②（急激な）転換 他（話題など）を（急に）変える switch A on [off]　Aのスイッチを入れる[切る]
arrow [ǽrou アロウ] ⑦	图 ①矢　②矢印
bow [bóu ボウ] 発	图 ①弓　②弓状のもの　③[báu バウ] おじぎ 自 [báu バウ] おじぎをする
goods [gúdz グズ]	图 商品、製品

STEP 20

万年筆

　万年筆のことを英語ではa fountain penと言う。10世紀のファーティマ朝エジプトの支配者ムイッズが手を汚さないペンを作らせたのが万年筆の起源とされるが、1809年にイギリスのフォルシュが特許を取得し、製品化への道を開いた。万年筆は1960年代頃まで公文書の筆記具として普及していた。

学問について話す

□□□ 0781 学問の研究	**academic** research
□□□ 0782 結果を分析する	**analyze** the result
□□□ 0783 生物学を教える	teach **biology**
□□□ 0784 化学の授業	a **chemistry** class
□□□ 0785 地理学を勉強する	study **geography**
□□□ 0786 講演をする	give a **lecture**
□□□ 0787 高等数学	higher **mathematics**
□□□ 0788 ギリシア哲学	Greek **philosophy**
□□□ 0789 基本的な物理学	basic **physics**
□□□ 0790 理論を証明する	prove the **theory**

academicの語源

　古代ギリシアの哲学者であるプラトンによって設立された学校「アカデメイア (akademeia)」が語源となる。アカデメイアは、哲学的精神に基づき真理そのものへと魂の目を向けることを目指した教育方法によって、何人もの政治家や立法家を排出した。なお、「アカデミー賞」で知られるacademyという単語はacademicの名詞形。もともとは、この賞を主催するアメリカの映画芸術科学アカデミーなど、権威ある団体のことをアカデミーと呼んでいた。

academic [ækədémik アカデミク] ㋐	形 学問の、大学の 名 大学教員、研究者 ▶ acádemy 名 学院、学園
analyze [ǽnəlàiz アナライズ]	他 を分析する ▶ análysis 名 分析
biology [baiálədʒi バイアロヂ] ㋐	名 生物学 ▶ biológical 形 生物学(上)の
chemistry [kéməstri ケミストリ] ㋢	名 化学、化学的作用 ▶ chémical 形 化学の
geography [dʒiágrəfi ヂアグラフィ] ㋐	名 ①地理学　②地理、地形
lecture [léktʃər レクチャ]	名 (…に関する)講演(on) 自 講義をする ▶ lécturer 名 講演者
mathematics [mæ̀θəmǽtiks マセマティクス] ㋐	名 数学(= máth)
philosophy [fəlásəfi フィラソフィ] ㋐	名 哲学 ▶ philósopher 名 哲学者
physics [fíziks フィズィクス]	名 物理(学) ▶ phýsical 形 ①身体の　②物理学(の)
theory [θíːəri スィーアリ] ㋢	名 ①理論(⇔ práctice 実践)　②学説

STEP
20

 接尾辞 -ics

　mathematics や physics など、接尾辞 -ics を伴う単語は、学問を表す名詞である。語尾に s がついているが、単数扱いとなるので注意が必要。mathematics の語源をたどると、mathemata（マテーマタ）というギリシア語が元となっており、幾何学や天文学など4つの学科をまとめて「学ぶべきこと」という意味をもつ。その中に算術が含まれることから、数学を表す言葉へと派生していった。このようなことを背景に、接尾辞の s は、複数概念の痕跡を残していると考えられている。

学習日 ／ ／ ／ **245**

事実や情報を伝える ⑪

人の状態について話す

□□□ 0791 権限をもつ	have **authority**
□□□ 0792 目が見えなくなる	go **blind**
□□□ 0793 その事故に責任がある	**responsible** for the accident
□□□ 0794 恥じて赤面する	turn red with **shame**
□□□ 0795 沈黙したままでいる	keep **silent**
□□□ 0796 彼女の社会的地位	her social **status**
□□□ 0797 緊張を高める	raise **tensions**

時や周期について話す

□□□ 0798 季節の循環	the **cycle** of seasons
□□□ 0799 締め切りを守る	meet the **deadline**
□□□ 0800 毎年の行事	an **annual** event

障がいに関する表現

　1980年代以降のアメリカでは、社会的弱者を傷つけるおそれのある言葉を排除しようとする動きが顕著になり、blind「目が見えない」、deaf「耳が聞こえない」、dumb「口がきけない」の代わりにoptically challenged「目の困難に立ち向かっている」や、with hearing difficulties「聴覚に困難をもつ」など、差別的ニュアンスの少ない婉曲表現が使用されるようになった。

authority [əθɔ́:rəti アソーリティ] ⑦	名 ①権限、権威　②《the authorities で》当局 　　③（…に関する）権威者、専門家(on) ▶ authorize 他 に（する）権限を与える(to do)
blind [bláind ブラインド]	形 (目の)見えない 名 日よけ
responsible [rispánsəbl リスパンスィブル]	形 (…に対して)責任がある(for) ▶ responsibílity 名 責任
shame [ʃéim シェイム]	名 ①恥、恥ずかしさ 　　②《a shameで》ひどいこと、残念なこと(＝a píty)
silent [sáilənt サイレント]	形 ①沈黙した、無言の　②静かな ▶ sílence 名 静けさ
status [stéitəs ステイタス]	名 ①(高い)地位、身分　②状態、情勢
tension [ténʃən テンション]	名 緊張 ▶ ténse 形 緊張した
cycle [sáikl サイクル]	名 ①循環、周期　②自転車(＝bícycle) ▶ cýcling 名 サイクリング、自転車競争
deadline [dédlàin デドライン]	名 締め切り時間[日]
annual [ǽnjuəl アニュアル]	形 ①毎年の、年1回の　②1年間の、1年分の ▶ ánnually 副 毎年

STEP
20

shame の用法

shameには「残念」という意味がある。

It's a shame to eat it! 「それを食べてしまうなんてもったいない！」

It's a shame that you lost the game. と言うと、「君が試合に負けたのは恥ずかしいね」という意味ではなく、「君が試合に負けて残念だね」という意味。

外交・国際関係について話す	0761	EU市民は、パスポートを持たずにフランスとドイツ間の国境を越えることができる。	EU citizens can cross the border between France and Germany without holding a passport.
	0762	兵士たちは城を守って勇敢に戦った。	Soldiers fought bravely in defense of the castle.
	0763	地球温暖化は自然界でたくさんの変化を引き起こしつつある。	Global warming is causing many changes in the natural world.
消費者の経済活動について話す	0764	フィンランドの人々は日本人の4倍牛乳を消費する。	People in Finland consume four times as much milk as Japanese people.
	0765	あの男性は競馬で賭けることが好きだったので借金をした。	That man got into debt because he liked to bet on horse races.
	0766	彼は生活費を賄うのに十分なお金すら持っていなかった。	He didn't even have enough money to cover his living expenses.
	0767	サンドラの仕事は高い所得を得られないが、よい手当を得られる。	Sandra's job does not have a high income but it has good benefits.
	0768	彼は金持ちではないが、農業に使われる広い土地を所有している。	He is not rich, but he possesses a lot of land used for farming.
	0769	農夫は洪水のせいで、彼の財産のほとんどを失った。	The farmer lost most of his property because of the flood.
	0770	その市は費用を削減せずに、増税をしている。	The city is raising taxes rather than cutting costs.
身の回りのものについて話す	0771	彼女はドレスを着るときにアクセサリーを身に着けるのが好きだ。	She likes to wear accessories when she wears dresses.
	0772	アパートを借りるためにその書類を読み、それに署名しなければならない。	You must read and sign the document to rent the apartment.
	0773	彼女は、公園の真ん中にある美しい噴水のそばに立っていた。	She stood by a beautiful fountain in the center of the park.
	0774	あの家族は暖房と料理のためにストーブで燃料を燃やしている。	That family burns fuel in a stove for heating and cooking.
	0775	その映画スターは表彰式に、毛皮のコートを着て行った。	The movie star wore a fur coat to the awards ceremony.
	0776	ミキは、自分にとって大切なものを保管するための箱を買った。	Miki bought a box to store objects that were important to her.
	0777	暗くなってきたので、電灯のスイッチを入れてください。	Please turn on the light switch because it is getting dark.
	0778	アメリカ先住民はしばしば動物に矢を射って狩猟を行った。	Native Americans often hunted by shooting an arrow at an animal.
	0779	キャンプでサリーは弓を構えて矢を射る方法を学んだ。	At camp, Sally learned how to hold a bow and shoot an arrow.
	0780	フランスから商品を買う最良の方法は何ですか。	What is the best way to buy goods from France?

0781	その医者は病院で働くよりもむしろ学問の研究をしている。	That doctor does <u>academic research</u> rather than working in a hospital.
0782	研究者たちはその調査の結果を分析した。	The researchers <u>analyzed</u> <u>the</u> <u>results</u> of the survey.
0783	私のおばは大学で生物学を教えている。	My aunt <u>teaches biology</u> at the university.
0784	ユキは来年、化学の授業をとろうと計画している。	Yuki plans to take <u>a chemistry class</u> next year.
0785	あなたはさまざまな地域が好きなので、地理学を勉強するべきだ。	You should <u>study geography</u> because you like different places.
0786	その教授は明日、海洋についての講演をするだろう。	The professor will <u>give</u> <u>a lecture</u> about the ocean tomorrow.
0787	この基本コースを修了したあと、高等数学の授業を受けることができる。	After completing this basic course, you can take <u>higher mathematics</u> classes.
0788	ジュディはギリシア哲学についての授業を受けている。	Judy is taking a class about <u>Greek philosophy</u>.
0789	この授業を受けるためには、その前に基本的な物理学を知る必要がある。	You need to know <u>basic physics</u> before you can take this class.
0790	他の惑星に生命が存在するという理論を証明しようとしている人たちがいる。	Some people are trying to <u>prove the theory</u> that life exists on other planets.

0791	その大統領は戦争を宣言する権限をもたない。	The president does not <u>have authority</u> to declare war.
0792	太陽をあまりに長時間直接見ると、目が見えなくなる。	If you look straight at the Sun too long, you will <u>go blind</u>.
0793	その運転手は自分がその事故に責任があることを認めた。	The driver admitted that he was <u>responsible for the accident</u>.
0794	ボブは、彼の父が彼のうそを知ったとき、恥じて赤面した。	Bob <u>turned red with shame</u> when his father found out about the lie.
0795	私たちがコンテストの勝者を発表するまで沈黙したままでいてください。	Please <u>keep silent</u> until we announce the winner of the contest.
0796	ピアは彼女の社会的地位を隠し、とても裕福に見せたかった。	Pia wanted to hide <u>her social status</u> and appear very rich.
0797	その客の失礼なコメントが部屋の緊張を高めた。	The guest's rude comment <u>raised tensions</u> in the room.

0798	季節の循環は毎年、だんだん早くなっているようだ。	<u>The cycle of seasons</u> seems to be getting faster every year.
0799	ユウジは締め切りを守るために一晩中働いた。	Yuji worked all night to <u>meet the deadline</u>.
0800	そのサマーコンサートはとても人気があったので毎年の行事となった。	The summer concert was so popular it became <u>an annual event</u>.

STEP
20

学習日 ／ ／ ／ **249**

話題を広げる 8

□□□ 0801 戦いに負ける	lose a **battle**
□□□ 0802 爆弾を落とす	drop **bombs**
□□□ 0803 衝突を解決する	settle a **conflict**
□□□ 0804 危機に直面する	face a **crisis**
□□□ 0805 アメリカに移住する	**immigrate** into the US
□□□ 0806 避けられない変化	**inevitable** change
□□□ 0807 社会正義	social **justice**
□□□ 0808 攻撃に抵抗する	**resist** the attack
□□□ 0809 戦争の脅威	the **threat** of war
□□□ 0810 武器を持ち運ぶ	carry a **weapon**

 war, battle, fight

war, battle, fightはすべて「戦い」を意味するが、以下のように使いわける。

▶ **war**：国家や企業などの集団間での大規模かつ長期的な戦い。
▶ **battle**：warの中で行われる個々の短期間の戦い。あるいは、個人間での口論など。
▶ **fight**：個人間の暴力も伴うような口論、スポーツでの戦い。

battle [bǽtl バトル]	名 戦い、戦闘
bomb [bάm バム] 発	名 爆弾 他 を爆撃する
conflict [kάnflikt カンフリクト] ア	名 ① (意見などの)衝突　②争い、紛争 自 [kənflíkt コンフリクト] (…と)衝突する、矛盾する(with)
crisis [kráisəs クライスィス] 複 crises	名 危機
immigrate [ímigrèit イミグレイト] ア	自 (…に)移住する(to, into) ▶ immigrátion 名 移住 ▶ ímmigrant 名 移民
inevitable [inévətəbl イネヴィタブル]	形 避けられない、必然的な
justice [dʒʌ́stəs ヂャスティス]	名 ① 正義、公正　②裁判官 　do A justice　Aを正当に評価する ▶ jústify 他 を正当化する
resist [rizíst リズィスト]	他 ① に抵抗[反抗]する 　②《否定文で》をがまんする ▶ resístance 名 抵抗
threat [θrét スレト] 発	名 ① 脅威　②(…への)脅し、脅迫(against) ▶ thréaten 他 を脅す
weapon [wépən ウェポン] 発	名 武器、兵器

STEP
21

immigrate, emigrate, migrate

immigrate は「人が他の国や地域から移住する」の意味。似た単語に emigrate「人が他の国や地域に移住する」、migrate「人や動物がある地域から別の地域に移住する」がある。

emigrate to South America「南米に移住する」
migrate from Russia to Japan「ロシアから日本に移住する」

事実や情報を伝える ⑫

心の働きや状態について話す

□□□ 0811 意欲にあふれて	full of **motivation**
□□□ 0812 感情を隠す	hide your **emotions**
□□□ 0813 客観的な判断	**objective** judgment
□□□ 0814 異常な行動	an **abnormal** behavior
□□□ 0815 ひどい憂うつ	a deep **depression**
□□□ 0816 青ざめる	turn **pale**
□□□ 0817 ストレスを感じる	feel **stress**

情報を得る

□□□ 0818 場所を突き止める	**locate** the place
□□□ 0819 全身を細かく調べる	**scan** the whole body
□□□ 0820 その危険に気づいて	**aware** of the danger

顔色を表す表現

paleは「青ざめた」顔色を表す一方、恥ずかしさなどで顔が「赤くなる」ときは、英語で「赤」の意味であるredを用いる。

She turned red when he kissed her hand.
「彼が彼女の手にキスをすると、彼女の顔は赤くなった」

motivation [mòutəvéiʃən モウティヴェイション]	名 意欲、やる気(を起こさせるもの)、動機づけ ▶ mótive 名 動機 ▶ mótivate 他 の意欲を起こさせる
emotion [imóuʃən イモウション]	名 (強い)感情 ▶ emótional 形 感情的な
objective [əbdʒéktiv オブヂェクティヴ]	形 客観的な(⇔ subjéctive 主観的な) 名 目的 ▶ óbject 名 物体
abnormal [æbnɔ́ːrməl アブノーマル]	形 異常な、ふつうでない(⇔ nórmal ふつうの)
depression [dipréʃən ディプレション]	名 ①憂うつ、うつ(病) ②(長期にわたる)不況、不景気 ▶ depréssed 形 落胆した ▶ depréssing 形 意気消沈させる
pale [péil ペイル]	形 ①(顔色などが)青白い ②(色などが)淡い、薄い
stress [strés ストレス]	名 ①(精神的)ストレス ②圧力 ③強調 他 を強調する ▶ stréssful 形 ストレスのたまるような
locate [lóukeit ロウケイト]	他 ①(位置)を突き止める、探し出す ②を設立する、建てる ③《be located で》位置する ▶ locátion 名 位置
scan [skǽn スキャン]	他 ①を細かく調べる ②を(…を求めて)ざっと見る(for) ③(データなど)を読み取る
aware [əwéər アウェア]	形 (…に)気づいて(of, that 節) ▶ awáreness 名 自覚

 scan

　scanner「スキャナー」でおなじみの scan だが、「詳しく調べる」という意味と「ざっと見て要点をつかむ」という、矛盾する意味がある。古くは「詩のリズムや抑揚を詳細に調べる」という意味だったが、それが次第に「何かを探しながら調べる」に転じて、「ざっと見る」という意味が生じた。

考えや意図を伝える ⑧

▢▢▢ 0821 平和の訴え	**appeal** for peace
▢▢▢ 0822 レストランを勧める	**recommend** a restaurant
▢▢▢ 0823 現実を認める	**acknowledge** the reality
▢▢▢ 0824 彼の結婚に賛成する	**approve** of his marriage
▢▢▢ 0825 批判的な批評	a **critical** review
▢▢▢ 0826 交渉を行う	enter **negotiations**

複数のものをひとつにする

▢▢▢ 0827 紅茶を混ぜ合わせる	**blend** teas
▢▢▢ 0828 2つの表を結合させる	**combine** two tables
▢▢▢ 0829 写真を添付する	**attach** a photo
▢▢▢ 0830 中国語に由来する	**derive** from Chinese

 〈recommendの語法＋that節〉

▶ recommend that S V（Vは動詞の原形か〈should＋原形〉）

The doctor recommended to the patient that she take a rest.

「医師はその患者に休養をとるように勧めた」

254　LEVEL 2　B1

appeal [əpíːl アピール]	名 ①訴え、懇願 ②魅力 自 ①(…を)訴える、懇願する、求める(for) ②(心を)引きつける
recommend [rèkəménd レコメンド]	他 を勧める、(…ということ)を勧める(that節)、(すること)を勧める(doing) recommend A to do　Aが…するように勧める ▶ recommendátion 名 推薦
acknowledge [əknálidʒ アクナリヂ]	他 ①を認める、(ということ)を認める(that節) ②を感謝する ▶ acknówledg(e)ment 名 認めること
approve [əprúːv アプルーヴ] 発	自 他 ①(行動・提案など)(に)賛成する(of) ②(を)承認する(of) ▶ appróval 名 賛成、承認
critical [krítikəl クリティカル]	形 ①(…に対して)批判的な(of, about) ②重大な、危機的な ▶ críticism 名 批判 ▶ crísis 名 危機
negotiation [nigòuʃiéiʃən ニゴウシエイション]	名 交渉 ▶ negótiate 他 を交渉して取り決める
blend [blénd ブレンド]	他 を混ぜ合わせる 自 ①混ざる ②(色が)溶け込む、(…と)調和する(with) 名 混合物、ブレンド
combine [kəmbáin コンバイン]	他 を(…と)結合させる(with) 自 結合する ▶ combinátion 名 結合
attach [ətǽtʃ アタチ]	他 を(…に)添付する、取り付ける(to) ▶ attáchment 名 付属品
derive [diráiv ディライヴ]	自 (…に)由来する、(…から)派生する(from) 他 ①を引き出す[得る] ②《be derivedで》(ことばなどが)(…から)派生する(from)

STEP
21

 acknowledgeの使い方

acknowledgeには、「を感謝する」という意味もある。この意味の単語にthankや appreciateがあるが、acknowledgeはよりフォーマルな言い方。なお、論文や書籍で協力者への感謝を述べる「謝辞」は、名詞形であるacknowledgementで表す。

習日 / / / **255**

産業について話す		
□□□ 0831 自動車産業	the car **industry**
□□□ 0832 農業に従事する	engage in **agriculture**
□□□ 0833 農作物を収穫する	harvest **crops**
□□□ 0834 土地を耕す	**cultivate** land
□□□ 0835 その機器を操作する	operate the **equipment**

ことばや言語について話す		
□□□ 0836 3か国語に堪能で	**fluent** in three languages
□□□ 0837 英語の言い回し	an English **phrase**
□□□ 0838 一般的な用語	a common **term**
□□□ 0839 私の母国語	my mother **tongue**
□□□ 0840 英語の小説を翻訳する	**translate** English novels

🐻 equipment

equipmentは、部品や機材などがひとまとまりになった集合体としての「機器」や「設備」を表す集合名詞のため、×equipmentsとはしない。a piece of equipment「1つの機器」と言うこともできるが、可算名詞のtoolやdeviceを使うほうがベター。

industry [índəstri インダストリ]	名 産業、工業 ▶ indústrial 形 産業の、工業の
agriculture [ǽgrikÀltʃər アグリカルチャ]	名 農業 ▶ agricúltural 形 農業の
crop [kráp クラプ]	名 ①(農)作物 ②収穫(高)
cultivate [kÁltəvèit カルティヴェイト]	他 ①を耕す、栽培する ②を養う ③を磨く、洗練する
equipment [ikwípmənt イクウィプメント]	名 ①機器、設備 ②装備 ▶ equíp 他 を備え付ける
fluent [flú:ənt フルーエント]	形 (ことばなどが)堪能で、流ちょうな be fluent in A Aが流ちょうである、達者である ▶ flúently 副 流ちょうに
phrase [fréiz フレイズ]	名 ①言い回し、ことばづかい ②句、フレーズ
term [tə́:rm ターム]	名 ①(専門)用語 ②期間、学期 ③《terms で》条件
tongue [tÁŋ タング]	名 ①(言)語(=lánguage) ②ことばづかい ③舌
translate [trǽnslèit トランスレイト]	他 を(…に)翻訳する[訳す](into) ▶ translátion 名 翻訳

STEP
21

terms

term は「対人関係」「(料金などの)条件」という意味がある。これらの意味では
terms と複数形で用いるのがふつう。

　　be on good terms with them「彼らとよい関係にある」
　　the terms of contract「契約の条件」

例文でCHECK!!

0801	アレキサンダー大王は決して戦いに負けず、彼の軍隊はインドにまで到着した。	Alexander the Great never lost a battle and his army even reached India.
0802	その小国は敵に爆弾を落とすと脅した。	The small country threatened to drop bombs on its enemies.
0803	その大統領は2国間の衝突を解決しようとした。	The president tried to settle a conflict between two countries.
0804	アジアの国々は高齢化という危機に直面しつつある。	Asian countries are facing a crisis of an aging society.
0805	多くのイタリア人が1880年から1920年の間にアメリカに移住した。	Many Italians immigrated into the US between 1880 and 1920.
0806	その2国は、経済関係の避けられない変化を経験しなければならなかった。	The two countries had to experience inevitable changes in economic relations.
0807	その新聞記者は女性にとっての社会正義を支持する記事を書いた。	The journalist wrote an article in favor of social justice for women.
0808	軍隊はその都市に対する攻撃に抵抗した。	The army resisted the attack against the city.
0809	戦争の脅威が高まりつつあることは疑いがなかった。	There was no doubt that the threat of war was growing.
0810	飛行機で武器を持ち運ぶことは許可されていない。	It is not permitted to carry a weapon on an airplane.

0811	コンラッドは今、警察官になるという意欲にあふれている。	Conrad is now full of motivation to become a police officer.
0812	ヒューはその悪い知らせを聞いたとき、自分の感情を隠そうとした。	Hugh tried to hide his emotions when he heard the bad news.
0813	あの決定は客観的な判断ではなく、個人的な意見によってなされた。	That decision was made on personal opinions, not objective judgment.
0814	ジャネットは彼女のイヌの異常な行動のため動物病院へ連れて行った。	Janet took her dog to the animal hospital because of its abnormal behavior.
0815	彼女はこのところひどい憂うつに苦しんでいる。	She is suffering from a deep depression these days.
0816	メイは、壁の巨大なクモを見たときに青ざめた。	May turned pale when she saw a giant spider on the wall.
0817	彼は授業でスピーチをしなければならないときには、いつもストレスを感じた。	He felt stress any time he had to give a speech in class.

0818	その女性はかつて彼女の子ども時代の家があった場所を突き止めた。	The woman located the place where her childhood home had been.
0819	その空港には武器を持っているかどうか、全身を細かく調べられる機械がある。	The airport has a machine that can scan the whole body for weapons.
0820	パイロットはその危険に気づいていたが嵐の中へと飛行した。	The pilot flew into the storm even though he was aware of the danger.

☐ 0821	そのミュージシャンたちは平和の訴えについてコンサートを行った。	The musicians gave a concert in an <u>appeal for peace</u>.
☐ 0822	ホテルの近くにあるレストランを勧めていただけませんか。	Could you <u>recommend a restaurant</u> that is near the hotel?
☐ 0823	彼女は自分のネコが逃げたという現実を認めることを拒んでいる。	She refuses to <u>acknowledge the reality</u> that her cat ran away.
☐ 0824	ジェイソンの両親は自分たちが知らない女性との彼の結婚に賛成しなかった。	Jason's parents did not <u>approve of his marriage</u> to a woman they did not know.
☐ 0825	あの映画は非常に批判的な批評を受けたが私はそれでも見たい。	That movie got a very <u>critical review</u> but I still want to see it.
☐ 0826	所有者は、彼の家を近所の人に売ろうと交渉を行っている。	The owner <u>is entering negotiations</u> to sell his house to his neighbor.

☐ 0827	この会社は地元のレストランに販売する紅茶を混ぜ合わせている。	This company <u>blends teas</u> that it sells to local restaurants.
☐ 0828	その生徒は新しいグラフを作るために2つの表を結合させた。	The student <u>combined two tables</u> to create the new graph.
☐ 0829	スーザンは友人への手紙に自分のネコの写真を添付した。	Susan <u>attached a photo</u> of her cat to a letter to her friend.
☐ 0830	ひらがなとカタカナは中国語の文字に由来する。	Hiragana and katakana <u>derive from Chinese</u> characters.

☐ 0831	その会社は自動車産業における世界のリーダーに成長した。	The company has grown into the world leader in <u>the car industry</u>.
☐ 0832	この村のほとんどの人は農業に従事している。	Most people in this village are <u>engaged in agriculture</u>.
☐ 0833	その農業経営者は農作物をより速く収穫するための新しい道具を発明した。	The farmer invented a new tool to <u>harvest crops</u> faster.
☐ 0834	その開拓者たちは川べりの土地を耕すことができるように木を切り倒した。	The pioneers cut down trees so they could <u>cultivate land</u> by the river.
☐ 0835	会社が訓練しているので、従業員はその機器を操作できる。	The company provides training, so its workers can <u>operate the equipment</u>.

☐ 0836	ジャネットは英語、中国語、フランス語の3か国語に堪能である。	Janet is <u>fluent in three languages</u>: English, Chinese and French.
☐ 0837	Pull yourself together は「落ち着きなさい」を表す英語の言い回しだ。	"Pull yourself together" is <u>an English phrase</u> that means "calm down."
☐ 0838	その医者は一般的な用語で、治療の過程を説明した。	The doctor explained the treatment process in <u>common terms</u>.
☐ 0839	私はメキシコで生まれたので、スペイン語は私の母国語だ。	Spanish is <u>my mother tongue</u> because I was born in Mexico.
☐ 0840	ジュンは趣味として、英語の小説を中国語に翻訳する。	Jun <u>translates English novels</u> into Chinese for a hobby.

STEP
21

自然科学について話す

□□□ 0841 動物実験	**experiments** on animals
□□□ 0842 ヒト遺伝子	human **genes**
□□□ 0843 鉱物が豊富な	rich in **minerals**
□□□ 0844 その奇妙な現象	the strange **phenomenon**
□□□ 0845 貴金属	a **precious** metal
□□□ 0846 蒸気熱	**steam** heat
□□□ 0847 宇宙の中心	the center of the **universe**
□□□ 0848 深海の生態系	deep-sea **ecosystems**
□□□ 0849 動物の生息地	an animal **habitat**
□□□ 0850 羊を繁殖させる	**breed** sheep

 preciousとvaluableの違い

▶ precious：「金銭では測れないほど貴重な」
▶ valuable：「金銭的な価値が高い」
したがって、preciousは主観的な価値を表すことがある。

 my precious [×valuable] memories「私の貴重な思い出」
 You are precious to me.「君は私にとってかけがえのない人だ」

experiment [ikspérəmənt イクスペリメント] 発 ア	名 (…に対する)実験(on) 自 [ikspérəmènt イクスペリメント] 実験する
gene [dʒíːn ヂーン]	名 遺伝子 ▶ genétic 形 遺伝子の
mineral [mínərəl ミネラル]	名 鉱物
phenomenon [finámənàn フィナメナン] 複 phenomena	名 ①現象 ②驚異、不思議なもの
precious [préʃəs プレシャス]	形 貴重な、大切な
steam [stíːm スティーム]	名 (水)蒸気、蒸気 自 湯気を立てる 他 を蒸す、ふかす
universe [júːnəvə̀ːrs ユーニヴァース] ア	名 宇宙 ▶ univérsal 形 ①全体の、全世界の ②普遍的な
ecosystem [íːkousìstəm イーコウスィステム]	名 生態系
habitat [hǽbətæt ハビタト]	名 生息地、生育地
breed [bríːd ブリード]	他 を繁殖させる、飼育する 自 (動物が)子を産む ▶ bréeding 名 繁殖

STEP
22

🐻 universe, space, cosmos

universe, (outer) space, cosmosはすべて「宇宙」を意味するが、以下のような
ニュアンスの違いがある。

▶ universe：地球を含むすべてを指した宇宙。ふつうtheを伴う。

▶ (outer) space：大気圏外の宇宙空間を指す。theはつけず、無冠詞で用いる。

▶ cosmos：秩序のとれた体系としての宇宙（⇔cháos 混沌）。哲学で使われる語。

芸術・文学について話す

□□□ 0851 観客を魅了する	**fascinate** the audience
□□□ 0852 詩をつくる	**compose** a poem
□□□ 0853 古典文学	classic **literature**
□□□ 0854 古代神話	an ancient **myth**
□□□ 0855 物語を語る	**narrate** a story
□□□ 0856 その伝統を守る	**preserve** the tradition
□□□ 0857 その絵を修復する	**restore** the painting
□□□ 0858 チームワークの精神	the **spirit** of teamwork
□□□ 0859 悲しい話	the sad **tale**
□□□ 0860 有名な悲劇	a famous **tragedy**

 literatureの関連語

▶ literary：文学の（形容詞）
▶ literate：読み書きができる（形容詞）、読み書きができる人（名詞）
▶ literacy：識字能力、読み書きの能力（名詞）
　　a literary work「文学作品」
　　He is literate in three languages.「彼は3か国語が読み書きできる」
　　The literacy rate in this country is 60%.「この国の識字率は60%だ」

fascinate [fǽsənèit ファスィネイト] ア	他 を魅了する ▶ fáscinating 形 魅惑的な
compose [kəmpóuz コンポウズ]	他 ① (詩など)をつくる、作曲する　② を構成する be composed of A　A で構成され(てい)る ▶ compositíon 名 構成、作文
literature [lítərətʃər リタラチャ] ア	名 文学、文芸 ▶ líterary 形 文学の ▶ líteral 形 文字の、文字通りの
myth [míθ ミス] 発	名 ① 神話　② 根拠のない話[事柄]、作り話
narrate [nǽreit ナレイト]	他 を語る、述べる ▶ narrátion 名 ナレーション ▶ nárrator 名 語り手、ナレーター
preserve [prizə́:rv プリザーヴ]	他 を守る、保存する、維持する ▶ preservátion 名 保存
restore [ristɔ́:r リストー]	他 を修復する、もどす
spirit [spírət スピリト]	名 ① 精神、心　② 魂　③《spirits で》気分、気力 ▶ spíritual 形 精神的な
tale [téil テイル]	名 お話、物語
tragedy [trǽdʒədi トラヂェディ]	名 悲劇(⇔ cómedy 喜劇) ▶ trágic 形 悲劇の

STEP 22

tale と story

taleは主に「作り話」を指し、自分ででっちあげた言い訳などについても使う。一方、story「話、物語」は、「作り話」のほかに、ニュースの報道や実社会の出来事など、実際にあった話を指すことも多い。

なお、fairy tale は「子ども向けのおとぎ話」。グリム童話や、ディズニーアニメなどが fairy tale の典型例。fairy は「妖精」という意味。

考えや意図を伝える ⑨

プラスに評価する

□□□ 0861
彼の正直さをほめる
praise his honesty

□□□ 0862
注目に値する
deserve attention

□□□ 0863
効率的な方法
an **efficient** method

□□□ 0864
よい評判である
have a good **reputation**

□□□ 0865
他の人より優れた
superior to others

□□□ 0866
高価な絵
a **valuable** painting

□□□ 0867
訪れる価値がある
worth visiting

マイナスに評価する

□□□ 0868
うそをついたと彼を非難する
accuse him of lying

□□□ 0869
ばかなイヌ
a **stupid** dog

□□□ 0870
むだな試みをする
make **vain** attempts

superiorの語法

superiorは「より優れている」という比較の意味を表す形容詞だが、thanではなくtoを用いて、be superior to A「Aより優れている」という形で用いる。反意語のinferior [infíəriər インフィアリア] も、be inferior to Aで「Aより劣っている」という意味を表す。なお、superior, inferiorを強調する場合、比較級のときと同じようにveryではなくmuch, farを使う。

praise [préiz プレイズ] 発	他 をほめる、称賛する 名 称賛、ほめること
deserve [dizə́:rv ディザーヴ]	他 に値する、の価値がある
efficient [ifíʃənt イフィシェント] 発 ア	形 効率的な、有能な ▶ effíciency 名 効率
reputation [rèpjətéiʃən レピュテイション]	名 評判
superior [səpíəriər スピアリア] ア	形 優れた、上位の(⇔ inférior 劣った) superior to A　Aより優れた
valuable [vǽljəbl ヴァリャブル]	形 ①高価な　②貴重な 名 《valuablesで》貴重品 ▶ válue 名 価値　他 を重んじる
worth [wə́:rθ ワース] 発	形 価値がある 名 価値 worth doing …する価値がある ▶ wórthy 形 (に)値して(of, to do)
accuse [əkjú:z アキューズ]	他 ①を非難する　②を告訴する accuse A of B　AをBのかどで訴える ▶ accusátion 名 非難、告訴
stupid [stjú:pəd ステュービド]	形 ばかな、ばかげた(= fóolish)
vain [véin ヴェイン] 発	形 ①むだな　②うぬぼれた in vain　むだに ▶ vánity 名 うぬぼれ

STEP 22

 **stupid, foolish, silly**

foolishは「ばかな」を意味する一般的な語。stupidは「ばかでイライラする」といったニュアンスを含み、やや強いニュアンスをもつ。sillyは「子どもっぽい、ばかばかしい」人や状況に使う言葉で、親しみを込めて使われることも多い比較的ソフトな語。

政治について話す

□□□ 0871 その国を統治する	**govern** the country
□□□ 0872 民主主義を広める	spread **democracy**
□□□ 0873 軍隊に入る	join the **army**
□□□ 0874 市長を務める	serve as **mayor**
□□□ 0875 外交政策	foreign **policy**
□□□ 0876 政治を論じる	discuss **politics**
□□□ 0877 アメリカ大統領	the US **president**
□□□ 0878 警備を強める	increase **security**
□□□ 0879 問題を解決する	**settle** the issue
□□□ 0880 投票するよう若者に促す	**urge** young people to vote

🐻 軍隊の種類

軍隊には大きく分けて、army「陸軍」、navy「海軍」、air force「空軍」の3つがある。armyとnavyは、それぞれ「武装した人」「船の集団」を表すラテン語に由来するが、空軍はまだ100年余りの歴史しかないため固有の名詞がなく、「力、軍隊」を表すforceに「空気」のairをつけてair forceと呼んでいる。

govern [ɡʌ́vərn ガヴァァン]	他 自 ① (を)**統治する、治める** ② を**支配する** ▶ góvernment 名 政府
democracy [dimɑ́krəsi ディマクラスィ] ⑦	名 **民主主義、民主政治** ▶ democrátic 形 民主的な
army [ɑ́ːrmi アーミ]	名 《the army で》**軍隊、陸軍**(⇔ návy 海軍)
mayor [méiər メイア]	名 **市長、町長**
policy [pɑ́ləsi パリスィ]	名 **政策、方針**
politics [pɑ́lətiks パリティクス] ⑦	名 **政治、政治学** ▶ polítical 形 政治(上)の、政治に関する
president [prézədənt プレズィデント]	名 ①**大統領** ②**社長、会長** ▶ presidéntial 形 大統領の
security [sikjúərəti スィキュアリティ]	名 ①**警備、安全** ②**安心感** ▶ secúre 形 ①安全な ②安定した
settle [sétl セトル]	他 を**解決する** 自 ①**和解する** ②**住み着く、定住する** settle down 定住する、落ち着く ▶ séttlement 名 解決、和解
urge [ə́ːrdʒ アーヂ]	他 ①に(するように)**促す**(to do)、を**強く勧める** ②を**急がせる** 名 **衝動**

STEP
22

settle と solve

  settle と solve は、どちらも「解決する」の意味をもつが、settle は「折り合いをつける、紛争を解決する」、solve は「解答を見出す」というニュアンスで使われる。
  The city solved the problem of pollution.「市は汚染の問題を解決した」
  They settled their differences.「彼らは仲違いに決着をつけた」

例文でCHECK!!

自然科学について話す

	例文	英文
0841	そのグループは、あらゆる種類の動物実験に抗議している。	The group protests against all types of experiments on animals.
0842	ヒト遺伝子の最初の地図は、2003年に完成した。	The first map of human genes was completed in 2003.
0843	海の真ん中にあるその島には鉱物が豊富にある。	The island in the middle of the ocean is rich in minerals.
0844	科学者たちはその奇妙な現象について適切な説明ができない。	Scientists do not have a good explanation for the strange phenomenon.
0845	金は貴金属であり、宝飾品を作るのによく使われる。	Gold is a precious metal and is often used to make jewelry.
0846	このアパートは電力を節約するために蒸気熱を利用している。	This apartment uses steam heat to save electricity.
0847	約400年前、人々は地球が宇宙の中心にあると信じていた。	About 400 years ago, people believed that Earth was at the center of the universe.
0848	私たちは、深海の生態系についてほとんど何も知らない。	We know very little about deep-sea ecosystems.
0849	動物の生息地には、十分な食料、水、すみかがなくてはならない。	An animal habitat must have enough food, water and shelter.
0850	このビデオは、羊を繁殖させる方法を見せてくれる。	This video will show you how to breed sheep.

芸術・文学について話す

	例文	英文
0851	そのダンサーは、すばらしい跳躍で観客を魅了した。	The dancer fascinated the audience with her amazing jumps.
0852	その少女は彼女の母親のために花に関する詩をつくった。	The girl composed a poem about flowers for her mother.
0853	この書店は古典文学の品揃えが豊富である。	This bookstore has a good selection of classic literature.
0854	古代神話によると、日本は高千穂峰で創造された。	According to an ancient myth, Japan was created on Takachiho-no-mine.
0855	その有名な俳優は子ども向けのテレビ番組で物語を語った。	The famous actor narrated a story for a children's television show.
0856	この博物館は歌舞伎の伝統を守ることに貢献するべく建てられた。	This museum was built to help preserve the tradition of kabuki.
0857	美術館は元の色になるようにその絵を修復した。	The museum restored the painting to its original colors.
0858	最も大切なのはチームワークの精神だ。	What is most important is the spirit of teamwork.
0859	アンネ・フランクの悲しい話で私は涙が出てきた。	The sad tale of Anne Frank brought tears to my eyes.
0860	「ロミオとジュリエット」は、ウィリアム・シェイクスピアの有名な悲劇だ。	Romeo and Juliet is a famous tragedy by William Shakespeare.

☐ 0861	その先生はグレンがうそをついたと言ったとき、彼の正直さをほめた。	The teacher praised his honesty when Glen said he had lied.
☐ 0862	この絵画は受賞はしなかったが、それでも注目に値する。	This painting did not win a prize but it still deserves attention.
☐ 0863	科学者は人類を宇宙に送り込む効率的な方法を見つけ出そうとしている。	Scientists are trying to find an efficient method of sending humans into space.
☐ 0864	あのレストランは料理とサービスのどちらもよい評判である。	That restaurant has a good reputation for food and service.
☐ 0865	ナイジェルは本当に一生懸命働くという点で、他の人よりも優れている。	Nigel is superior to others in that he works really hard.
☐ 0866	先週、泥棒が美術館から高価な絵を盗んだ。	A thief stole a valuable painting from the museum last week.
☐ 0867	もしあなたがフランスにいるなら、ルーブル美術館は訪れる価値があります。	The Louvre Museum is worth visiting if you are in France.

☐ 0868	ポールは、先生が授業中にうそをついたと彼を非難したので怒った。	Paul was upset because the teacher accused him of lying in class.
☐ 0869	あのばかなイヌは毎晩何時間もの間ほえてるんだよ！	That stupid dog barks for hours every night!
☐ 0870	あの会社は対外的なイメージを向上させるためにむだな試みをしている。	That company is making vain attempts to improve its public image.

☐ 0871	副大統領は、大統領が統治できない場合にその国を統治する。	The vice president governs the country when the president is unable to do so.
☐ 0872	アメリカは世界中に民主主義を広めようとしている。	America tries to spread democracy throughout the world.
☐ 0873	ヘンリーは高校を卒業したあと軍隊に入った。	After he graduated from high school, Henry joined the army.
☐ 0874	彼女はこの市の市長を務める初めての女性だ。	She is the first woman to serve as mayor of this city.
☐ 0875	そのテレビ番組は国の新たな外交政策について議論した。	The television show discussed the nation's new foreign policy.
☐ 0876	私の家族は夕食をとりながら、よく政治を論じる。	My family often discusses politics while eating dinner.
☐ 0877	アメリカ大統領は4年の任期を務める。	The US president serves a term of 4 years.
☐ 0878	政府は2国間の緊張が高まってから、警備を強めた。	The government increased security after tensions grew between the two countries.
☐ 0879	その国は高齢化社会という問題を解決しようとしてきた。	That country has tried to settle the issue of aging society.
☐ 0880	その政治的指導者たちは投票するよう若者に促した。	The political leaders urged young people to vote.

STEP
22

困難な状況について話す	□□□ 0881 かろうじて生き延びる	**barely** survive
	□□□ 0882 彼からすべてを奪う	**deprive** him of everything
	□□□ 0883 隔たりをなくす	fill the **gap**
	□□□ 0884 障害物を取り除く	clear **obstacles**
身体動作について話す	□□□ 0885 深呼吸	a deep **breath**
	□□□ 0886 しぐさをする	make a **gesture**
	□□□ 0887 私に向かってのうなずき	a **nod** to me
	□□□ 0888 彼の腕をつかむ	**seize** his arm
	□□□ 0889 私の背中を伸ばす	**stretch** my back
	□□□ 0890 私に向かってどなる	**yell** at me

---

 barelyとhardly, scarcely

barelyは「かろうじて（〜する）」と肯定的な意味で用いられるが、hardly, scarcelyは「ほとんど〜ない」と否定的な意味で用いる。

I barely passed the test.「かろうじてテストに受かった」
I hardly [scarcely] understand what he says.
「彼の言うことはほとんどわからない」

barely [béərli ベアリ]	副 かろうじて、やっと
deprive [dipráiv ディプライブ]	他 から(…を)奪う(of)
gap [gǽp ギャプ]	名 ① 隔たり、すき間　② (考えなどの)相違
obstacle [ábstəkl アブスタクル]	名 障害(物)
breath [bréθ ブレス] 発	名 ① 呼吸、息　② ひと息 ▶ breathe[bríːð ブリーズ] 自 呼吸する
gesture [dʒéstʃər ヂェスチャ]	名 しぐさ、身ぶり 自 しぐさ[身ぶり]をする 他 を身ぶりで示す
nod [nád ナド]	名 うなずき、会釈 自 うなずく、会釈する
seize [síːz スィーズ] 発	他 ① を(急に強く)つかむ　② (機会)をとらえる 自 (機会など)に飛びつく(on) 　seize A by the B　A(人)のB(体の部位)をつかむ
stretch [strétʃ ストレチ]	他 を伸ばす、引っ張る 自 伸びる、広がる 名 (時間、空間の)広がり
yell [jél イェル]	自 どなる、わめく 名 叫び声

STEP
23

ジェスチャー

　同じジェスチャーでも、国によって意味が異なる。たとえば、人差し指と中指でつくる「ピースサイン」は、ギリシアでは相手を侮辱するときに用いる。中指と人差し指を交差させるジェスチャー（cross one's fingers）は、アメリカでは「幸運を祈る」という意味になるが、ベトナムでは、相手をばかにするしぐさになる。海外旅行に行く前には、こうしたことも調べておこう。

話題を広げる ⑬

☐☐☐ 0891 泥棒を逮捕する	**arrest** a thief
☐☐☐ 0892 罪を犯す	**commit** a crime
☐☐☐ 0893 窃盗で有罪の	**guilty** of stealing
☐☐☐ 0894 大事件	a major **incident**
☐☐☐ 0895 罪のない市民	**innocent** citizens
☐☐☐ 0896 留置所に入る	go to **jail**
☐☐☐ 0897 刑務所に入って	in **prison**
☐☐☐ 0898 明らかな証拠	clear **proof**
☐☐☐ 0899 自殺する	commit **suicide**
☐☐☐ 0900 その事故の目撃者	a **witness** to the accident

 accident と incident の違い

accident は「予期しない出来事」の意味。通常は被害や身体的な危害をもたらしかねない大きな事故を意味するが、a happy accident「うれしい出来事［誤算］」のように、よい出来事のときに用いることもある。

incident はふつう、accident よりは小規模だが、重大事件に発展しかねない出来事のことを指す。国際政治の分野では、「紛争」の意味でも用いられる。

arrest [ərést アレスト]	他 を(…の容疑で)逮捕する(for) 名 逮捕
commit [kəmít コミト]	他 ①を犯す ②を委託する ▶ commítment 名 約束 　　commit *oneself* to *do* …をすると約束する、決心する
guilty [gílti ギルティ] 発	形 ①有罪の(⇔ ínnocent 無罪の) 　②罪の意識のある ▶ guílt 名 罪
incident [ínsədənt インスィデント]	名 事件、出来事
innocent [ínəsənt イノセント] ⑦	形 ①罪のない、無罪の(⇔ guílty 有罪の) 　②無邪気な ▶ ínnocence 名 無罪
jail [dʒéil ヂェイル]	名 留置所 他 を(…の罪で)投獄する(for)
prison [prízn プリズン]	名 刑務所、牢獄
proof [prú:f プルーフ]	名 証拠 ▶ próve 他 を証明する
suicide [sú:əsàid スーイサイド]	名 自殺(的行為)、自殺者 　commit suicide 自殺する
witness [wítnəs ウィトネス]	名 目撃者、証人 他 を目撃する

 **jailとprison**

　罪を犯した人が入れられる施設にjailとprisonがあるが、その使いわけは、施設に入れられている期間の「長さ」で判断する。

▶ jail：刑期が短いとき
▶ prison：刑期が長いとき

　jailは、日本のシステムでいう留置所（または拘置所）に近い施設と考えるとよい。

STEP
23

数や量について話す

□□□ 0901 豊富な経験	**abundant** experience
□□□ 0902 一定量	a certain **amount**
□□□ 0903 費用を計算する	**calculate** the cost
□□□ 0904 選手10人に等しい	**equal** to ten players
□□□ 0905 過剰に食べる	eat to **excess**
□□□ 0906 多数の本	**numerous** books
□□□ 0907 高い割合	a high **proportion**
□□□ 0908 少量	a small **quantity**
□□□ 0909 全人口	the **total** population
□□□ 0910 大量	a large **volume**

🐻 アメリカの独立宣言

アメリカの独立宣言の有名な一節に、**All men are created equal.**「人はみな平等に作られている」という言葉がある。オバマ元大統領も就任演説でこの文を引用しており、アメリカ人が「平等」を大切にしていることがうかがえる。

abundant [əbʌ́ndənt アバンダント]	形 豊富な ▶ abúndance 名 豊富
amount [əmáunt アマウント]	名 量、額 自 《amount to で》① 総計…になる 　　② 結局…になる 　a large amount of A　大量のA
calculate [kǽlkjəlèit キャルキュレイト]	他 自 (を)計算する ▶ cálculator 名 電卓 ▶ calculátion 名 計算
equal [íːkwəl イークワル] 発 ア	形 ①(…に)等しい(to)　②(…と)平等の(with) 　③ 匹敵する 名 同等の人[もの] 他 に等しい、匹敵する ▶ equálity 名 平等
excess [iksés イクセス]	名 過剰、超過(量) ▶ excéed 他 を超える ▶ excéssive 形 過剰な
numerous [njúːmərəs ニューメラス]	形 多数の、たくさんの ▶ númber 名 数
proportion [prəpɔ́ːrʃən プロポーション]	名 ①割合　②つり合い、バランス 　in proportion to　に応じて、比例して
quantity [kwɑ́ntəti クワンティティ]	名 ①(…の)数量、分量(of)　②量(⇔ quálity 質)
total [tóutl トウタル]	形 ①全体の、合計の　②完全な 名 合計、総計 自 合計(…と)なる(up to)　他 合計…となる ▶ tótally 副 完全に
volume [vɑ́ljəm ヴァリュム] ア	名 ①量、体積　②(全集物の)1巻

STEP
23

amount, quantity, volume

　a large[small] amount of A「大量[少量]のA」というとき、Aにはふつう物質・時間などの不可算名詞が来る。a large[small] quantity of Aの場合、Aは可算・不可算名詞いずれも可。

旅行や休暇について話す

☐☐☐ 0911 目的地に到着する	reach the **destination**
☐☐☐ 0912 パリに向けて出発する	**depart** for Paris
☐☐☐ 0913 港に入る	get into **port**
☐☐☐ 0914 観光ガイド	a tour **guide**
☐☐☐ 0915 天国にいる	be in **heaven**
☐☐☐ 0916 狩りに行く	go on a **hunt**
☐☐☐ 0917 宇宙旅行	a space **voyage**
☐☐☐ 0918 座席を予約する	**reserve** a seat
☐☐☐ 0919 しばらく休む	**rest** for a while
☐☐☐ 0920 予約を取り消す	**cancel** a reservation

イギリスの伝統の hunting

　イギリスには上流階級の伝統的な享楽に乗馬、ポロ、クリケットと並んでフォックスハンティング（キツネ狩り）があり、1,000年以上の歴史を有している。この伝統から、現在愛玩犬となっているフォックステリアなどの犬種が開発されてきた。何十頭の猟犬がキツネを追いつめて殺すのが伝統的な狩猟方法であったが、イヌを使用した狩りは2004年に法律で禁止され、キツネを追いつめる猟犬の数は大幅に減ってきている。

destination [dèstənéiʃən デスティネイション]	名 目的地、行き先
depart [dipáːrt ディパート]	自 (…に向かって)出発する(for) (=stárt) 　(⇔arríve 到着する) ▶ depárture 名 出発
port [póːrt ポート]	名 港、港町
guide [gáid ガイド]	名 ①ガイド、案内人　②ガイドブック　③指針 他 を案内する ▶ gúidance 名 案内
heaven [hévən ヘヴン] 発	名 ①天国(⇔héll 地獄)　②空
hunt [hʌ́nt ハント]	名 狩り(=húnting) 他 を狩る
voyage [vɔ́iidʒ ヴォイイヂ] 発	名 (宇宙)旅行、航海 ▶ vóyager 名 船で旅する人、旅行者
reserve [rizə́ːrv リザーヴ]	他 ①(座席など)を予約する　②を取っておく 名 たくわえ、備え ▶ reservátion 名 予約
rest [rést レスト]	自 休む 他 ①(体・手足など)を休ませる　②にある、を置く 名 ①休息、安らぎ　②《the rest で》残り
cancel [kǽnsəl キャンセル]	他 を取り消す、中止する

STEP 23

ボイジャー号

　voyageの派生語であるvoyagerは「航行者、旅行者」という意味のほかに、Voyagerと頭を大文字にするとNASAが1977年に打ち上げた無人宇宙探査機「ボイジャー」を指す。このボイジャー1号・2号は、木星より遠い外惑星および衛星の観測を目的に打ち上げられ、現在も宇宙空間でその役割を果たしている。

困難な状況について話す	0881	その男性は飛行機事故でかろうじて生き延びた。	The man <u>barely</u> <u>survived</u> the plane accident.
	0882	その戦争は彼から命を除いてすべてを奪った。	The war <u>deprived</u> <u>him</u> of <u>everything</u> except his life.
	0883	富裕層と貧困層との隔たりをなくすのは難しい。	It is difficult to <u>fill</u> <u>the</u> <u>gap</u> between the rich and the poor.
	0884	フィルは一つひとつ、彼の目標への障害物を取り除いている。	One by one, Phil <u>is</u> <u>clearing</u> <u>obstacles</u> to his goal.
身体動作について話す	0885	リリーはそのニュースを聞いたあと、気分を落ち着かせるために深呼吸をした。	Lily took <u>a</u> <u>deep</u> <u>breath</u> to calm herself after hearing the news.
	0886	その話し手は聴衆に静かにするようにというしぐさをした。	The speaker <u>made</u> <u>a</u> <u>gesture</u> to silence the crowd.
	0887	私たちが玄関の広間に入ったとき、彼は私に向かってうなずいた。	He gave <u>a</u> <u>nod</u> <u>to</u> <u>me</u> when we passed in the entrance hall.
	0888	彼らは彼の腕をつかみ、警察署へ連れて行った。	They <u>seized</u> <u>his</u> <u>arm</u> and took him to the police station.
	0889	彼女は私の背中と足を伸ばす効果的な方法について助言してくれた。	She advised me on an effective way to <u>stretch</u> <u>my</u> <u>back</u> and legs.
	0890	ドアをノックせずに彼女の部屋に入ったことで、姉は私に向かってどなった。	My sister <u>yelled</u> <u>at</u> <u>me</u> for entering her room without knocking on the door.
犯罪や治安について話す	0891	警察官は銀行から金を盗んだ泥棒を逮捕していない。	The police have not <u>arrested</u> <u>the</u> <u>thief</u> who stole money from the bank.
	0892	その有名な俳優は罪を犯して逮捕された。	The famous actor was arrested for <u>committing</u> <u>a</u> <u>crime</u>.
	0893	裁判官は、その男は窃盗で有罪ではないと判断した。	The judge decided that the man was not <u>guilty</u> <u>of</u> <u>stealing</u>.
	0894	空港で、すべての飛行便を止めるほどの大事件があった。	There was <u>a</u> <u>major</u> <u>incident</u> at the airport that stopped all flights.
	0895	たくさんの罪のない市民がテロリストの攻撃でけがをした。	Many <u>innocent</u> <u>citizens</u> were injured in the terrorist attack.
	0896	あの政治家は酒を飲んで車を運転したために留置所に入った。	That politician <u>went</u> <u>to</u> <u>jail</u> for drinking alcohol and driving a car.
	0897	その若い男は麻薬を販売していたため、現在刑務所に入っている。	The young man is now <u>in</u> <u>prison</u> because he was selling drugs.
	0898	警察は、その男が宝石を盗んだという明らかな証拠を発見した。	The police found <u>clear</u> <u>proof</u> that the man had stolen the jewelry.
	0899	その男性は高い橋から飛び降りて自殺した。	The man <u>committed</u> <u>suicide</u> by jumping off the tall bridge.
	0900	警察はその交通事故の目撃者を見つけようとしている。	The police are trying to find <u>a</u> <u>witness</u> <u>to</u> <u>the</u> car <u>accident</u>.

☐ 0901	彼女は動物との豊富な経験があるので、動物園で働くことを望んでいる。	She has abundant experience with animals so she wants to work at the zoo.
☐ 0902	健康な生活様式を維持するためには、一定量のストレスが必要だ。	A certain amount of stress is necessary to maintain a healthy lifestyle.
☐ 0903	キムはいくら貯めなければならないか知るために休暇の費用を計算した。	Kim calculated the cost of her vacation to know how much money to save.
☐ 0904	両方のチームを選手10人に等しくするためにもう3人の参加が必要だ。	We need three more people to attend so both teams equal to ten players.
☐ 0905	彼女は過剰に食べているために、今健康上の問題を抱えている。	She now has health problems because she eats to excess.
☐ 0906	彼は日本の歴史について多数の本を所有している。	He owns numerous books about Japanese history.
☐ 0907	高い割合の生徒が、より長い夏休みを望んでいる。	A high proportion of students want a longer summer vacation.
☐ 0908	パンづくりには少量の砂糖を加えるのが一般的だ。	When making bread, it is common to add a small quantity of sugar.
☐ 0909	全人口の約5％は90歳を超えている。	About five percent of the total population is over 90 years old.
☐ 0910	その会社は湖に大量の汚染物質を捨てたために罰金を科せられた。	That company was fined for dumping a large volume of pollution into the lake.

☐ 0911	ミゲルは目的地に到着するとすぐにホテルに行くだろう。	Miguel will go to the hotel as soon as he reaches his destination.
☐ 0912	この列車は10分後にパリに向けて出発するだろう。	This train will depart for Paris in ten minutes.
☐ 0913	私たちはちょうど時間どおりに港に入り、まっすぐホテルに行った。	We got into port right on time and went straight to our hotel.
☐ 0914	観光ガイドはその集団に、その街の有名な建物の多くを案内した。	A tour guide showed the group many of the city's famous buildings.
☐ 0915	美しい浜辺で私たちは天国にいるような気分だった。	We felt like we were in heaven on the beautiful beach.
☐ 0916	冬には、おじはよく野鳥を狩りに行ったものだ。	In winter, my uncle would often go on a hunt for wild birds.
☐ 0917	地球から木星への宇宙旅行は約5年かかる。	A space voyage from Earth to Jupiter takes about five years.
☐ 0918	私は8時23分発の列車の座席を予約したいのです。	I would like to reserve a seat on the train that leaves at 8：23.
☐ 0919	旅行者たちは木陰でしばらく休んだ。	The travelers rested for a while in the shade of the trees.
☐ 0920	このホテルでは予約を取り消す場合手数料を払う必要がある。	You need to pay a fee if you cancel a reservation at this hotel.

STEP
23

事実や情報を伝える ⑮

増減について話す

□□□ 0921	
10% 減少する	**decrease** by 10%

□□□ 0922	
私の知識を拡大する	**expand** my knowledge

□□□ 0923	
期間を延長する	**extend** the period

□□□ 0924	
君の食事を制限する	**restrict** your diet

□□□ 0925	
30% 増加する	**rise** by 30%

位置・場所について話す

□□□ 0926	
わきへそれる	turn **aside**

□□□ 0927	
木の葉の端	the **edges** of a leaf

□□□ 0928	
内部の事情	**internal** affairs

□□□ 0929	
近くの病院	a **nearby** hospital

□□□ 0930	
湖の表面	the **surface** of the lake

edge のイディオム

▶ at [on] the edge of doing 「まさに…しようとして」
  He was at the edge of leaving Japan. 「彼はまさに日本を離れようとしていた」
▶ on edge 「いらいらして」
  Everyone was on edge about the news.
  「そのニュースについて全員がいらだっていた」

decrease [dikríːs ディクリース] 🅐	📖 減少する(⇔incréase 増加する) 📖 を減らす(⇔incréase を増やす) 🅝 [díːkriːs ディークリース] 減少(⇔íncrease 増加)
expand [ikspénd イクスパンド]	📖 ①を拡大する、広げる ②をふくらませる 📖 ①広がる ②ふくらむ ▶ expánsion 图 拡大
extend [iksténd イクステンド]	📖 を延長する、伸ばす、広げる 📖 広がる ▶ exténsion 图 延長
restrict [ristríkt リストリクト]	📖 (数・量・範囲など)を制限する、限定する ▶ restríction 图 制限
rise [ráiz ライズ] 変 rose [róuz ロウズ]- risen [rízən リズン]	📖 ①増加する、増す(⇔fáll 減少する) ②上がる、上昇する(= go úp, còme úp) ③起きる(=gèt úp)、立ち上がる(=stànd úp)
aside [əsáid アサイド]	📖 わきへ、わきを、わきに aside from A Aは別として put[set] A aside Aをわきに置く、片づける
edge [édʒ エヂ]	图 ①端、ふち ②刃
internal [intə́ːrnəl インターナル]	形 内部の、国内の(⇔extérnal 外部からの、対外的な)
nearby [niərbái ニアバイ]	形 副 近くの[に](⇔dístant 遠くの[に])
surface [sə́ːrfəs サーフェス] 発	图 表面 形 表面の 📖 浮上する

🐻 nearbyとnear

STEP 24

nearbyは形容詞や副詞として用いる。形容詞のときは、名詞の直前か直後に置く。

I live nearby.「私はこの近くに住んでいる」

I live in a nearby village [village nearby].「私は近くの村に住んでいる」

nearは、「(物理的に)近い」という意味では一般に補語として用いる。

Christmas is getting near.「クリスマスが近づきつつある」

ものや物事の性質について話す

□□□ 0931 一般読者	**general** readers
□□□ 0932 抽象的な絵画	**abstract** painting
□□□ 0933 複雑な問題	**complex** issues
□□□ 0934 おだやかな冬	**mild** winter
□□□ 0935 わかりやすい英語	**plain** English
□□□ 0936 とがったナイフ	a **sharp** knife
□□□ 0937 魚の一種	a **sort** of fish

基準・範囲について話す

□□□ 0938 安全基準	safety **standards**
□□□ 0939 平凡な子ども	an **ordinary** child
□□□ 0940 ある程度	to some **extent**

✨🐻 Plain English

英語は語い数が多く、教養のある英語ネイティブは、平均で**15,000～20,000語**の単語を知っているとされる。しかし、実際に会話や文章で使われる単語は、**2,000語レベル**の単語が**80～90%**を占める。ネイティブもいたずらに難しい単語を使うのではなく、意識せず Plain English（簡単な英語）を使っているのである。

general [dʒénərəl ヂェネラル]	形 一般の、全体の 名 大将、将軍 ▶ génerally 副 一般的に
abstract [ǽbstrækt アブストラクト]	形 抽象的な（⇔ concréte 具体的な）
complex [kəmpléks コンプレクス] ⑦	形 複雑な（⇔ símple 単純な） 名 [kámpleks カンプレクス] 複合体、複合ビル、(精神的) コンプレックス
mild [máild マイルド]	形 ① おだやかな、温和な（⇔ sevére 深刻な、厳しい） ② 軽い、ゆるやかな ③ 強くない、まろやかな
plain [pléin プレイン]	形 ① わかりやすい、はっきりした ② 質素な、あっさりした 名 平原
sharp [ʃάːrp シャープ]	形 ① とがった、よく切れる、鋭い（⇔ dúll 鈍い） ② 急激な　③ はっきりした
sort [sɔ́ːrt ソート]	名 種類 他 を分類する 　a sort of A　一種の A
standard [stǽndərd スタンダド] ⑦	名 基準、標準 形 標準的な
ordinary [ɔ́ːrdənèri オーディネリ]	形 平凡な、ふつうの（⇔ extraórdinary 並外れた）
extent [ikstént イクステント]	名 程度、範囲 ▶ exténd 他 を広げる

🐻 sort の用法

STEP
24

▶ **sort of**「の種類（＝ kind of）《イギリス英語》
What sort of dog do you like? = What kind of dog do you like?
「どんな種類のイヌが好きですか」

▶ **sort out**「(問題など) を解決する」
Did you sort out the problem with the car? 「車の問題は解決しましたか」

<table>
<tr><td rowspan="7">程度がはなはだしいことについて言う</td></tr>
</table>

程度がはなはだしいことについて言う	☐☐☐ 0941 並外れた才能	**extraordinary** gifts
	☐☐☐ 0942 極端な暑さ	**extreme** heat
	☐☐☐ 0943 非常に専門的な	**highly** professional
	☐☐☐ 0944 ばく大な損失	a **huge** loss
	☐☐☐ 0945 信じられないほどの権力	**incredible** power
	☐☐☐ 0946 強烈な寒さ	**intense** cold
	☐☐☐ 0947 深刻な状態	a **severe** condition
順番について話す	☐☐☐ 0948 最初の試み	the **initial** attempt
	☐☐☐ 0949 順番に	in **sequence**
	☐☐☐ 0950 ひと続きの出来事	a **series** of events

highlyとhigh

どちらも高さを表す語だが、highは物理的な位置が高いこと、highlyは程度やレベルが高いことを意味する。

He jumped high.「彼は高くジャンプした」
Japan is a highly developed country.「日本は高度に発達した国だ」

extraordinary [ikstrɔ́:rdənèri イクストローディネリ] ⑦	形 ①並外れた　②異常な(⇔órdinary 平凡な)
extreme [ikstrí:m イクストリーム] 発	形 極端な、極度の(⇔móderate 適度の) 名 《extremes で》極端(なもの) ▶extrémely 副 極端に
highly [háili ハイリ]	副 非常に、大いに ▶hígh 形 高い　副 高く
huge [hjú:dʒ ヒューヂ]	形 ばく大な、非常に大きな(⇔tíny とても小さい)
incredible [inkrédəbl インクレディブル]	形 信じられない(ほどの)、途方もない ▶incrédibly 副 信じられないことに、信じられないほどに
intense [inténs インテンス]	形 強烈な、激しい
severe [səvíər スィヴィア] 発 ⑦	形 ①深刻な、(痛みが)ひどい(⇔míld おだやかな) ②厳しい、厳格な severe on A　Aにつらく当たって ▶sevérely 副 深刻に
initial [iníʃəl イニシャル] 発 ⑦	形 ①最初の、第一の　②語頭の 名 頭文字
sequence [sí:kwəns スィークワンス]	名 ①順番　②順序、連続
series [síəri:z スィアリーズ]	名 ①ひと続き、連続 ②(本・番組などの)シリーズ(もの) a series of A　Aの連続、一連のA

severe と strict

severe は「情け容赦がない」、strict は「厳格な」というニュアンスになる。

▶ strict about A 「A について厳しい」

　My grandfather was strict about manners. 「祖父はマナーに厳しかった。」

▶ severe on A 「A (人) につらく当たる、情け容赦ない」

　He was severe on his sons. 「彼は息子たちにつらく当たった」

事実や情報について話す ⑱

□□□ 0951 学校を欠席する	be **absent** from school
□□□ 0952 声を出して読む	read **aloud**
□□□ 0953 美術の授業に出席する	**attend** an art class
□□□ 0954 子どもたちを教育する	**educate** children
□□□ 0955 スポーツ施設	sports **facilities**
□□□ 0956 研究所を設立する	establish an **institute**
□□□ 0957 奨学金を受けて	on a **scholarship**
□□□ 0958 勝利する	gain a **victory**
□□□ 0959 トーナメントで優勝する	win the **tournament**
□□□ 0960 チームを負かす	**defeat** the team

（縦書き）スポーツについて話す

 aloud と loudly

aloud「声を［に］出して」と loudly「大声で」の違いに注意。
I read his message aloud.「私は彼のメッセージを声に出して読んだ」
Don't talk loudly on the train.「電車では大声で話してはいけない」

absent [ǽbsənt アブセント]	形 (…を)欠席して(いる)、欠勤して(いる)、不在である(from) (⇔ présent 存在して、出席して) ▶ ábsence 名 欠席
aloud [əláud アラウド]	副 声を[に]出して
attend [əténd アテンド]	他 に出席する　② (学校など)に通う 自 出席する 　attend to A　Aに注意を払う、Aの世話をする ▶ atténtion 名 注意
educate [édʒəkèit エヂュケイト] ⑦	他 を教育する ▶ educátion 名 教育 ▶ educátional 形 教育の
facility [fəsíləti ファスィリティ]	名 ①《facilities で》施設、設備　② 器用さ ▶ facílitate 他 を容易にする
institute [ínstətʃùːt インスティテュート]	名 研究所、学校、協会 他 を設ける ▶ institútion 名 (大規模な)施設、機構
scholarship [skάlərʃip スカラシプ]	名 奨学金
victory [víktəri ヴィクトリ]	名 勝利(⇔ deféat 敗北)
tournament [túərnəmənt トゥアナメント]	名 トーナメント、(勝ち抜き)試合
defeat [difíːt ディフィート]	他 を負かす、破る 名 負けること、敗北(⇔ víctory 勝利)

attend の自動詞の意味

STEP 24

attend to A で「Aの世話をする」という意味。flight attendant「飛行機の客室乗務員」のattendantは、自動詞のattendの派生語で「接客係、案内係」の意味。

増減について話す	☐ 0921 この森林のトラの数は昨年10%減少した。	The number of tigers in this forest <u>decreased by 10%</u> last year.
	☐ 0922 ウェブサイト作成について私の知識を拡大するため、授業を受けている。	I am taking a class to <u>expand my knowledge</u> about making websites.
	☐ 0923 大学は、生徒が彼らの願書を提出できる期間を延長した。	The university <u>extended the period</u> when students could file their applications.
	☐ 0924 体重を減らしたいのなら、もっと君の食事を制限するべきだ。	You should <u>restrict your diet</u> more if you want to lose weight.
	☐ 0925 自転車事故の数は昨年30%増加した。	The number of bicycle accidents <u>rose by 30%</u> last year.
位置・場所について話す	☐ 0926 兵士は敵が近くにいたにもかかわらず、職務からわきへそれることを拒んだ。	The soldier refused to <u>turn aside</u> from his duty, even though the enemy was near.
	☐ 0927 子どもたちは植物の木の葉の端を食べている虫を見つけた。	The children found a bug eating <u>the edges of a leaf</u> on their plant.
	☐ 0928 その会社の内部の事情は私たちから隠されていた。	The <u>internal affairs</u> of the company were hidden from us.
	☐ 0929 その交通事故の被害者は、近くの病院に運ばれた。	The victim of the car accident was taken to <u>a nearby hospital</u>.
	☐ 0930 何羽かのアヒルが湖の表面で泳いでいた。	Several ducks were swimming on <u>the surface of the lake</u>.
ものや物事の性質について話す	☐ 0931 この科学の本には一般読者にとって、とても明快な説明が載っている。	This science book has very clear explanations for <u>general readers</u>.
	☐ 0932 その美術館は現代の抽象的な絵画を展示していた。	The museum had an exhibition of modern <u>abstract paintings</u>.
	☐ 0933 国のリーダーたちが会合し、いくつかの複雑な問題を討論した。	Country leaders met to discuss several <u>complex issues</u>.
	☐ 0934 ロサンゼルスは日差しが多く、おだやかな冬である。	Los Angeles has <u>mild winters</u> with lots of sunshine.
	☐ 0935 あの科学の本はわかりやすい英語で書かれているので、簡単に理解できる。	That science book is written in <u>plain English</u>, so it is easy to understand.
	☐ 0936 ベラはニンジンを花の形に切るために、とがったナイフを使った。	Vera used <u>a sharp knife</u> to cut the carrot into a flower shape.
	☐ 0937 これは植物と肉のどちらも食べる魚の一種だ。	This is <u>a sort of fish</u> that eats both vegetables and meat.
基準・範囲について話す	☐ 0938 その工場は、安全基準を満たさなかったために閉鎖された。	The factory was closed because it did not meet <u>safety standards</u>.
	☐ 0939 彼女は平凡な子どものように見えたが、特別な記憶力をもっていた。	She looked like <u>an ordinary child</u> but had special powers of memory.
	☐ 0940 両方の運転手が、その事故についてある程度責任を負うべきだ。	Both drivers are responsible for the accident <u>to some extent</u>.

0941	あの映画スターは演技と感情表現について並外れた才能をもっている。	That movie star has <u>extraordinary gifts</u> for acting and expressing emotions.
0942	夏の極端な暑さのために、外で働くたくさんの人々が体調を崩した。	Many people working outside became sick because of the summer's <u>extreme heat</u>.
0943	あの店に勤めている人たちは、非常に専門的なスキルをもっている。	Those workers at that store have <u>highly professional</u> skills.
0944	ノートルダム寺院の損害は全世界にとってばく大な損失だった。	The damage to Notre Dame was <u>a huge loss</u> to the entire world.
0945	大統領には信じられないほどの権力があるが、多くの規則に従わなければならない。	The president has <u>incredible power</u> but must follow many rules.
0946	強烈な寒さのため、私たちの学校は1週間冬休みを延長することを計画した。	Our school planned to extend the winter vacation for one week due to the <u>intense cold</u>.
0947	ライアンはスポーツをすることを妨げられる深刻な状態にある。	Ryan has <u>a severe condition</u> that prevents him from playing sports.

0948	車を発進させる彼の最初の試みは失敗したが、再び試みると走った。	<u>His initial attempt</u> to start the car failed, but it ran when he tried again.
0949	この棚にある本は著者の姓を使って順番に並んでいる。	The books on this shelf are <u>in sequence</u> using the authors' last names.
0950	長いひと続きの出来事により、スティーブは消防士になった。	<u>A</u> long <u>series of events</u> caused Steve to become a fireman.

0951	ヴァーンは病気だったので先週3日間、学校を欠席した。	Vern <u>was absent from school</u> for three days last week because he was sick.
0952	教師はその生徒に対し、その文を声に出して読むよう求めた。	The teacher asked the student to <u>read</u> the sentence <u>aloud</u>.
0953	私は月曜日と水曜日の夜、美術の授業に出席する。	I <u>attend an art class</u> on Monday and Wednesday evenings.
0954	生態系を守ることについて子どもたちを教育することは重要である。	It is important to <u>educate children</u> about protecting the ecosystem.
0955	その野球選手は、スポーツ施設を改良するための資金を大学に提供した。	The baseball player gave the university money to improve its <u>sports facilities</u>.
0956	彼は、アジアの学生のための研究所を設立した。	He <u>established an institute</u> for students in Asia.
0957	キャシーは全額支給奨学金を受けて大学に通っている。	Cassie is attending college <u>on a</u> full <u>scholarship</u>.

0958	日本は最初の2セットを失いながらもイランに3-2で勝利した。	Japan <u>gained a</u> 3-2 <u>victory</u> over Iran despite losing the first two sets.
0959	そのチームは来週のトーナメントで優勝したいと望んでいる。	The team hopes to <u>win the tournament</u> next week.
0960	よい選手がいるので、ニューヨークから来るチームを負かすのは困難だろう。	It will be hard to <u>defeat the team</u> from New York because they have good players.

STEP
24

学習日 ／ ／ ／ **289**

事実や情報を伝える ⑲

□□□ 0961 一房のバナナ	a **bunch** of bananas
□□□ 0962 1ダースの卵	a **dozen** eggs
□□□ 0963 ひとりあたり	**per** person
□□□ 0964 6ポンドの重さがある	weigh six **pounds**
□□□ 0965 1枚の紙	a **sheet** of paper

過去や現在について話す

□□□ 0966 現在の状況	the **current** situation
□□□ 0967 以前のメンバー	a **former** member
□□□ 0968 最近忙しい	have been busy **lately**
□□□ 0969 彼女の前の仕事	her **previous** job
□□□ 0970 記憶を思い出す	**recall** memories

ポンド

　イギリスでは、大英帝国時代に制定された測量単位を現在でも多く使用しており、その中のひとつであるポンドは、重量を表す単位である。1ポンドは「約453g」に換算される。

　また、イギリスでは貨幣の単位もポンドである。EU に加盟した際も統一通貨であるユーロを導入せず、自国通貨のポンドを貫き通してきた。

bunch [bʌ́ntʃ バンチ]	名 (果物などの)房、(花などの)束
dozen [dʌ́zən ダズン]	名 ダース、12個 a dozen (of) A　1ダースのA
per [pə́:r パー]	前 (一定の数量や時間)あたり、ごとに、(…に)つき
pound [páund パウンド] 発	名 ①ポンド《※イギリスの重量単位、約453g》 ②ポンド《※イギリスの貨幣単位》
sheet [ʃi:t シート]	名 ①1枚　②シーツ、敷布 a sheet of A　1枚のA
current [ká:rənt カーレント]	形 現在の、一般に行われている 名 ①流れ　②電流 ▶ cúrrency 名 通貨
former [fɔ́:rmər フォーマ]	形 ①以前の ②《the former で》前者の(⇔the látter 後者の)
lately [léitli レイトリ]	副 最近、近頃
previous [prí:viəs プリーヴィアス] 発 ア	形 (時間・順序が)前の、先の
recall [rikɔ́:l リコール]	他 を思い出す(＝remémber) 名 ①記憶、回想　②(欠陥品の)回収

🐻 former と previous

両方とも「前の」という意味だが、previous は「直前の、ひとつ前の」の意味となる。

Kennedy was the former president of the United States.

「ケネディはアメリカの元大統領だった」

John is the previous president of our company.

「ジョンは当社の前社長(一代前の社長)だ」

事実や情報を伝える ⑳

<tbody>

場所について話す

□□□ 0971 くつろげる雰囲気	a relaxing **atmosphere**
□□□ 0972 新宿行きの	**bound** for Shinjuku
□□□ 0973 商業地区	a business **district**
□□□ 0974 出口で待つ	wait at the **exit**
□□□ 0975 基礎を築く	lay a **foundation**
□□□ 0976 私の家を囲む	**surround** my house

望ましいものや状況について話す

□□□ 0977 利点をもたらす	offer **benefits**
□□□ 0978 奇跡を行う	do a **miracle**
□□□ 0979 彼女の困難を克服する	**overcome** her difficulties
□□□ 0980 進歩する	make **progress**

 area, district, regionの違い

▶ area：地域一般（大きさを問わない）
▶ region：地理的な特徴のある地域。地名や方角を表す語とともに使う
▶ district：区域。school, businessなど用途を表す語とともに使う
　　a dangerous area「危険区域」
　　the Asia-Pacific region「アジア・太平洋地域」
　　a shopping district「商店街」

atmosphere [ǽtməsfìər アトモスフィア] 発 ⑦	名 ①雰囲気 ②《the atmosphereで》大気、(ある場所の)空気
bound [báund バウンド]	形 (…)行きの、(…へ)向かう(for)
district [dístrikt ディストリクト]	名 地区、地域
exit [éɡzit エグズィト]	名 ①出口(=wáy óut) (⇔ éntrance 入り口) ②退出、出ていくこと
foundation [faundéiʃən ファウンデイション]	名 ①基礎、土台　②財団、基金 ▶ fóund 他 を設立する ▶ fóunder 名 創設者
surround [səráund サラウンド]	他 を囲む、包囲する ▶ surróunding 形 周囲の
benefit [bénəfit ベネフィト] ⑦	名 利点、利益、恩恵 自 利益になる 　benefit from *doing* …することから利点を得る
miracle [mírəkl ミラクル]	名 奇跡
overcome [òuvərkám オウヴァカム] 活 overcame-overcome	他 自 (を)克服する、(に)打ち勝つ
progress [prágres プラグレス] ⑦	名 進歩、進展 自 [prəgrés プログレス] 前進する、進歩する ▶ progréssive 形 進歩的な

🐻 benefitの別のイディオム

benefit には、for the benefit of Aというイディオムもある。
▶ **for the benefit of A**「Aの (利益の) ために」 (for Aを強めた言い方)
　He decided to move for the benefit of his family.
　「彼は家族のために引っ越すことを決めた」

STEP 25

人の体について話す

☐☐☐ 0981 むき出しの手	**bare** hands
☐☐☐ 0982 白いあごひげ	a white **beard**
☐☐☐ 0983 脳細胞	brain **cells**
☐☐☐ 0984 肺活量	**lung** capacity
☐☐☐ 0985 筋力トレーニング	**muscle** training
☐☐☐ 0986 重要な器官	an important **organ**
☐☐☐ 0987 酸素を取り込む	take in **oxygen**
☐☐☐ 0988 浅黒い肌	dark **skin**
☐☐☐ 0989 人間の魂	human **souls**
☐☐☐ 0990 視力がよい	have good **vision**

ひげの表現

ひげの種類はさまざまだが、それぞれに英語の呼び名がある。
- ▶ beard：あごひげ
- ▶ stubble：無精ひげ
- ▶ mustache：口ひげ
- ▶ goatee：あご先のひげ（ヤギひげ）

bare [béər ベア]	形 (体の一部分が)むき出しの、はだかの
beard [bíərd ビアド] 発	名 あごひげ
cell [sél セル]	名 ①細胞 ②独房 ③セル(表計算の1マス)
lung [lʌ́ŋ ラング]	名 《lungsで》肺
muscle [mʌ́sl マスル] 発	名 筋肉
organ [ɔ́:rgən オーガン]	名 ①器官、臓器 ②オルガン ▶ órganize 他 を組織する ▶ orgánic 形 ①器官の ②有機体の
oxygen [ɑ́ksidʒən アクスィヂェン]	名 酸素
skin [skín スキン]	名 肌、皮膚
soul [sóul ソウル] 発	名 ①魂、精神(⇔bódy 体) ②人(=pérson)
vision [víʒən ヴィジョン]	名 ①視力 ②想像力、先見の明

🐻 cell

　アメリカ英語では「携帯電話」をcellphoneまたはcell, cell phoneと言う。mobile (phone)は主にイギリス英語で用いられるが、cell phoneが次第に広まりつつある。cellphoneという名前は、エリアを小区画(cell)に分割して、セルごとに基地局を設置するセルラー(cellular [cellの形容詞])方式と呼ばれるやり方をとっていることに由来する。

STEP
25

行事やイベントについて話す

□□□ 0991 卒業式	the graduation **ceremony**
□□□ 0992 正式なパーティ	a **formal** party
□□□ 0993 絶好の機会	a perfect **occasion**
□□□ 0994 そのイベントに参加する	**participate** in the event
□□□ 0995 結婚式に出席している	**present** at the wedding
□□□ 0996 一等賞	first **prize**

商業について話す

□□□ 0997 商業的なヒット作	a **commercial** success
□□□ 0998 サービスを提供する	provide **service**
□□□ 0999 橋を建設する	**construct** a bridge
□□□ 1000 その製品を輸送する	**transport** the products

presentの用法

「誰かに何かを贈る、プレゼントする」と言いたいときは、〈present＋人＋with＋もの〉、または〈present＋もの＋to＋人〉で表現する。

The teacher presented him with a book as a prize.
＝ The teacher presented a book to him as a prize.
「その先生は彼に賞として本を贈った」

1000 !!

ceremony [sérəmòuni セレモウニ] ⑦	名 式、儀式
formal [fɔ́ːrməl フォーマル]	形 正式な、形式ばった (⇔ infórmal, cásual 略式の) ▶ fórm 名 形態 他 を形づくる
occasion [əkéiʒən オケイジョン]	名 ①機会、場合　②出来事、行事 ▶ occásional 形 時折の
participate [paːrtísəpèit パーティスィペイト] ⑦	自 (…に)参加する(in) ▶ participátion 名 参加
present [préznt プレズント] ⑦	形 ①出席している、存在している　②現在の 名 ①プレゼント、贈りもの　②現在 他 [prizént プリゼント] を贈る ▶ presentátion 名 ①贈呈　②発表
prize [práiz プライズ]	名 賞、賞品 他 《be prized で》を重んじる
commercial [kəmə́ːrʃəl コマーシャル]	形 商業的な、商業(上)の 名 コマーシャル ▶ cómmerce 名 商業
service [sə́ːrvəs サーヴィス]	名 ①サービス、貢献、奉仕　②修理、点検 ▶ sérve 他 (食卓に食べもの)を出す
construct [kənstrʌ́kt コンストラクト]	他 ①を建設する、組み立てる 　　②(文章など)を構成する ▶ constrúction 名 建設
transport [trænspɔ́ːrt トランスポート] ⑦	他 を輸送する、運送する 名 [trǽnspɔːrt トランスポート] 輸送、交通機関

participate, join, attend

participate は「参加して何かしらの行動をする」というニュアンスになり、同様の意味合いをもつ join よりも、フォーマルな表現となる。attend は単に「その場にいる、出席する」という意味で、積極的に何かに参加するという意味合いは薄い。

学習日　／　／　／　**297**

単位や測定について話す	0961	特売で一房のバナナを買ったので、フルーツサラダを食べよう。	Let's have fruit salad because I bought a bunch of bananas on sale.
	0962	彼女はその店で1ダースの卵と紙パック入りの牛乳を1本買った。	She bought a dozen eggs and a carton of milk at the store.
	0963	その店は、ひとりあたり1つ、無料サンプルを渡した。	The store gave one free sample per person.
	0964	その赤ちゃんは、生まれたときに6ポンドの重さがあった。	The baby weighed six pounds when she was born.
	0965	その小さな男の子は絵を描くための1枚のきれいな紙がほしかった。	The little boy wanted a clean sheet of paper to draw on.
過去や現在について話す	0966	私はアフリカでの現在の状況について知るためにそのニュースを見た。	I watched the news to learn about the current situation in Africa.
	0967	市議会の以前のメンバーが、表彰式で話をするでしょう。	A former member of the city council will speak at the awards ceremony.
	0968	私は最近忙しいので、あなたの家を訪ねていない。	I haven't visited your house because I have been busy lately.
	0969	マイラは、彼女の前の仕事で世界中を旅した。	Myra traveled around the world in her previous job.
	0970	その映画は彼に自分自身の少年時代の記憶を思い出させた。	The movie made him recall memories of his own childhood.
場所について話す	0971	そのカフェは友人と座って話をするための非常にくつろげる雰囲気がある。	That café has a very relaxing atmosphere for sitting and talking with friends.
	0972	新宿行きの地下鉄はどこで乗ればいいですか。	Where do I catch the subway bound for Shinjuku?
	0973	その都市は商業地区まで新しいバス路線を開通させたがっている。	The city wants to open a new bus line to the business district.
	0974	私がタクシーを呼んでいる間、出口で待っていてください。	Please wait at the exit while I call for a taxi.
	0975	その労働者たちは家を建てる前に、基礎を築いた。	The workers laid a foundation before building the house.
	0976	私の家を囲む森には、たくさんの鳥がいる。	There are many birds in the forest that surrounds my house.
望ましいものや状況について話す	0977	定期的な運動は、あらゆる年代の人々に利点をもたらす。	Regular exercise offers benefits to people of all ages.
	0978	彼は多くの人の前で奇跡を行ったと言われている。	It is said that he did miracles in front of many people.
	0979	彼女は自分の困難を克服し、レースに勝った。	She overcame her difficulties and won the race.
	0980	チュンは英語を話すことにおいて、目覚ましく進歩した。	Chun has made excellent progress in speaking English.

□ 0981	その小さい男の子はむき出しの手でヘビを持ち上げた。	The little boy picked up the snake with his <u>bare</u> <u>hands</u>.
□ 0982	サンタクロースには白いあごひげがあり丸い顔をしている。	Santa Claus has <u>a white</u> <u>beard</u> and round face.
□ 0983	研究者たちは脳細胞を修復する薬を見つけようと試みている。	The researchers are trying to find a medicine that will repair <u>brain</u> <u>cells</u>.
□ 0984	水泳選手は、水の中で息を止めるために、大きな肺活量が必要だ。	Swimmers need a large <u>lung</u> <u>capacity</u> to hold their breath under water.
□ 0985	あの選手はたくさんの筋力トレーニングを行っているので強い。	That athlete is strong because he does a lot of <u>muscle</u> <u>training</u>.
□ 0986	肝臓は血液をきれいにする重要な器官である。	The liver is <u>an</u> <u>important</u> <u>organ</u> for cleaning the blood.
□ 0987	彼は酸素を取り込むことが難しい病気を抱えている。	He has a disease which makes it hard to <u>take in</u> <u>oxygen</u>.
□ 0988	ケイジは屋外で日にあたって働いているので、浅黒い肌をしている。	Keiji has <u>dark</u> <u>skin</u> because he works outside in the sun.
□ 0989	彼らは戦争の間に失われた人間の魂のために祈った。	They prayed for the <u>human</u> <u>souls</u> that were lost during the war.
□ 0990	ナビルは視力がよいため、メガネをかける必要はない。	Nabil <u>has</u> <u>good</u> <u>vision</u> so he does not need to wear glasses.

□ 0991	校長先生は彼の学校の卒業式ですばらしいスピーチをした。	The principal gave a good speech at <u>his</u> <u>school's</u> <u>graduation</u> <u>ceremony</u>.
□ 0992	学校は完璧な成績の生徒を称えて正式なパーティーを開いた。	The school had <u>a</u> <u>formal</u> <u>party</u> to honor students with perfect grades.
□ 0993	これはあなたが買った新しいドレスを着る絶好の機会だ。	This is <u>a</u> <u>perfect</u> <u>occasion</u> to wear the new dress you bought.
□ 0994	最初は、私はただ見ていたかったのだが、後でそのイベントに参加した。	At first, I wanted to just watch, but later I <u>participated</u> <u>in the</u> <u>event</u>.
□ 0995	彼女の兄は、結婚式に出席していなかったがカードを送った。	Her brother was not <u>present</u> <u>at the</u> <u>wedding</u> but sent a card.
□ 0996	グレタは料理コンテストで一等賞を勝ちとった。	Greta won <u>first</u> <u>prize</u> in the cooking contest.

□ 0997	その映画はすばらしい批評を得たが商業的なヒット作ではなかった。	The movie got good reviews but was not <u>a</u> <u>commercial</u> <u>success</u>.
□ 0998	私たちは卓越したサービスを提供するために全力を尽くしている。	We do our best to <u>provide</u> excellent <u>service</u>.
□ 0999	その市はあの川にかかる橋を建設する計画をしている。	The city plans to <u>construct</u> <u>a</u> <u>bridge</u> over that river.
□ 1000	グレッグに、工場にその製品を輸送するかどうかを聞いてください。	Please ask Greg if he will <u>transport</u> <u>the</u> <u>products</u> to the factory.

STEP
25

学習日 ／ ／ ／ **299**

考えをまとめる・述べる

□□□ 1001 独自の概念	an original **concept**
□□□ 1002 洞察力を養う	develop **insights**
□□□ 1003 彼女の論理についていく	follow her **logic**
□□□ 1004 誤った考え	a wrong **notion**
□□□ 1005 「自由」を定義する	**define** "freedom"
□□□ 1006 彼を友人とみなす	**regard** him as a friend
□□□ 1007 結論に到達する	reach a **conclusion**

人とやりとりする

□□□ 1008 出会う	have an **encounter**
□□□ 1009 遅刻したことで私をしかる	**scold** me for being late
□□□ 1010 彼に危険を警告する	**warn** him of danger

notion と concept

notion は、ある物事に関する考えや信念を指すが、「漠然とした考え」や「思いつき」なども対象とすることがある。

concept は抽象的な意味を表すことが多く、科学や哲学などの専門分野でよく使われる。また、concept は notion とは異なり「言語で正確に記述できる内容」を指す。

concept [kánsept カンセプト]	名 概念、考え ▶ concéive 他 を思いつく
insight [ínsait インサイト]	名 (…に対する)洞察(力)、見識(into)
logic [ládʒik ラヂク]	名 論理 ▶ lógical 形 論理的な
notion [nóuʃən ノウション]	名 考え、観念
define [difáin ディファイン]	他 ① を(…と)定義する(as) 　② を限定する、の範囲を定める ▶ definítion 名 定義
regard [rigá:rd リガード]	他 を(…と)みなす、考える(as) 名 ① 点、箇所　② 配慮　③ 尊敬 　in regard to A　Aに関して
conclusion [kənklú:ʒən コンクルージョン]	名 結論 ▶ conclúde 他 と結論づける
encounter [inkáuntər インカウンタ]	名 出会い 他 (困難など)に直面する、に(思いがけなく)出会う 　(＝cóme upòn)
scold [skóuld スコウルド]	他 を(…の理由で)しかる(for) 自 (…に)小言を言う(at)
warn [wɔ́:rn ウォーン] 発	他 自 (に)(…を)警告する(of) 　warn A to do　Aに…するように警告する ▶ wárning 名 警告

「叱る」

scoldは「(特に子どもに対して) 叱る」という意味だが、やや硬い単語で話し言葉ではあまり用いない。会話では代わりにtell offがよく使われる。

She told me off because I didn't follow the rule.
「私が規則に従わなかったので彼女は私を叱った」

STEP 26

科学技術について話す

□□□ 1011	実験室での検査	**laboratory** tests
□□□ 1012	効果を調べる	**examine** the effect
□□□ 1013	コンピューターネットワーク	a computer **network**
□□□ 1014	原子力	**nuclear** power
□□□ 1015	ロボットを作る	create a **robot**
□□□ 1016	その気象衛星	the weather **satellite**
□□□ 1017	信号を送る	send a **signal**
□□□ 1018	技術を開発する	develop a **technique**
□□□ 1019	仮想ツアー	a **virtual** tour
□□□ 1020	番組を放送する	**broadcast** a program

 robot

robotは、チェコスロバキアのカレル・チャペックが1920年の戯曲「R.U.R.（ロッサム万能ロボット商会）」で用いた造語で、「強制労働」や「労働者」を含意する。日本でははじめ「人造人間」と呼ばれていた。

laboratory [lǽbərətɔ̀ːri ラボラトーリ]	名 実験室、研究所
examine [igzǽmən イグザミン]	他 を調べる、**検査する** ▶ examinátion 名 試験
network [nétwə̀ːrk ネトワーク] ⑦	名 ① ネットワーク、放送網、通信網　② 網状の組織 ③ 人脈
nuclear [njúːkliər ニュークリア]	形 原子力の、核の
robot [róubɑt ロウバト] 発 ⑦	名 ロボット
satellite [sǽtəlàit サテライト] ⑦	名 (人工)衛星
signal [sígnəl スィグナル]	名 ① 信号、合図　② しるし
technique [tekníːk テクニーク] ⑦	名 ① (専門)技術　② 手法
virtual [vɔ́ːrtʃuəl ヴァーチュアル]	形 ① 仮想の　② 事実上の
broadcast [brɔ́ːdkæ̀st ブロードキャスト] 活 broadcast[broadcasted]- broadcast[broadcasted]	他 自 (を)放送する 名 放送

virtual

virtual の2番目の「事実上の」という意味は、「名目的、表面上は異なるけれども、実際にはそうだ」という意味。たとえば次の例文の場合、名目的な指導者は別にいるけれども、彼が影の支配者として実権を握っていた、という意味になる。

He was the virtual leader of the country.

「彼はその国の事実上の指導者だった」

STEP
26

学習日　／　／　／　**303**

話題を広げる ⑰

□□□ 1021 財政難	**financial** difficulties
□□□ 1022 基金を設ける	establish a **fund**
□□□ 1023 保険に入る	buy **insurance**
□□□ 1024 彼の全財産を投資する	**invest** all his money
□□□ 1025 彼女に5ドル借金がある	**owe** her $5

社会問題について話す

□□□ 1026 差別に直面する	face **discrimination**
□□□ 1027 残酷な支配者	the **cruel** ruler
□□□ 1028 規則を無視する	**ignore** the rules
□□□ 1029 貧困の中で暮らす	live in **poverty**
□□□ 1030 偏見と戦う	fight **prejudice**

I owe you. と You owe me.

I owe you. は直訳すると「私は君に借りがある」だが、転じて「君に感謝している」となる。You owe me (one). は「君に（ひとつ）貸しがある（から、今度返してね）」といった意味。

financial [fənǽnʃəl フィナンシャル] ⑦	形 財政上の、金融の ▶ fínance 名 財政
fund [fʌ́nd ファンド]	名 ①基金、資金　②蓄積 他 に資金援助する ▶ foundátion 名 土台
insurance [inʃúərəns インシュアランス]	名 保険
invest [invést インヴェスト]	他 ①(金)を(…に)投資する(in) 　②(位・権力など)を授ける、与える 自 (…に)投資する(in)、買う ▶ invéstment 名 投資
owe [óu オウ]	他 に借金がある、(お金)を借りている
discrimination [diskrimənéiʃən ディスクリミネイション]	名 (…に対する)差別(against) ▶ discríminate 他 を差別する
cruel [krúːəl クルーエル]	形 ①(…に対して)残酷な(to)　②つらい、悲惨な ▶ crúelty 名 残酷さ
ignore [ignɔ́ːr イグノー] ⑦	他 を無視する、知らないふりをする ▶ ígnorant 形 無知な ▶ ígnorance 名 無知、知らないこと
poverty [pávərti パヴァティ]	名 ①貧困、貧乏　②欠乏 ▶ póor 形 貧乏な
prejudice [prédʒədəs プレヂュディス] ⑦	名 偏見、先入観

🐶 prejudice と bias

「偏見」を表す英単語には prejudice と bias がある。bias（バイアス）は元々「斜め（の）」という意味で、必ずしも悪い意味に用いられるわけではないが、prejudice は必ずネガティブな意味に用いられ、しばしば discrimination「差別」を含意する。

racial prejudice「人種偏見」

STEP
26

考えや意図を伝える ⑪

食事について話す

□□□ 1031 にがいコーヒー	**bitter** coffee
□□□ 1032 甘い味がする	**taste** sweet
□□□ 1033 主な材料	the main **ingredients**

話し合いをする

□□□ 1034 平和を提案する	**propose** peace
□□□ 1035 彼を説得して行かせる	**persuade** him to go
□□□ 1036 私にその必要性を確信させる	**convince** me of the need
□□□ 1037 彼の電子メールに答える	**respond** to his email

知覚する

□□□ 1038 ちらっと見る	take a **glance**
□□□ 1039 私をじっと見る	**stare** at me
□□□ 1040 星を観測する	**observe** stars

コーヒーの味

コーヒーの味を表す形容詞は、bitter「にがい」のほか、sour「酸味がある」、rich「コクがある」、sweet「甘い」、fruity「フルーティーな」など、さまざまである。また、「濃いコーヒー」はstrong coffee、「薄いコーヒー」はweak coffeeと言う。

bitter [bítər ビタ]	形 ①にがい(⇔swéet 甘い) ②つらい、苦しい
taste [téist テイスト]	自 (の)味がする 他 を味わう、の味を見る 名 ①味 ②好み、趣味 ▶tásty 形 風味のよい
ingredient [ingrí:diənt イングリーディエント]	名 (料理の)材料、成分
propose [prəpóuz プロポウズ]	他 を提案する 自 (…に)結婚を申し込む(to) ▶propósal 名 提案
persuade [pərswéid パスウェイド] 発 ア	他 ①を説得して(さ)せる(to do) ②に納得させる ▶persuásive 形 説得力のある ▶persuásion 名 説得
convince [kənvíns コンヴィンス]	他 に(…を)確信させる、納得させる(of)、に(…ということを)確信させる、納得させる(that節) convince A to do Aに…するよう説得する ▶convínced 形 確信して
respond [rispánd リスパンド]	自 (…に)答える、反応する(to) ▶respónse 名 答え、反応
glance [glǽns グランス]	名 (…を)ちらっと見ること(at) 自 ちらっと見る at a glance 一目見て
stare [stéər ステア]	他 自 (を)じっと見る、じろじろ見つめる
observe [əbzə́:rv オブザーヴ]	他 ①を観測する、観察する ②に気づく ▶òbservátion 名 観察

「プロポーズする」

結婚を申し込むことを「プロポーズする」というが、この表現には〈propose marriage to＋人〉か〈propose to＋人〉を用いる。なお、日本語では「プロポーズ」を名詞として使うが、英語ではproposeは動詞であり、名詞はproposalとなるので注意しよう。

考えをまとめる・述べる	1001	ビングは新しい製品にしたい独自の概念をもっている。	Bing has an original concept that he wants to turn into a new product.
	1002	科学者は星がどのように形成されるかについて洞察力を養っている。	Scientists are developing insights into the way stars are formed.
	1003	彼女は長い時間話したが、私は彼女の論理についていくことはできなかった。	She talked a long time, but I could not follow her logic.
	1004	あなたが今日早く家に帰ろうと思うのは誤った考えだ！	Thinking you will go home early today is a wrong notion!
	1005	形のない考えであるため「自由」を定義することは困難である。	It is hard to define "freedom" because it is an idea with no shape.
	1006	私は何年も彼に会っていないが、まだ彼を友人とみなしている。	I haven't met him for years but still regard him as a friend.
	1007	その裁判官は両方の議論を聞いたあと、結論に到達した。	The judge reached a conclusion after listening to both sides of the argument.
人とやりとりする	1008	彼らは森の中で不思議な少女に出会った。	They had an encounter with a mysterious girl in the woods.
	1009	その先生は授業に遅刻したことで私をしかった。	The teacher scolded me for being late to class.
	1010	その猟師は、森で彼に危険を警告してくれるために、イヌを連れている。	The hunter takes his dog to warn him of danger in the woods.
科学技術について話す	1011	その会社は薬が安全であると確かめるために、実験室での検査を行った。	The company did laboratory tests to make sure that the drug was safe.
	1012	その科学者は、ブルーライトが植物の成長に及ぼす効果を調べている。	The scientist is examining the effect of blue light on plant growth.
	1013	リアムは父親の事業のために、コンピューターネットワークを設定した。	Liam set up a computer network for his father's business.
	1014	その州は安全上の理由のために、原子力発電所を閉鎖した。	The state closed down a nuclear power plant for safety reasons.
	1015	そのチームは5か国語を話せるロボットを作った。	The team created a robot that could speak five languages.
	1016	その気象衛星は宇宙ゴミによって損傷を受けた。	The weather satellite got damaged by space garbage.
	1017	私は山の頂上に着いたら、信号を送るつもりです。	I will send a signal when I reach the top of the mountain.
	1018	その医者は、患者をより速く治す技術を開発した。	The doctor developed a technique to cure his patients faster.
	1019	今ではスマートフォンでロンドンの仮想ツアーができるよ。	You can now make a virtual tour of London with your smartphone.
	1020	今夜、そのテレビ局はクジラについての番組を放送する予定だ。	Tonight the television station will broadcast a program about whales.

金融について話す	1021	その店はショッピングモールが近くに建てられてから、財政難になった。	The store had <u>financial difficulties</u> after a mall was built nearby.
	1022	あの男性は貧しい家庭に食べものを買うための基金を設けた。	That man <u>established a fund</u> to buy food for poor families.
	1023	あなたは自分の家や車を所有しているなら、保険に入る必要がある。	You need to <u>buy insurance</u> if you own your own house or car.
	1024	彼はその事業に自分の全財産を投資した。	He <u>invested all his money</u> in the business.
	1025	彼女は昼食代として私にお金を貸したので、私は彼女に5ドル借金がある。	I <u>owe her $5</u> since she lent me money for lunch.
社会問題について話す	1026	リサは学校でたったひとりの日本人の女の子だったので差別に直面した。	Risa <u>faced discrimination</u> because she was the only Japanese girl at the school.
	1027	その王国の国民は残酷な支配者を排除しようとした。	The citizens of the kingdom tried to get rid of <u>their cruel ruler</u>.
	1028	彼はいつも規則を無視するので学校から追い出された。	He was thrown out from school because he always <u>ignored the rules</u>.
	1029	その家庭は彼が仕事を失ってから貧困の中で暮らしている。	The family has <u>lived in poverty</u> since he lost his job.
	1030	そのグループは、外国から来た人々に対する偏見と戦うために形成された。	The group was formed to <u>fight prejudice</u> against people from other countries.
食事について話す	1031	ジーナは味をよくするためににがいコーヒーにミルクを加えた。	Gina added milk to her <u>bitter coffee</u> to make it taste better.
	1032	その小さい女の子はブドウのような甘い味がするフルーツが好きだ。	The little girl likes fruits that <u>taste sweet</u> like grapes.
	1033	小麦粉はクッキーの主な材料のひとつだ。	Flour is one of <u>the main ingredients</u> of cookies.
話し合いをする	1034	大統領は2国間の平和を提案した。	The president <u>proposed peace</u> between the two countries.
	1035	彼の両親は彼を説得して血液検査のために病院に行かせた。	His parents <u>persuaded him to go</u> to the hospital for a blood test.
	1036	あなたは私があのシャツを買う前に私にその必要性を確信させなければならない。	You must <u>convince me of the need</u> for that shirt before I buy it.
	1037	私は今日の仕事をやめるまでに彼の電子メールに答える必要がある。	I need to <u>respond to his email</u> before I quit work for the day.
知覚する	1038	その母親は彼の汚い服をちらっと見てため息をついた。	The mother <u>took a glance</u> at his dirty clothes and sighed.
	1039	バスに乗っていた男が私をじっと見ていたため、私は席を変えた。	I changed seats because a man on the bus <u>was staring at me</u>.
	1040	科学者ははるか遠くにある星を観測するために、特別な装置を使う。	Scientists use special equipment to <u>observe stars</u> that are far away.

意思決定を下す

□□□ 1041 その日付を決める	**determine** the date
□□□ 1042 規則を採用する	**adopt** a rule
□□□ 1043 その計画をあきらめる	**abandon** the plan

将来のことや可能性について言う

□□□ 1044 滞在するつもりである	**intend** to stay
□□□ 1045 2つの選択肢がある	have two **options**
□□□ 1046 それは可能だと考える	**suppose** it is possible
□□□ 1047 彼女が病気だと思う	**suspect** that she is ill
□□□ 1048 彼が有罪だと仮定する	**assume** he is guilty
□□□ 1049 大きさを見積もる	**estimate** the size
□□□ 1050 500円を賭ける	**bet** 500 yen

条件や仮定を表す suppose「仮に…としたら」

Suppose that it is true, what should we do?
「それが本当だとしたら、私たちは何をすればよいのだろうか」

determine [ditə́:rmən ディターミン] 発	他 を決める、決定する、(しよう)と決める(to do) ▶ detèrminátion 名 決意
adopt [ədɔ́pt アドプト]	他 ① を採用する　② を養子にする
abandon [əbǽndən アバンドン]	他 ① (計画など)をあきらめる、やめる(＝give úp) ② を見捨てる、捨てる
intend [inténd インテンド]	他 (する)つもりである(to do) ▶ inténtion 名 意図
option [ɑ́pʃən アプション]	名 選択(肢)、選択権 ▶ óptional 形 選択的な
suppose [səpóuz サポウズ]	他 ① (…ということ)を考える、想定する(that節) ②《命令文で》…するのはどうだろうか、仮に…としたら ③《be supposed to do で》(する)ことになっている ▶ súpposedly 副 たぶん
suspect [səspékt サスペクト] ア	他 ① (…であろう)と思う(that節) ② を疑う、怪しいと思う 名 [sʌ́spekt サスペクト] 容疑者 suspect A of B　AにBの嫌疑をかける ▶ suspícion 名 疑い
assume [əsjú:m アスューム]	他 ① だと仮定する、(…である)と仮定する、見なす (that節)　② (職務など)を引き受ける ▶ assúmption 名 仮定
estimate [éstəmèit エスティメイト] ア	他 ① を見積もる　② (…である)と推定する(that節) 名 見積もり
bet [bét ベト] 活 bet[betted]-bet[betted]	他 ① (…に)(金)を賭ける(on) ② (である)と断言する、主張する(that節) 名 賭け、賭け金

🤓 assume のさまざまな意味

assume には「を引き受ける」「のふりをする」という意味がある。
　assume responsibility「責任を引き受ける」
　assume to be innocent「潔白なふりをする」

STEP
27

学習日　　　　**311**

体の不調と医療について話す

□□□ 1051 がんと闘う	fight **cancer**
□□□ 1052 軽いせきをする	have a slight **cough**
□□□ 1053 彼女の患者を治す	**cure** her patients
□□□ 1054 重い病気	a serious **disease**
□□□ 1055 痛みがある	have a **pain**
□□□ 1056 彼女の健康を回復する	**recover** her health
□□□ 1057 かぜに苦しむ	**suffer** from a cold
□□□ 1058 手術を受ける	have **surgery**
□□□ 1059 彼の頭痛を治療する	**treat** his headache
□□□ 1060 深い傷	a deep **wound**

 disease, illness, sickness

▶ disease：はっきりした病名や原因がわかる病気。
▶ illness：長期の病気や精神疾患。
▶ sickness：広く「病気、体調不良」を指すが、比較的軽い病状のときに使われることが多い。また、「吐き気」という意味もある。

cancer [kǽnsər キャンサ]	图 がん
cough [kɔ́:f コーフ] 発	图 せき 自 せきをする
cure [kjúər キュア]	他 を治す 图 治療法、治療薬 cure A of B　AのBを治す、いやす
disease [dizí:z ディズィーズ] 発	图 病気
pain [péin ペイン]	图 ①痛み　②《pains で》苦労、面倒 take pains　苦労する ▶ **painful** 形 苦しい
recover [rikʌ́vər リカヴァ]	他 ①(健康など)を回復する ②を取り戻す、(…から)回収する(from) 自 (病気などから)回復する(from)、(人・経済などが) 立ち直る ▶ **recóvery** 图 回復
suffer [sʌ́fər サファ]	自 苦しむ 他 をこうむる suffer from A　Aで苦しむ、悩む
surgery [sə́:rdʒəri サーヂャリ]	图 ①(外科)手術　②外科 ▶ **súrgeon** 图 外科医
treat [trí:t トリート]	他 ①を治療する　②を扱う 图 楽しみ、うれしい出来事 ▶ **tréatment** 图 治療
wound [wú:nd ウーンド] 発	图 傷、けが 他 に傷を負わせる

surgery と operation

両方とも「手術」という意味だが、surgery は不可算名詞、operation は可算名詞。
My uncle had surgery on nose. = My uncle had an operation on nose.
「おじは鼻の手術を受けた」

STEP
27

ものの形状について話す

□□□ 1061 広い川	a **broad** river
□□□ 1062 ゆるやかなカーブ	a gentle **curve**
□□□ 1063 直径5cm	5 cm in **diameter**
□□□ 1064 高さ100メートル	100 meters in **height**
□□□ 1065 狭い通り	a **narrow** street
□□□ 1066 粉雪	the **powder** snow
□□□ 1067 でこぼこの道	a **rough** road
□□□ 1068 浅い海	a **shallow** sea
□□□ 1069 急な丘	a **steep** hill
□□□ 1070 とても小さい家	a **tiny** house

broadとwide

▶ broad：①さえぎるものがなく広い　②非常に広い
▶ wide：広い（端から端まで、正確に測定できる）
　　the broad [×wide] sky「広々とした空」
　　The river is 5 meters wide [×broad].「その川は幅5メートルだ」
　　なお、a broad way「大通り」は非常に広く、たいてい街で一番の大通りを指す。ニューヨークのブロードウェイ（Broadway）は劇場街で、毎日ミュージカルが上演される。

broad [brɔ́ːd ブロード] 発	形 (幅の)広い (⇔ nárrow 狭い) ▶ bróaden 他 を広げる
curve [kə́ːrv カーヴ]	名 カーブ、曲線 自 曲がる 他 を曲げる
diameter [daiǽmətər ダイアメタ] ア	名 直径
height [háit ハイト] 発	名 高さ ▶ high 形 高い
narrow [nǽrou ナロウ]	形 (幅の)狭い、細長い (⇔ bróad, wíde 広い)
powder [páudər パウダ]	名 粉、粉末
rough [rʌ́f ラフ] 発	形 ①でこぼこの、あらい (⇔ smóoth 滑らかな) ②荒々しい、乱暴な ▶ róughly 副 およそ
shallow [ʃǽlou シャロウ]	形 浅い (⇔ déep 深い)、浅はかな
steep [stíːp スティープ]	形 ① (坂などの傾斜が)急な、険しい (⇔ géntle おだ やかな) ②急激な
tiny [táini タイニ] 発	形 とても小さい (⇔ húge 巨大な)

🐻 tiny

tinyはもともとvery smallという意味なので、very tinyとはしない。反対語の
hugeも同様に、very hugeとはしない。tiny, hugeとも比較の構文でもあまり使われ
ないが、This house is even tinier than that. 「この家はあの家よりもいっそう小さい」
など、「小ささ」を強調するときには使われる場合もある。

STEP
27

人間関係について話す	□□□ 1071 よい関係で	on good **relations**
	□□□ 1072 彼に代わって	on his **behalf**
	□□□ 1073 外国人居住者	foreign **residents**
	□□□ 1074 組合に加入する	join the **union**
道具・器具について話す	□□□ 1075 棒を突きさす	stick a **pole**
	□□□ 1076 石油タンク	an oil **tank**
	□□□ 1077 車両に乗り込む	get in the **vehicle**
	□□□ 1078 エンジンをかける	start an **engine**
	□□□ 1079 単純な器具	a simple **device**
	□□□ 1080 ケージから逃げる	escape from the **cage**

union

unionは、上記のチャンクでは「組合」の意味で用いているが、「(国家などの) 連合、同盟」という意味でも用いられる。イギリスの国旗は Union Jack と呼ばれるが、これは、イングランド、スコットランド、アイルランドの連合を象徴するからである。

relation [riléiʃən リレイション]	名 関係(＝relátionship) ▶ reláte 他 を関係づける ▶ rélative 名 親類、親せき
behalf [bihǽf ビハフ]	名 《on A's behalf で》Aに代わって、Aのために 　on [in] behalf of A　Aに代わって
resident [rézədənt レズィデント]	名 居住者、住民 形 居住している ▶ residéntial 形 住宅の ▶ résidence 名 住宅、居住
union [júːnjən ユーニョン]	名 ①(労働)組合、同盟　②合併、結合 ▶ uníte 他 を結合させる
pole [póul ポウル]	名 ①棒　②極、電極
tank [tǽŋk タンク]	名 タンク、槽
vehicle [víːikl ヴィーイクル] 発	名 ①車両、乗りもの　②(伝達の)手段
engine [éndʒən エンヂン]	名 エンジン
device [diváis ディヴァイス]	名 器具、装置、道具
cage [kéidʒ ケイヂ]	名 ①ケージ、おり、(鳥)かご　②刑務所、監獄

tankのもうひとつの意味

tankには「戦車」の意味もある。もともとイギリスで最初の戦車が作られた際に、秘密裏に開発するため「水運搬車」という名称で呼ばれていたことから、戦車をtankと呼ぶことにしたと言われている。

STEP 27

学習日　／　／　／　**317**

例文でCHECK!!

意思決定を下す	1041 彼らは結婚しようと計画しているが、まだその日付を決めていない。	They plan to get married but have not yet determined the date.
	1042 その学校は授業中に携帯電話を使用することについて新しい規則を採用した。	The school adopted a new rule about using mobile phones during class.
	1043 チームは、あまりうまくいっていなかったので、その計画をあきらめることに決めた。	The team decided to abandon the plan because it was not working well.
将来のことや可能性について言う	1044 トーマスはベルリンに行く前にそのホテルに滞在するつもりである。	Thomas intends to stay at the hotel before going to Berlin.
	1045 私たちにはこの問題を簡単に解決する2つの選択肢があると思う。	I think we have two options for solving this problem easily.
	1046 土曜日に行くことも可能だと考えますが、月曜日の方がもっといいでしょう。	I suppose it is possible to go on Saturday, but Monday would be better.
	1047 最近彼女がとてもやせたので、私は彼女が病気だと思っている。	Recently she has become so thin that I suspect that she is ill.
	1048 この時点では、私たちは彼が有罪だと仮定するべきではない。	At this point we shouldn't assume he is guilty.
	1049 科学者は星の大きさを見積もるために、距離と明るさを用いる。	Scientists use distance and brightness to estimate the size of a star.
	1050 私の妹は、私が彼女よりも速く走ることができない方に500円を賭けた。	My sister bet 500 yen that I could not run faster than she could.
体の不調と医療について話す	1051 ウェンデルはがんと闘っていたので昨年大学を休学した。	Wendell was absent from college last year because he was fighting cancer.
	1052 ルイスは軽いせきをしていたのでそのパーティーに出席しなかった。	Louis did not attend the party because he had a slight cough.
	1053 その年配の女性はしばしば自然の薬で彼女の患者を治した。	The old woman often cured her patients with natural medicines.
	1054 ヴィッキーは彼女のせきが重い病気の兆候ではなかったことを喜んだ。	Vicki was glad that her cough was not a sign of a serious disease.
	1055 彼は手首に痛みがあったので、書くことをやめた。	He stopped writing because he had a pain in his wrist.
	1056 エレーヌは彼女の健康を回復するのに6週間かかった。	It took Elaine six weeks to recover her health.
	1057 ダイアンはかぜに苦しんでいたため、よく眠れなかった。	Diane did not sleep well because she was suffering from a cold.
	1058 おじは来月、胃の一部を切除する手術を受ける予定だ。	My uncle will have surgery to remove part of his stomach next month.
	1059 彼の頭痛を治療するための何かを探しに、彼は薬屋へ行った。	He went to the drugstore, looking for something to treat his headache.
	1060 私は野菜を薄切りにするときに、指に深い傷を負った。	I got a deep wound in my finger when slicing vegetables.

1061	広い川がその地域を流れている。	A broad river runs through the area.
1062	私は道路のゆるやかなカーブの向こうにある赤い家に住んでいる。	I live in the red house beyond the gentle curve in the road.
1063	私たちはこのパイプの端をおおうために直径5cmのキャップが必要だ。	We need a cap 5 cm in diameter to cover the end of this pipe.
1064	ニューヨークには、高さ100メートルを超える約300の建物がある。	New York has about 300 buildings that are over 100 meters in height.
1065	そのレストランは、鉄道駅の近くの狭い通りにある。	The restaurant is on a narrow street near the train station.
1066	コロラドの粉雪はスキーをするには完璧だ。	The powder snow in Colorado is perfect for skiing.
1067	山を通る唯一の道は、狭くてでこぼこの道だ。	The only way through the mountains is a narrow, rough road.
1068	数百万年前、アメリカ西部には浅い海があった。	Millions of years ago, there was a shallow sea in Western America.
1069	その重いトラックは急な丘を登るのに苦労した。	The heavy truck had a hard time driving up the steep hill.
1070	セレナは川の近くにあるとても小さい家で暮らしている。	Serena lives in a tiny house close to the river.
1071	あの2つの国はお互いによい関係である。	Those two countries are on good relations with each other.
1072	彼に代わって私がその会議に出席した。	I attended the meeting on his behalf.
1073	日本にいる外国人居住者が地域の友人をつくるのはいつも簡単であるわけではない。	It is not always easy for foreign residents in Japan to make local friends.
1074	自分の意見が聞いてもらえ、尊重されることを望んで私は組合に加入した。	I joined the union, hoping that my voice would be heard and valued.
1075	私は水中に棒を突きさしたが、小川がすぐにそれを運んでいった。	I stuck a pole in the water but the stream quickly carried it off.
1076	そのヒーターの石油タンクはほとんど空だ。	The heater's oil tank is almost empty.
1077	エンジンを始動する前に、すべての乗客が車両に乗り込まなければならない。	All passengers must get in the vehicle before we start the engine.
1078	極端に寒い気候のせいで、その古い車のエンジンをかけるのは困難となった。	The extremely cold weather made it hard to start the engine of the old car.
1079	ねじは単純な器具だが、2つのものを組み立てるためにうまく機能する。	A screw is a simple device but it works well to put two things together.
1080	子どもたちはケージから逃げたウサギを探した。	The children searched for the rabbit that had escaped from its cage.

STEP
27

人の性質・能力について話す

□□□ 1081 有能なリーダー	a **capable** leader
□□□ 1082 魅力を加える	add **charm**
□□□ 1083 勇気を示す	show **courage**
□□□ 1084 意識的な努力	a **conscious** effort
□□□ 1085 ユーモアのセンス	a sense of **humor**
□□□ 1086 忠実な友人	a **loyal** friend
□□□ 1087 精神病	**mental** illness
□□□ 1088 潜在能力がある	have a **potential**
□□□ 1089 合理的な決定	a **rational** decision
□□□ 1090 かぜを引きがちである	**tend** to catch a cold

capableとpossible

▶ capable：人・物事を主語にとる。be capable of *do*ingの構文が多い。

▶ possible：物事を主語にとる（人は不可）。It is possible ... to *do* の構文が多い。

　○ **He is capable of playing tennis.**「彼はテニスをすることができる」

　○ **It is possible for him to play tennis.**

　× **He is possible to play tennis.**

capable [kéipəbl ケイパブル] 発	形 有能な
	be capable of *doing* …する能力がある
	▶ capability 名 能力

charm [tʃáːrm チャーム]	名 ①魅力　②《charmsで》(女性の)美貌、美しさ
	③まじない、魔法
	他 ①を魅了する　②に魔法をかける
	▶ chárming 形 魅力的な

courage [kə́ːridʒ カーリヂ] 発	名 勇気
	▶ cóurageous 形 勇敢な
	▶ encóurage 他 を勇気づける

| **conscious** [kánʃəs カンシャス] 発 | 形 意識的な、(…を)意識している(of) |
| | ▶ cónsciousness 名 意識 |

| **humor** [hjúːmər ヒューマ] | 名 ユーモア、おかしさ |
| | ▶ húmorous 形 ユーモラスな |

| **loyal** [lɔ́iəl ロイアル] | 形 (…に)忠実[誠実]な(to) (=fáithful) |
| | ▶ lóyalty 名 忠誠 |

| **mental** [méntl メンタル] | 形 精神の、心の(⇔ phýsical 体の) |
| | ▶ mínd 名 心、精神 |

| **potential** [pəténʃəl ポテンシャル] | 名 潜在(能)力、(する)可能性(to *do*) |
| | 形 潜在的な、可能性のある |

| **rational** [rǽʃənəl ラショナル] | 形 合理的な、理性的な(⇔ irrátional 不合理な) |

| **tend** [ténd テンド] | 自 (し)がちである(to *do*) |
| | ▶ téndency 名 傾向 |

🐻 humorとjoke

▶ **humor**：人間味のあるおかしみ　▶ **joke**：具体的な小話

　ダジャレではなく、人間的な深みを感じさせるものがhumor。第二次世界大戦時の
イギリス首相チャーチルがホワイトハウスで入浴していた際、ルーズベルト大統領が通
りかかった。裸のチャーチルはとっさのユーモアで「大統領、私はアメリカに対して、
隠すものは何もありません」と言ったと伝えられている。

STEP 28

学習日　／　／　／　**321**

マイナスの特性について話す

□□□ 1091	複雑な状況	a **complicated** situation
□□□ 1092	微妙な問題	a **delicate** problem
□□□ 1093	退屈な映画	a **dull** movie
□□□ 1094	あいまいな答え	a **vague** answer

ものとの関係について話す

□□□ 1095	その範ちゅうに属する	belong to the **category**
□□□ 1096	常識に反して	**contrary** to common sense
□□□ 1097	彼の情報を信頼する	**rely** on his information
□□□ 1098	他の動物との相互作用	**interaction** with other animals
□□□ 1099	直接の関連性	a direct **link**
□□□ 1100	水を牛乳の代わりに使う	**substitute** water for milk

「複雑な」

　「複雑な」を意味する一般的な語はcomplex。complexは他に「建物の集合体、コンビナート」という名詞の意味でも用いられるが、complex単体では「劣等感」というカタカナ語の「コンプレックス」の意味はなく、inferior complexと言う。対するcomplicatedは、「複雑でややこしい」というネガティブな意味をもつ。

complicated [kámpləkèitəd カンプリケイテド] ⑦	形 複雑な、こみ入った ▶ cómplicate 他 を複雑にする
delicate [délikət デリケト] 発 ⑦	形 ① (問題などが) 微妙な、扱いにくい ② 壊れやすい、弱い　③ 繊細な
dull [dʌ́l ダル]	形 ① 退屈な (=bóring) (⇔ ínteresting おもしろい) ② 切れ味の鈍い、(痛みなどが) 鈍い (⇔ shárp 鋭い)
vague [véig ヴェイグ] 発	形 あいまいな、不明確な (⇔ cléar 明確な)
category [kǽtəgɔ̀:ri キャテゴーリ]	名 ① 範ちゅう、種類　② 部門 ▶ cátegorize 他 を分類する
contrary [kántreri カントレリ]	形 (…に) 反して (to)、反対の 名 逆 　on the contrary 反対に、それどころか
rely [rilái リライ]	自 (…を) 信頼する、頼る (on, upon) ▶ relíable 形 信用できる
interaction [ìntərǽkʃən インタラクション]	名 相互作用、交流 ▶ interáct 自 と相互に作用する
link [líŋk リンク]	名 関連 (性)、つながり 他 をつなぐ
substitute [sʌ́bstətjù:t サブスティテュート] ⑦	他 を (…の) 代わりに使う (for) 自 (…の) 代理を務める (for) 名 代わりのもの [人]

delicate の発音

　delicate はカタカナ語では「デリケート」だが、英語では「デリケト」と読む。de にアクセントがあり、cate は長く伸ばさず、「ケト」のように短く発音する。このようにカタカナ語と日本語で微妙に読み方が違う単語もあるので、その点にも注意して単語を学習しよう。

STEP 28

考えや意図を伝える ⑬

プラスの働きかけをする

□□□ 1101 訪問者を引きつける	**attract** visitors
□□□ 1102 助けを求める	seek **aid**
□□□ 1103 生徒たちを助ける	**assist** students
□□□ 1104 社会に貢献する	**contribute** to society
□□□ 1105 報酬を受けとる	receive a **reward**
□□□ 1106 彼の能力を示す	**demonstrate** his ability
□□□ 1107 私が行くことを可能にする	**enable** me to go
□□□ 1108 病人を治す	**heal** sick people
□□□ 1109 日付を指定する	**appoint** a date
□□□ 1110 あなたの目を保護する	**protect** your eyes

🐻 healとcure

healは「本来の姿に戻る」というギリシア語が語源で、health「健康」とも関連が
ある語。healはふつう外傷を直すときに用いるが、「心の傷をいやす」という意味にも
用いることができる。一方、cureは病気やケガの治療全般に用いる。

attract [ətrǽkt アトラクト]	他 を引きつける、魅了する ▶ attráction 图 魅力、アトラクション ▶ attráctive 形 魅力的な
aid [éid エイド]	图 助け、援助 他 を援助する、手伝う
assist [əsíst アシスト]	他 自 (を)助ける、手伝う(＝hélp) ▶ assístant 图 助手 ▶ assístance 图 手助け
contribute [kəntríbju:t コントリビュート] ⑦	自 ①(…に)貢献する(to) ②(…の)一因となる(to) 他 ①を(…に)寄付する(to) ②を(…に)提供する(to) ▶ contribútion 图 寄付
reward [riwɔ́:rd リウォード]	图 (…に対する)報酬、報い(for) 他 に報いる
demonstrate [démənstrèit デモンストレイト] ⑦	他 ①を示す、実証する、証明する ②を実演する ▶ dèmonstrátion 图 実演
enable [inéibl イネイブル]	他 を可能にする enable A to do Aが…することを可能にする ▶ áble 形《be able to do で》(すること)ができる
heal [hí:l ヒール]	他 (病気・けがなど)を治す、いやす heal A of B AのBを治す ▶ héaling 形 治療の
appoint [əpɔ́int アポイント]	他 ①(日時・場所など)を指定する ②を任命[指名]する ▶ appóintment 图 ①(会合などの)約束 ②指名、任命
protect [prətékt プロテクト]	他 を(…から)保護する、守る(from, against) ▶ protéction 图 保護

 **appointment**

appointment は appoint の名詞形で、「時間や場所を決めて訪問や会合を約束すること、予約」などを意味する。日本語でも、人と会う約束をするときに「アポイントを取る」、あるいは「アポを取る」と言う。

STEP
28

気持ちを伝える ③

☐☐☐ 1111 深い悲しみ	deep **sorrow**
☐☐☐ 1112 絶望して	in **despair**
☐☐☐ 1113 いやなにおい	a **nasty** smell
☐☐☐ 1114 怒りを示す	show **anger**
☐☐☐ 1115 気まずい沈黙	an **awkward** silence
☐☐☐ 1116 恐ろしい犯罪	a **horrible** crime
☐☐☐ 1117 彼女の才能に嫉妬した	**jealous** of her talent
☐☐☐ 1118 みじめな生活	a **miserable** life
☐☐☐ 1119 深いため息	a deep **sigh**
☐☐☐ 1120 恥じている	feel **ashamed**

「深い悲しみ」

sorrowは、sadness「悲しみ」よりも深い悲しみを表す言葉。なお、griefという言葉も「深い悲しみ」を表すが、これは特に、人の死に直面した時の悲しみに使われることが多い。

sorrow [sárou サロウ]	名 (深い)悲しみ (⇔jóy 喜び)
despair [dispéər ディスペア]	名 絶望 (⇔hópe 希望) 自 絶望する in despair　絶望して ▶ désperate 形 必死の、絶望した
nasty [nǽsti ナスティ]	形 ①いやな、不快な ②(人が)卑劣で、意地が悪くて
anger [ǽŋgər アンガ]	名 怒り ▶ ángry 形 怒った
awkward [ɔ́:kwərd オークワド]	形 ①気まずい、落ち着かない　②不器用な ③扱いにくい、やっかいな
horrible [hɔ́:rəbl ホーリブル]	形 恐ろしい ▶ hórror 名 恐怖 ▶ hórrify 他 を怖がらせる
jealous [dʒéləs ヂェラス] 発	形 嫉妬した、ねたんだ ▶ jéalousy 名 嫉妬
miserable [mízərəbl ミゼラブル]	形 みじめな、みすぼらしい ▶ mísery 名 みじめさ
sigh [sái サイ] 発	名 ため息 自 ため息をつく
ashamed [əʃéimd アシェイムド]	形 (…を)恥じて (of) be ashamed to do　恥ずかしくて…することができない

英語の擬音語

　sighは、特にがっかりしたときや疲れた時のため息の擬音語。安堵のため息には phew [fju: フュー]「ふぅ」を使うことが多い。このような擬音語には、ほかにoops [úps ウプス]「おっと」、chat [tʃǽt チャット]「ペチャクチャしゃべる」、hic [hík ヒク]「しゃっくり」、puff [pʌ́f パフ]「フー(息を吹きかける音)」など、さまざまなものがある。

STEP
28

人の性質・能力について話す	1081	□ カオルは有能なリーダーなので学級委員長になった。	Kaoru is a capable leader so she became the class president.
	1082	□ 彼女の親切さが、美しさに魅力を加えている。	Her kindness adds charm to her beauty.
	1083	□ エレンは勇気を示して海に飛び込んだ。	Ellen showed courage when she jumped into the sea.
	1084	□ 彼はクラスの他の子どもたちにより親切にするための意識的な努力をした。	He made a conscious effort to be nicer to the other kids in his class.
	1085	□ 彼はすばらしいユーモアのセンスをもっており、いつも彼の友達を笑わせている。	He has a great sense of humor and always makes his friends laugh.
	1086	□ アクバルは私が入院していたとき、毎日訪ねてくれた忠実な友人だ。	Akbar is a loyal friend who visited me every day I was in the hospital.
	1087	□ ヴァン・ゴッホは精神病に苦しめられた才能ある画家だった。	Van Gogh was a talented painter who suffered from mental illness.
	1088	□ 彼にはすばらしい著者になる潜在能力がある。	He has a potential to be a great author.
	1089	□ あなたはそれほど疲れていたとき、家に帰るという合理的な決定をした。	You made a rational decision to go home when you were that tired.
	1090	□ 彼は飛行機に乗ると、いつもかぜを引きがちだ。	He tends to catch a cold every time he rides an airplane.
マイナスの特性について話す	1091	□ そのニュース番組は中東における複雑な状況を討議した。	The news program discussed the complicated situation in the Middle East.
	1092	□ 減量は慎重な注意を要する微妙な問題だ。	Weight loss is a delicate problem that needs careful attention.
	1093	□ チャールズは退屈な映画の間、劇場で眠ってしまった。	Charles fell asleep at the theater during the dull movie.
	1094	□ その俳優は、次の映画について聞かれたとき、あいまいな答えをしただけだった。	The actor only gave a vague answer when asked about his next movie.
ものとの関係について話す	1095	□ これらの映画はミュージカルまたはダンス映画と呼ばれる範ちゅうに属する。	These movies belong to the category called musicals or dance films.
	1096	□ 常識に反して、あなたは野生のクマから逃げるべきではない。	Contrary to common sense, you should not run away from a wild bear.
	1097	□ 彼はその問題をよく知っているため、私たちは彼の情報を信頼することができる。	We can rely on his information because he knows the subject well.
	1098	□ コウモリと、他の動物や植物との相互作用はとても複雑だ。	A bat's interaction with other animals and plants is very complex.
	1099	□ 喫煙と肺の病気とは直接の関連性がある。	There is a direct link between smoking and lung disease.
	1100	□ 水を牛乳の代わりに使えるが、ケーキが十分に甘くならないかもしれない。	You can substitute water for milk, but the cake might not be sweet enough.

1101	その遊園地はしばしば訪問者を引きつけるために割引をする。	The amusement park often offers discounts to attract visitors.
1102	その生徒は数学の点数をよくするために助けを求めると決めた。	The student decided to seek aid to improve his math scores.
1103	その先生は生徒たちの宿題を助けるために遅くまで学校にいる。	The teacher stays late at the school to assist students with homework.
1104	テレサは看護師になって社会に貢献できることを望んでいる。	Teresa wants to become a nurse, so she can contribute to society.
1105	チャックは迷子の犬を見つけたことで報酬を受けとった。	Chuck received a reward for finding the lost dog.
1106	少年はバスケットボールチームに入る前に彼の能力を示さなければならなかった。	The boy had to demonstrate his ability before joining the basketball team.
1107	彼女の援助は、私が大学に行くことを可能にした。	Her aid enabled me to go to college.
1108	ネルソンは病人を治したかったため、医者になった。	Nelson became a doctor because he wanted to heal sick people.
1109	私たちは学校の選挙の日付を指定する必要がある。	We need to appoint a date for the school elections.
1110	もし屋外で働くのなら、サングラスをしてあなたの目を保護するべきだ。	You should protect your eyes with sunglasses if you work outside.

1111	アンジーは死んだイヌのことを考えると、いまだに深い悲しみを感じる。	Anjie still feels deep sorrow when she thinks of her dead dog.
1112	彼は、時間内にプロジェクトが終わらないであろうことに絶望した。	He was in despair that he would not finish the project in time.
1113	その魚は腐っていやなにおいがした。	The fish went bad and had a nasty smell.
1114	彼は息子が皿を割ったとき怒りを示さないようにした。	He tried not to show anger when his son broke a plate.
1115	ジェンナが、自分ががんにかかっていると言ったあと、気まずい沈黙があった。	There was an awkward silence after Jenna said she had cancer.
1116	そのニュースは15人がけがを負った恐ろしい犯罪のことを報じた。	The news reported a horrible crime in which fifteen people were injured.
1117	たくさんのプロの音楽家がその歌手の才能に嫉妬した。	Many professional musicians were jealous of the singer's talent.
1118	その子は両親を亡くして以来みじめな生活を送っていた。	The child has lived a miserable life since her parents died.
1119	私を見て、彼女は深いため息をついて部屋を出ていった。	When she saw me, she took a deep sigh and went out of the room.
1120	ジェーンは悪い成績を恥じて一生懸命勉強しはじめた。	Jane felt ashamed of her bad grades and started to study harder.

STEP 28

学習日 ／ ／ ／ **329**

将来の夢

1 チャンクを確認しよう

これまでに学んだチャンクを使って、次のカッコ内に1語ずつ英単語を入れてみよう。確認したら、チャンクを繰り返し言ってみよう。

① 事業を始める　　　　　　　　(launch [start]) a (business)

② 商業的な成功　　　　　　　　(commercial) (success)

③ ぜいたくに暮らす　　　　　　(live) in (luxury)

④ 基礎を築く　　　　　　　　　(lay) a (foundation)

2 言ってみよう

英語の部分を隠して、次の日本語を英語にしてみよう。
日本語を見て英語がすぐに出てくるように繰り返し言ってみよう。

▶私の夢は、自分の事業を始めることです。
（ My dream is to launch [start] my own business. ）

▶私は商業的な成功を収めたいですが、それはぜいたくに暮らすためではありません。
（ I would like to have commercial success, but it is not for living in luxury. ）

▶私の真の目標は、貧しい暮らしをするアジアの子どもたちを教育することです。
（ My true goal is to educate Asian children who live in poverty. ）

▶教育は、彼らにとってよりよい未来の基礎を築くでしょう。
（ Education will lay a foundation to a better future for them. ）

▶私は仕事で得たお金を、みんなを幸せにするために使うことを希望しています。
（ I hope to use the money from my work to make everyone happy. ）

上の文を参考にして、自分自身の将来の夢について、短いスピーチをしてみよう。

My dream is to .... （自分の夢は…） ....

I'm interested in ..., so ~. （…に興味があるので~したい）

....

I hope to ... （私は…を希望する） ....

CROWN Chunk Builder

Standard

イディオム・多義語

イディオム ※《他動詞＋目的語＋副詞》型の句動詞は、《他動詞＋A＋副詞》などと表記する。

1121	A（人）にBを挑む	challenge A to B
1122	要約すると	in summary
1123	…する［である］ふりをする	pretend to *do*
1124	…することを避ける	avoid *doing*
1125	Aが…するのを妨げる	prevent A from *doing*
1126	…することをやめる	quit *doing*
1127	Bを求めて（Aを）探す	search (A) for B
1128	Aについてよく考える	reflect on A
1129	Aの方に手を伸ばす	reach for A
1130	Aのため	for the sake of A
1131	A（人）が…している［する］のに気がつく	notice A *doing* [*do*]
1132	BをAのせいにする、BのことでAを非難する	blame A for B [B on A]
1133	AのB［AがBしたこと］を批判する、非難する	criticize A for B
1134	（Aに）Bのことで不平［不満］を言う	complain (to A) about [of] B
1135	遅れる	be delayed
1136	AをBと間違える、誤解する	mistake A for B
1137	調子がいい	be in good shape
1138	Aにお願いをする	ask a favor of A

イディオム

私は彼に2回目の試合を挑んだ。	I challenged him to a second match.
要約すると、彼はいい仕事をした。	In summary, he did a good job.
私は、彼女が上司を気に入っているふりをしたことを知っている。	I know she pretended to like her boss.
私は土曜日に働くのを避けようとした。	I tried to avoid working on Saturday.
雨が私たちがテニスをするのを妨げた。	The rain prevented us from playing tennis.
彼のおじは飲酒をやめることを決意した。	His uncle decided to quit drinking.
私は車のカギを求めて、家のあらゆるところを探した。	I searched everywhere in my house for my car key.
私たちは状況についてよく考える必要がある。	We need to reflect on the situation.
彼は棚の本の方に手を伸ばした。	He reached for a book on the shelf.
効率のためにこのシステムを使った方がいい。	You should use this system for the sake of efficiency.
私は男が通りからレストランを覗きこんでいるのに気づいた。	I noticed a man looking into a restaurant from the street.
先生は、窓を割ったのを彼のせいにしなかった。	The teacher didn't blame him for breaking the window.
新聞が彼の発言を批判した。	Newspapers criticized him for his remarks.
ジムはいつも上司のことで不満を言っている。	Jim is always complaining about his boss.
私の乗る飛行機は雪のために遅れた。	My flight was delayed due to snow.
彼は私を妹と間違えた。	He mistook me for my sister.
彼女は今日調子がいい。	She is in good shape today.
あなたにお願いをしてよいですか。	Can I ask a favor of you?

1139	Aを求める	**seek for A**
1140	…しようと努める	**seek to do**
1141	Aを商う	**deal in A**
1142	何とか…する	**manage to do**
1143	…するのを嫌う	**dislike doing**
1144	Aにいらいらする	**be annoyed with [about, at] A**
1145	AのBをうらやむ	**envy A for B**
1146	Aに失望する	**be disappointed at [with] A**
1147	Aに感動する	**be impressed with A**
1148	できるだけA	**as A as possible**
1149	…しそうである	**be likely to do**
1150	Aの結果として	**as a consequence of A**
1151	Aに影響を与える	**have an effect on A**
1152	Aに…させる	**cause A to do**
1153	Aにやさしい	**be gentle with A**
1154	率直に言えば	**to be frank (with you)**
1155	Aにある、存在する	**consist in A [doing]**
1156	Aと対照的に	**in contrast to A**

彼の祖父は生涯にわたって金を求めた。	His grandfather **sought for gold** throughout life.
私たちは真実を見いだそうと努めた。	We **sought to find the truth**.
彼らは家具を商っている。	They **deal in furniture**.
私は何とか締め切り前にレポートを終わらせた。	I **managed to finish my report** before the deadline.
彼女はうそをつくのを嫌う。	She **dislikes telling a lie**.
私は彼が図書館で物音を立てるのにいらいらした。	I **was annoyed with him** for making a noise in the library.
君のいろいろな才能をうらやむよ。	I **envy you for your many talents**.
皆がその知らせに失望した。	Everyone **was disappointed at the news**.
私は彼女の日本語にとても感動した。	I **was** very **impressed with her Japanese**.
できるだけ早く返事をします。	I'll get back to you **as soon as possible**.
彼は今日ここに来そうだ。	He **is likely to be** here today.
彼は努力の結果としてサッカー選手になった。	He became a soccer player **as a consequence of his efforts**.
この本は世界中の人々に大きな影響を与えてきた。	This book **has had a great effect on people** around the world.
大雨が、その空港を1日以上閉鎖させた。	Heavy rain **caused the airport to shut down** for more than a day.
その若者は子どもたちにとてもやさしい。	The young man **is very gentle with children**.
率直に言えば、君はちょっと不注意すぎる。	**To be frank**, you're a little too careless.
幸福とは、他人を助けることにある。	Happiness **consists in helping others**.
彼は兄と対照的に背が高い。	He is tall **in contrast to his brother**.

イディオム

1157	A次第である、Aによる	depend on A
1158	Aが…するのを許す	allow A to *do*
1159	Aが…するのを禁止する、許さない	forbid A to *do* [*doing*]
1160	…することを予想する	expect to *do*
1161	予定よりも遅れて	behind schedule
1162	Aに反対する	be opposed to A
1163	BのことでAにあやまる	apologize to A for B
1164	Aと連絡をとっている	in contact with A
1165	…するようAを促す	encourage A to *do*
1166	恐怖で	in horror
1167	A (のこと) を心配する	be concerned about A
1168	Aを恐れて	for fear of A
1169	A (人) にBを注ぐ	pour A B
1170	Aがない	be lacking in A
1171	Aが不足して困っている	lack for A
1172	Aのように見える	appear (to be) A
1173	AをBと見なす	consider A B
1174	AからBを奪う	rob A of B

イディオム

私たちの未来は、現在の努力次第だ。	Our future **depends on our current efforts**.
両親は私がイヌを飼うのを許してくれた。	My parents **allowed me to keep a dog**.
ジェーンの父親は、彼女がテレビゲームをするのを禁止している。	Jane's father **forbids her to play video games**.
私はここに来ることを予想していなかった。	I didn't **expect to come** here.
私たちの仕事は予定よりも遅れている。	Our work is **behind schedule**.
君の意見に反対するわけではない。	I'm not **opposed to your opinion**.
彼は無礼だったことで私にあやまった。	He **apologized to me for being rude**.
私は中学校時代の友人数名と連絡をとり続けている。	I've kept **in contact with some middle school friends**.
ロバートはスポーツをするよう、自分の子どもたちに促している。	Robert **encourages his children to play sports**.
彼女は真夜中に恐怖で叫んだ。	She screamed **in horror** at midnight.
彼女は息子のことを大変心配している。	She is very **concerned about her son**.
彼女はそのイヌを恐れて中に入ることができなかった。	She could not come in **for fear of the dog**.
おばが彼女の家で私にいくらかお茶を注いでくれた。	My aunt **poured me** some **tea** at her house.
彼女には常識がない。	She **is lacking in common sense**.
その企業は資金が不足して困っている。	The business is **lacking for money**.
その男性は実年齢よりも年上のように見えた。	The man **appeared older** than his age.
バイクを危険だと見なす人もいる。	Some people **consider motorcycles dangerous**.
自分が犯したミスが、彼女から昇進の機会を奪った。	Her mistake **robbed her of the chance** to get promoted.

1175	Aを盗まれる	**have A stolen**
1176	AとBを比べる	**compare A with [to] B**
1177	Aの代わりに	**instead of A [*do*ing]**
1178	A（かばんなど）にBを詰める	**pack A with B**
1179	AにBを思い出させる	**remind A of B**
1180	むしろ…したい	**prefer to *do***
1181	BよりAを好む	**prefer A to B**
1182	（Aは）…する必要がある	**it is necessary (for A) to *do***
1183	Aに適している	**be suited for [to] A**
1184	クレジットで	**on credit**
1185	詳細に	**in detail**
1186	A（人）のBに感謝する［している］	**be grateful to A for B**
1187	…して光栄に思う	**be honored to *do***
1188	Aを支持して	**in support of A**
1189	Aが…するのを強制する	**force A to *do***
1190	Aの目的で	**for the purpose of A**
1191	…することを決心する	**decide to *do***
1192	たくさんのA、十分なA	**a pile of A**

私は列車でかばんを盗まれた。	I **had my bag stolen** on the train.
彼女はときどきとなりの少女と自分の娘を比べる。	She sometimes **compares her daughter with the girl** next door.
電話する代わりにメールを送ります。	I'll send you an email **instead of making a call**.
彼女はかばんにたくさんの衣類を詰めた。	She **packed her bag with** a lot of clothes.
この写真は私に高校時代を思い出させる。	This picture **reminds me of my high school days**.
私はむしろシャワーを浴びたい。	I **prefer to take** a shower.
私は彼らと出かけるよりここにいる方がいい。	I **prefer staying** here **to going out** with them.
彼はその試験に1度合格する必要があった。	**It was necessary for him to pass the test** once.
この土地は農業に適している。	This land **is suited for** farming.
彼女の父親は、あれらの本をクレジットで買った。	Her father bought those books **on credit**.
これについて後で詳細に話します。	I'll talk about this **in detail** later.
私は彼女の大きな貢献に感謝している。	I'm **grateful to her for her** huge contribution.
この場にお招きいただき、大変光栄に思います。	I'm very **honored to be invited** here.
私はその計画を支持してスピーチをします。	I'll make a speech **in support of the plan**.
その企業は働く人たちが制服を着用するのを強制した。	The company **forced its workers to wear** uniforms.
私たちはこの規則を安全上の目的で作った。	We made this rule **for the purpose of security**.
彼女は20年前にピアニストになることを決心した。	She **decided to be a pianist** 20 years ago.
彼の部屋にはたくさんの本がある。	There's **a pile of books** in his room.

1193	AをBと混同する	confuse A with B
1194	AをBと取り替える	replace A with B
1195	AをBと交換する［に両替する］	exchange A for B
1196	…することを申し出る	offer to *do*
1197	A（人）にB（もの）を提供する	provide A with B [B for A]
1198	平均して	on average
1199	Aを理解する	figure A out
1200	あえて…する	risk *doing*
1201	Aに基づいて	on the basis of A
1202	Aに…するよう要求する［している］	require A to *do*
1203	AをBと結びつける、接続する	connect A with [to] B
1204	Aにかかわっている	be involved in A
1205	腹を立てる	lose *one*'s temper
1206	Aに夢中である	be absorbed in A
1207	Aを担当して	in charge of A
1208	AにBについて知らせる	inform A of [about] B
1209	AをBに割り当てる	assign A B
1210	突然Aになる	burst into A

彼はよく私と妹を混同する。	He often **confuses me with my sister**.
このプリンターを新しいものと取り替えるのを手伝ってもらえますか。	Could you help me **replace this printer with the new one**?
このセーターを、もっと小さいものと交換したいのです。	I'd like to **exchange this sweater for a smaller one**.
彼女はホストマザーの代わりに昼食をつくることを申し出た。	She **offered to prepare lunch** for her host mother.
彼は私たちに多くの役立つ情報を提供した。	He **provided us with** a lot of useful **information**.
平均して、女性は男性より長生きだ。	**On average**, women live longer than men.
私は彼の言っていることを理解できない。	I can't **figure out what he is saying**.
私は、すべてを失う危険をあえて冒したくありません。	I don't want to **risk losing everything**.
私たちは事実に基づいて話をすべきだ。	We should talk **on the basis of facts**.
校則は、制服を着るよう私たちに要求している。	The school rules **require us to wear school uniform**.
インターネットは私たちみんなを世界と結びつける。	The Internet **connects all of us with the world**.
彼はその事故にかかわっていなかったと信じている。	I believe he **was** not **involved in the accident**.
彼女は腹を立てて叫び始めた。	She **lost her temper** and started shouting.
彼女は午後ずっと読書に夢中であった。	She **was absorbed in reading** all afternoon.
彼女はウェブデザインを担当している。	She is **in charge of web design**.
できるだけ早く私たちに決定についてお知らせください。	Please **inform us of your decision** as soon as possible.
父は私をみんなに夕食を作る仕事に割り当てた。	My father **assigned me the job** of making dinner for everyone.
彼の母親は突然泣きだした。	His mother **burst into tears**.

1211	AをBに変化させる	**transform A into B**
1212	少し離れて	**at a distance**
1213	…することを断る	**refuse to** *do*
1214	AにBを供給する	**supply A with B [B for A]**
1215	Aを犠牲にして	**at the expense of A**
1216	Aを正当に評価する	**do A justice**
1217	Aが流ちょうな、達者な	**be fluent in A**
1218	Aで構成され（てい）る	**be composed of A**
1219	…する価値がある	**be worth** *doing*
1220	AをBのかどで告発する、訴える	**accuse A of B**
1221	むだに	**in vain**
1222	定住する、落ち着く	**settle down**
1223	A（人）のB（体の部位）をつかむ	**seize A by the B**
1224	Aを片づける、Aをわきに置く	**put A aside**
1225	Aにつらく当たって	**severe on A**
1226	Aに注意を払う、Aの世話をする	**attend to A**
1227	1ダースのA	**a dozen (of) A**
1228	…することから利点を得る	**benefit from** *doing*

イディオム

彼らの懸命な仕事は、砂漠を大きな農場に変化させた。	Their hard work **transformed the desert into a** big farm.
その絵は少し離れて見ると、より良く見える。	The painting looks better **at a distance**.
彼女は彼のプロポーズを受け入れることを断った。	She **refused to accept his proposal**.
その湖は市にきれいな水と魚を供給している。	The lake **supplies the city with clean water** and fish.
彼は自分の健康を犠牲にして働いた。	He worked **at the expense of his health**.
彼女を正当に評価すれば、彼女は最善を尽くした。	To **do her justice**, she did her best.
スペイン語が流ちょうな人が必要です。	We need someone who **is fluent in Spanish**.
私たちのテニスクラブは30人の会員で構成されている。	Our tennis club **is composed of 30 members**.
あなたの考えを試してみる価値があると思っているかどうか、彼らにアドバイスをもらいましょう。	Let's get advice from them to see if they think your idea **is worth trying**.
店主は、彼を彼女の車を盗んだかどで告発した。	The shop's owner **accused him of stealing her car**.
科学者たちは新しい証拠を見つけようとしたがむだだった。	The scientists tried to find new evidence **in vain**.
彼らはその島に定住した。	They **settled down** on the island.
その母親は息子の腕をつかんだ。	The mother **seized her son by the arm**.
君のおもちゃを片づけなさい。	**Put your toys aside**.
彼は友人に親切だが敵にはつらく当たる。	He is kind to his friends but **severe on his enemies**.
君は君の仕事に注意を払うべきだ。	You should **attend to your work**.
この店では、1ダースの卵はいくらですか。	How much is **a dozen eggs** at this store?
彼は早寝早起きすることから利点が得られると思った。	He thought he would **benefit from keeping early hours**.

1229	Aに…するように警告する	warn A to do
1230	一目見て	at a glance
1231	AのBをいやす、治す	cure A of B
1232	苦労する	take pains
1233	Aで苦しむ、悩む	suffer from A
1234	Aに代わって	on [in] behalf of A
1235	…する能力がある	be capable of *doing*
1236	反対に、それどころか	on the contrary
1237	Aが…することを可能にする	enable A to *do*
1238	AのBを治す	heal A of B
1239	絶望して	in despair
1240	恥ずかしくて…できない	be ashamed to *do*

私は君に彼を信用するなと警告した。	I **warned you** not **to trust him**.
私は一目見て彼女だとわかった。	I recognized her **at a glance**.
彼女はネコがいなくて寂しく思ったが、何事も彼女の痛みをいやさなかった。	She missed her cat and nothing **cured her of the pain**.
その会社は製品を改良するのに大いに苦労した。	The company **took** great **pains** to improve their products.
この3日間かぜで苦しんでいます。	I have **been suffering from a cold** these three days.
彼は父親に代わってその会合に出席した。	He attended the meeting **on behalf of his father**.
ジョンはおもしろい小説を書く能力がある。	John **is capable of writing** interesting **fiction**.
君は良いことをしたと思っているけれど、反対に、それは大きな間違いだったよ。	You think you did a good thing, but **on the contrary**, it was a huge mistake.
良いチームワークによって、私たちは時間内に仕事を終えることができた。	Good team work **enabled us to get the job done** in time.
この薬は君の痛みを治すだろう。	This medicine will **heal you of the pain**.
彼は、お金が尽きて絶望していた。	He was **in despair** when he ran out of money.
私は恥ずかしくて彼女の目を見ることができなかった。	I **was** too **ashamed to look her** in the eye.

多義語

1241 address [ədrés アドレス]
- ❶名 演説、あいさつ ❷他 に取り組む ❸他 に呼びかける

新年の演説	a New Year's address
その問題に取り組む	address the problem
人々に呼びかける	address the people

1242 air [éər エア]
- ❶名 空気、大気 ❷名 雰囲気 ❸名 (電波)放送

新鮮な空気	fresh air
お祝いの雰囲気	an air of celebration
放送中で	on the air

1243 anxious [ǽŋkʃəs アン(ク)シャス]
- ❶形 心配して ❷形 切望して

| 将来を心配している | feel anxious about the future |
| 彼に会いたいと切望している | be anxious to see him |

1244 apply [əplái アプライ]
- ❶自 (…に)出願する、申し込む(for)
- ❷自 他 (を)(…に)適用する、当てはまる(to)

| 大学に出願する | apply for a university |
| 全生徒に適用される | apply to all students |

1245 **associate** [əsóuʃièit アソウシエイト]

❶他 で(…を)**連想する**(**with**)、と結びつける
❷自 (…と)**交流する、付き合う**(**with**)　❸名 **仲間**

花火で夏を連想する	associate fireworks with summer
留学生と交流する	associate with foreign students
仕事仲間	a business associate

多義語

1246 **attend** [əténd アテンド]

❶他 に**出席する、通う**　❷自 (…に)**注意を払う、世話をする**(**to**)

| 授業に出席する | attend a class |
| 教師の言うことに注意を払う | attend to what the teacher says |

1247 **capital** [kǽpətl キャピトル]

❶名 **首都、州都**　❷名 **資金、資本**

| フランスの首都 | the capital of France |
| 資金を集める | raise capital |

1248 **challenge** [tʃǽləndʒ チャレンヂ]

❶名 **課題**　❷他 に**挑戦する**　❸他 に**異議を唱える**

重大な課題	a serious challenge
強い選手に挑戦する	challenge a strong player
その意見に異議を唱える	challenge the view

1249 close [klóus クロウス]

❶形 親しい　❷形 (…に)接近した (to)
❸形 もう少しで…しそうで (to doing)

親しい友達	a close friend
駅に近い	close to the station
もう少しで仕事が終わりそうで	close to finishing the work

1250 cost [kɔ́:st コースト]

❶他 (金)がかかる　❷他 (人)が(時間・労力)を要する

| 100ドルかかる | cost 100 dollars |
| 私たちは余計に1時間を要する | cost us an extra hour |

1251 custom [kʌ́stəm カスタム]

❶名 慣習、習慣　❷名 《customs で》税関、関税

| その地域の慣習 | the local custom |
| 税関を通る | go through customs |

1252 feature [fíːtʃər フィーチャ]

❶名 特徴、売りもの　❷他 を特徴とする、呼びものにする

| 重要な特徴 | a key feature |
| 豊富な品ぞろえを特徴とする | feature a large selection |

1253 figure [fígjər フィギャ]

❶名形　❷名図表　❸名金額、数量、数値

円形	a round **figure**
図3	**Figure** 3
売上金額	sales **figures**

多義語

1254 firm [fə́:rm ファーム]

❶名会社　❷形固い、しっかりした

| 調査会社 | a research **firm** |
| 硬いベッド | a **firm** bed |

1255 fortune [fɔ́:rtʃən フォーチュン]

❶名大金、富　❷名運、運勢

| 大金をもうける | make a **fortune** |
| 幸運 | good **fortune** |

1256 interest [íntərəst インタレスト]

❶名興味　❷名利子、利益

| 興味がある | have an **interest** |
| 5パーセントの利子を支払う | pay five-percent **interest** |

1257 late [léit レイト]

- ❶形 遅れた ❷形 亡くなった、故…

| 到着の遅れ | a late arrival |
| 彼の亡き妻 | his late wife |

1258 leave [líːv リーヴ]

- ❶他 を出発する、去る ❷他 を任せる ❸名 休暇(の許可)

家を出発して飛行場に向かう	leave home for the airport
彼女にその仕事を任せる	leave the work to her
有給休暇	paid leave

1259 long [lɔ́ːŋ ローング]

- ❶形 長い ❷自 (…を)切望する(for)

| 長距離 | a long distance |
| 平和を望む | long for peace |

1260 major [méidʒər メイヂャ]

- ❶形 大きな、より重要な ❷自 (…を)専攻する(in)

| 大企業 | a major company |
| 歴史学を専攻する | major in history |

多義語

1261 **matter** [mǽtər マタ]
❶名 事柄、こと　❷自 重要である

| 個人的な事柄 | a private **matter** |
| 私にはほとんど重要ではない | **matter** little to me |

1262 **mean** [míːn ミーン]
❶他 (する)つもりだ(to do)　❷名《means で》手段　❸形 平均の

そう言うつもりである	**mean** to say so
コミュニケーション手段	**means** of communication
平均気温	the **mean** temperature

1263 **meet** [míːt ミート]
❶他 に会う　❷他 (要求など)を守る、満たす

| 人に会う | **meet** someone |
| 締め切りを守る | **meet** the deadline |

1264 **mind** [máind マインド]
❶名 精神、心
❷他 を嫌がる(Would you mind doing...? で「…してもらえませんか」)
❸他 に気をつける、注意を払う

精神状態	a state of **mind**
行ってもらえませんか	Would you **mind** going...?
ことばに気をつける	**mind** your language

1265 **nature** [néitʃər ネイチャ]

❶图自然　❷图本質、性質

| 自然保護 | **nature** protection |
| その問題の**本質** | the **nature** of the issue |

1266 **order** [ɔ́ːrdər オーダ]

❶他を注文する、命令する　❷图順番　❸图秩序、体制

1杯のコーヒーを**注文する**	**order** a cup of coffee
正しい**順番**に	in the right **order**
公共の**秩序**	public **order**

1267 **park** [páːrk パーク]

❶图公園　❷他を駐車する

| 国立**公園** | a national **park** |
| バスを**駐車する** | **park** a bus |

1268 **party** [páːrti パーティ]

❶图パーティー　❷图政党　❸图一行、団体

パーティーを開く	hold a **party**
政党を結成する	form a political **party**
4名の**一行**	a **party** of four

多義語

plant [plént プラント]

❶ 名 植物　❷ 名 工場、設備

| 植物に水をやる | water the **plants** |
| 自動車工場 | a car **plant** |

pretty [príti プリティ]

❶ 形 きれいな、かわいい　❷ 形 かなりの、非常に

| きれいな花 | a **pretty** flower |
| かなりよい | **pretty** good |

produce [prədjúːs プロデュース]

❶ 他 を生産する、生み出す　❷ 名 農作物 [prádjuːs プラデュース]

| 電気自動車を生産する | **produce** electric cars |
| 新鮮な農作物 | fresh **produce** |

race [réis レイス]

❶ 名 競走、レース　❷ 名 人種、品種

| 競走に勝つ | win a **race** |
| あらゆる人種 | all **races** |

range [réindʒ レインヂ]

❶ 名 範囲　❷ 自 (範囲に)わたる、及んでいる

| 広範囲にわたる製品 | a wide **range** of products |
| 15歳から30歳にわたる | **range** in age from 15 to 30 |

1274 regard [rigá:rd リガード]

❶ 他 を(…と)みなす、考える(as)　❷ 名 点　❸ 名 配慮、心づかい

それを誤りだとみなす	regard it as wrong
この点において	in this regard
安全への配慮	regard for safety

1275 respect [rispékt リスペクト]

❶ 他 を尊敬する　❷ 名 尊敬、敬意　❸ 名 点、事項

友人を尊敬する	respect a friend
尊敬を集める	win the respect
多くの点において	in many respects

1276 right [ráit ライト]

❶ 形 正しい、正当な　❷ 形 右の　❸ 名 権利

正しい答え	the right answer
右側を	on the right side
人権	human rights

1277 room [rú:m ルーム]

❶ 名 部屋　❷ 名 余地

| 部屋を予約する | reserve a room |
| 改善の余地 | room for improvement |

1278 row [róu ロウ]

❶名一続き、列　❷他をこぐ

| 連続して | in a row |
| 舟をこぐ | row a boat |

1279 run [rán ラン]

❶自走る　❷他を経営する

| マラソンで走る | run in a marathon |
| 会社を経営する | run a company |

1280 save [séiv セイヴ]

❶他を救う、助ける　❷他を貯蓄する、取っておく　❸他を節約する、省く

地球を救う	save the Earth
貯金する	save money
空間を節約する	save space

1281 sentence [séntəns センテンス]

❶名文　❷名刑、判決、宣告　❸他に宣告する、判決を下す

文を書く	write a sentence
終身刑	a life sentence
禁固10年の刑を宣告される	be sentenced to 10 years in prison

1282 **shape** [ʃéip シェイプ]

❶名形 ❷名(体の)調子

さまざまな形	different **shapes**
体調がよい	be in good **shape**

1283 **sound** [sáund サウンド]

❶自…のように思われる ❷名音 ❸形ぐっすりと

よさそうに思える	**sound** nice
音を立てる	make a **sound**
ぐっすりと眠る	fall **sound** asleep

1284 **state** [stéit ステイト]

❶名状態、状況 ❷名国家、州 ❸他を述べる

混乱状態	a **state** of confusion
民主主義国家	a democratic **state**
自分の意見を述べる	**state** *one's* opinion

1285 **subject** [sʌ́bdʒikt サブヂクト]

❶名主題、テーマ ❷名教科、科目 ❸形(…の)対象となる(to)

話題を変える	change the **subject**
学校の教科	a school **subject**
変更の対象となる	be **subject** to change

1286 succeed [səksí:d サクスィード]

❶自 (…に) **成功する**(in) ❷自他 (…を)**継ぐ**、(…の)**後を継ぐ**(to)

| 事業に成功する | succeed in business |
| 家業を継ぐ | succeed to the family business |

多義語

1287 term [tə́:rm ターム]

❶名 **期間、時間** ❷名 **用語、言葉** ❸名《terms で》**条件**

任期	term of office
法律用語	a legal term
同じ条件で	on the same terms

1288 time [táim タイム]

❶名 **時刻、時間** ❷名 **回、倍**

| 1日のこの時刻 | this time of day |
| 1日に3回 | three times a day |

1289 turn [tə́:rn ターン]

❶自 (角などを)**曲がる** ❷他 **を回す** ❸名 **順番**

左に曲がる	turn to the left
鍵を回す	turn the key
君の番	your turn

1241	大統領は新年の演説を行った。	The President made a New Year's address.
1241	私たちはすぐにその問題に取り組むだろう。	We will soon address the problem.
1242	パーティーはお祝いの雰囲気だった。	There was an air of celebration at the party.
1242	その番組は、午後9時半から10時まで放送中の予定だ。	The program will be on the air from 9:30 to 10 p.m.
1243	彼女は長年彼に会いたいと切望している。	She has been anxious to see him for years.
1244	これらの校則は全生徒に適用される。	These school rules apply to all students.
1245	留学生と交流すれば、君は多くのことを学ぶだろう。	When you associate with foreign students, you will learn a lot of new things.
1245	私の仕事仲間が昨日私たちを訪問した。	A business associate of mine visited us yesterday.
1246	君は教師の言うことにもっと注意を払うべきだ。	You should attend more to what the teacher says.
1247	その会社は事業を拡大するために資金を集めたがっている。	The company wants to raise capital to expand their business.
1248	サムライはより強い選手に挑戦し、決して言い訳をしない。	A samurai challenges a stronger player and never makes any excuse.
1248	彼の意見に異議を唱える人はいなかった。	Nobody challenged his view.
1249	その新しいホテルは駅に本当に近い。	The new hotel is really close to the station.
1249	私たちはもう少しで仕事が終わりそうだ。	We are close to finishing the work.
1250	タイヤのパンクを修理するために私たちは余計に1時間を要した。	It cost us an extra hour to fix the flat tire.
1251	全員が出入国の前に税関を通らなければならない。	Everyone must go through customs before leaving or entering a country.
1252	その店は、グリーティングカードの豊富な品ぞろえを特徴とする。	The store features a large selection of greeting cards.
1253	さらなる詳細については、図3を参照してください。	See Figure 3 for further details.
1253	この表は、私たちの店の売上金額を示す。	This table shows the sales figures of our store.
1254	私は固いベッドで寝たくない。	I don't like to sleep in a firm bed.

1255	「富」は中国語で幸運を意味する。	"Fu" means good fortune in Chinese.
1256	私は銀行に毎年5パーセントの利子を支払う必要がある。	I need to pay five-percent interest to the bank every year.
1257	彼は亡き妻を記念して木を植えた。	He planted a tree in memory of his late wife.
1258	私たちは彼女にその仕事を任せたほうがよい。	We'd better leave the work to her.
1259	皆が平和を望んだが、戦争は続いた。	Everyone longed for peace but the war continued.
1260	私の妹は大学で歴史学を専攻している。	My sister majors in history at college.
1261	彼女が来るか来ないかは私にはほとんど重要ではない。	Whether she comes or not matters little to me.
1262	最初は、私はそう言うつもりではなかった。	At first, I didn't mean to say so.
1262	電子メールは最も便利なコミュニケーション手段のひとつである。	Email is one of the most convenient means of communication.
1263	私たちは締め切りを守るために必死で働いた。	We worked hard to meet the deadline.
1264	私といっしょに買いものに行ってもらえませんか。	Would you mind going shopping with me?
1264	女性の前ではことばに気をつけるべきだ。	You should mind your language in front of a lady.
1265	誰もその問題の本質を本当には理解していない。	No one really understands the nature of the issue.
1266	単語を正しい順番に並べなさい。	Put the words in the right order.
1266	警官は、公共の秩序を守る責務を負っている。	Police officers are responsible for keeping public order.
1267	この駐車場は、バスを駐車するには小さすぎる。	This lot is too small to park a bus in.
1268	彼らは与党に対抗するために政党を結成した。	They formed a political party to challenge the ruling party.
1268	4名の一行が山頂に到着した。	A party of four reached the mountain top.
1269	市の近くに大きい自動車工場が2つある。	There are two major car plants near the city.
1270	彼らの演技はかなりよかったが、完璧ではなかった。	Their performance was pretty good, but not perfect.

多義語

例文でCHECK!!

☐ 1271	毎週日曜日、農園主たちは市の中心部にある広場で新鮮な農作物を販売している。	The farmers sell <u>fresh</u> <u>produce</u> in the square downtown every Sunday.
☐ 1272	あらゆる人種が公平に敬意をもって扱われるべきである。	<u>All</u> <u>races</u> should be treated equally and with respect.
☐ 1273	選手たちの年齢は15歳から30歳にわたっていた。	The players <u>ranged</u> <u>in</u> <u>age</u> <u>from</u> <u>15</u> to <u>30</u>.
☐ 1274	この点においてあなたの経験は何か教えてもらえますか。	Can you tell me what your experience is <u>in</u> <u>this</u> <u>regard</u>?
☐ 1274	当社は安全への高い配慮を行っています。	Our company has a high <u>regard</u> <u>for</u> <u>safety</u>.
☐ 1275	リーダーは全員から尊敬を集めていた。	The leader <u>won</u> <u>the</u> <u>respect</u> of everyone.
☐ 1275	日本語は多くの点において英語と異なっている。	Japanese is different from English <u>in</u> <u>many</u> <u>respects</u>.
☐ 1276	米国では、車は道路の右側を走っている。	In the United States, cars are driven <u>on</u> <u>the</u> <u>right</u> <u>side</u> of the road.
☐ 1276	人権とは、私たち全員を守る基本的な権利と自由である。	<u>Human</u> <u>rights</u> are basic rights and freedoms that protect us all.
☐ 1277	君の計画にはまだ改善の余地がある。	There is still <u>room</u> <u>for</u> <u>improvement</u> in your plan.
☐ 1278	私たちは舟をこいで湖を横断した。	We <u>rowed</u> <u>a</u> <u>boat</u> across the lake.
☐ 1279	祖父は京都で会社を経営していた。	My grandfather <u>ran</u> <u>a</u> <u>company</u> in Kyoto.
☐ 1280	来年カナダに行くために貯金しているところだ。	I'm <u>saving</u> <u>money</u> to go to Canada next year.
☐ 1280	これらの棚は薄くてとてもよく空間を節約してくれる。	These shelves are thin and <u>save</u> <u>space</u> really well.
☐ 1281	彼は危険な運転で終身刑を宣告された。	He got <u>a</u> <u>life</u> <u>sentence</u> for dangerous driving.
☐ 1281	その元政治家は禁固10年の刑を宣告された。	The former politician <u>was</u> <u>sentenced</u> <u>to</u> <u>10</u> <u>years</u> <u>in</u> <u>prison</u>.
☐ 1282	私は近頃ずっと体調がよい。	I have <u>been</u> <u>in</u> <u>good</u> <u>shape</u> recently.
☐ 1283	図書館内で音を立てないでください。	Don't <u>make</u> <u>a</u> <u>sound</u> in the library.
☐ 1283	私はとても疲れていたのでぐっすりと眠った。	I <u>fell</u> <u>sound</u> <u>asleep</u> because I was very tired.
☐ 1284	この国が民主主義国家になるのは、まだはるか先だ。	This country is still far from being <u>a</u> <u>democratic</u> <u>state</u>.

☐ 1284	私は人前で自分の意見を述べるのは自信がなかった。	I was not confident of stating my opinion in public.
☐ 1285	小学校において、英語が学校の教科となった。	English has become a school subject in elementary schools.
☐ 1285	この情報は時々変更の対象となる。	This information is subject to change from time to time.
☐ 1286	私は会社の社長として家業を継いだ。	I succeeded to the family business as president of the company.
☐ 1287	法律用語はよく2つ以上の意味をもつことがある。	Legal terms often have more than one meaning.
☐ 1287	私たちはそれまでの年と同じ条件で契約書に署名した。	We signed the agreement on the same terms as the previous year's.
☐ 1288	私は1日に3回歯を磨く。	I brush my teeth three times a day.
☐ 1289	私は鍵を回そうとしたが動かなかった。	I tried to turn the key but it wouldn't move.
☐ 1289	さあ、君のプレーする番だよ。	Now it's your turn to play.

多義語

接頭辞

接頭辞	意味	例
bi-	2つの	bicycle（自転車）
co- / com- / con-	共に	company（会社、仲間）
im- / in-	中へ	inside（内側）
de-	離れる	departure（出発）
dis-	否定	disappear（消える）
ex-	外へ	export（を輸出する）
il- / im- / in-	否定	impossible（不可能な）
inter-	…間の	international（国際的な）
mis-	誤り	mistake（誤り）
non-	否定	nonsense（無意味な）
out-	外へ	outside（外側に）
pre-	前の	prepare（を準備する）
pro-	前へ	promise（約束する）
re-	再び	recycle（を再利用する）
sub-	下	subway（地下鉄）
tele-	遠く	telephone（電話）
trans-	移動	transport（を輸送する）
un-	否定	unable（できない）
uni-	1つの	universal（普遍的な）

接尾辞

接尾辞	意味	例
-able	…できる	possible（可能な）
-ee	…される人	employee（従業員）
-er / -or	…する人	driver（運転手）
-ful	満ちた	powerful（強力な）
-ic / -ical	…に関する	classical（古典の）
-ics	…学	economics（経済学）
-ion	…すること	action（行動）
-ist	…の専門家	artist（芸術家）
-ize / -ise	…する	realize（を実現する）
-less	…がない	careless（不注意な）
-logy	…学	biology（生物学）
-ly	（形容詞について）副詞をつくる	deeply（深く）
-ment	動作	development（発達）
-ness	状態	darkness（暗さ）
-or	…する人［もの］	actor（俳優）
-ory	場所	factory（工場）
-ward	…の方へ	backward（後ろへ）

原形	過去形	過去分詞形	現在分詞形
☐ become(になる)	became	(become)	becoming
☐ begin(始まる)	began	(begun)	(beginning)
☐ break(を壊す)	(broke)	broken	breaking
☐ bring(を持ってくる)	brought	(brought)	bringing
☐ build(を建てる)	built	built	building
☐ buy(を買う)	(bought)	(bought)	buying
☐ catch(をつかまえる)	(caught)	caught	catching
☐ choose(を選ぶ)	chose	(chosen)	choosing
☐ come(来る)	came	(come)	coming
☐ cut(を切る)	(cut)	(cut)	cutting
☐ do(をする)	did	(done)	doing
☐ draw(を描く)	(drew)	drawn	drawing
☐ drink(を飲む)	(drank)	drunk	drinking
☐ drive(運転する)	drove	(driven)	driving
☐ eat(を食べる)	(ate)	eaten	eating
☐ fall(落ちる)	(fell)	fallen	falling
☐ feel(を感じる)	(felt)	(felt)	feeling
☐ find(を見つける)	(found)	found	finding
☐ fly(飛ぶ)	(flew)	flown	flying

原形	過去形	過去分詞形	現在分詞形
☐ forget (を忘れる)	forgot	forgot [forgotten]	(forgetting)
☐ get (を手に入れる)	got	got [gotten]	(getting)
☐ give (を与える)	(gave)	given	giving
☐ go (行く)	went	(gone)	going
☐ grow (成長する)	(grew)	(grown)	growing
☐ have (を持っている)	had	had	having
☐ hear (を聞く)	(heard)	(heard)	hearing
☐ hit (を打つ、に当たる)	(hit)	(hit)	(hitting)
☐ hold (をかかえる)	held	held	holding
☐ keep (を保つ)	(kept)	(kept)	keeping
☐ know (を知っている)	(knew)	known	knowing
☐ leave (を残す)	left	(left)	leaving
☐ lie (横たわる、寝る)	(lay)	(lain)	(lying)
☐ lose (を失う)	(lost)	(lost)	losing
☐ make (を作る)	made	made	making
☐ mean (を意味する)	(meant)	(meant)	meaning
☐ meet (に会う)	met	met	meeting
☐ put (を置く)	(put)	(put)	putting
☐ ride (に乗る)	(rode)	(ridden)	riding
☐ rise (のぼる)	(rose)	risen	rising
☐ run (走る)	ran	(run)	(running)

原形	過去形	過去分詞形	現在分詞形
☐ say（と言う）	said	said	saying
☐ see（を見る）	saw	(seen)	seeing
☐ send（を送る）	sent	sent	sending
☐ set（を置く、配置する）	(set)	(set)	setting
☐ shake（をゆさぶる）	(shook)	(shaken)	shaking
☐ show（を見せる）	(showed)	shown	showing
☐ sing（歌う）	(sang)	sung	singing
☐ sit（座る）	sat	sat	(sitting)
☐ sleep（眠る）	slept	(slept)	sleeping
☐ speak（を話す）	(spoke)	(spoken)	speaking
☐ spend（を過ごす）	spent	spent	spending
☐ stand（立つ）	(stood)	(stood)	standing
☐ swim（泳ぐ）	(swam)	(swum)	(swimming)
☐ take（をとる）	(took)	taken	taking
☐ teach（を教える）	(taught)	(taught)	teaching
☐ tell（を言う）	told	told	telling
☐ think（と考える）	thought	(thought)	thinking
☐ throw（を投げる）	(threw)	(thrown)	throwing
☐ wear（を着る）	(wore)	(worn)	wearing
☐ win（を勝ち取る）	(won)	(won)	(winning)
☐ write（を書く）	(wrote)	(written)	writing

CROWN Chunk Builder

Standard

さくいん

見出し語は太字、派生語・関連語などは細字で示してあります。
数字は単語の番号を示しています。

A

- **abandon** ………… **1043**
- **ability** ………… **0320**
- able ………… 0320,1107
- **abnormal** …… 0152,**0814**
- abroad ………… 0215
- absence ………… 0951
- **absent** ………… **0951**
- absolute ………… 0579
- **absolutely** ………… **0579**
- **absorb** ………… **0624**
- absorption ………… 0624
- **abstract** ………… **0932**
- abundance ………… 0901
- **abundant** ………… **0901**
- **academic** ………… **0781**
- academy ………… 0781
- **accent** ………… **0580**
- **accept** ………… **0507**,0746
- acceptable ………… 0507
- acceptance ………… 0507
- **access** ………… **0618**
- accessibility ………… 0618
- **accessory** ………… **0771**
- **accompany** ………… **0591**
- **accomplish** ………… **0539**
- accomplishment …… 0539
- **account** ………… **0520**
- accuracy ………… 0635
- **accurate** ………… **0635**
- accusation ………… 0868
- **accuse** ………… **0868**
- **accustom** ………… **0530**
- **achieve** ………… **0044**,0539
- achievement ………… 0044
- **acknowledge** ………… **0823**
- acknowledg(e)ment 0823
- acquaintance ………… 0492
- **acquire** ………… **0540**
- acquisition ………… 0540
- **adapt** ………… **0653**
- additional ………… 0514
- **address** ………… **1241**
- **adjust** ………… **0471**
- adjustment ………… 0471
- admiration ………… 0427
- **admire** ………… **0427**
- **admit** ………… **0244**
- **adopt** ………… **1042**

- **advantage** ………… **0345**
- advertise ………… 0097
- **advertisement** …… **0097**
- **advice** ………… **0250**
- **advise** ………… **0250**
- **affair** ………… **0220**
- **affect** ………… **0659**
- affection ………… 0659
- **affirm** ………… **0747**
- **afford** ………… **0629**
- affordable ………… 0629
- agency ………… 0297
- **agent** ………… **0297**
- **aggressive** ………… **0611**
- aggressively ………… 0611
- agricultural ………… 0832
- **agriculture** ………… **0832**
- **aid** ………… **1102**
- **aim** ………… **0531**
- **air** ………… **1242**
- **aisle** ………… **0122**
- **alarm** ………… **0331**
- **alike** ………… **0521**
- **alive** ………… **0273**
- **allow** ………… **0228**
- allowance ………… 0228
- almost ………… 0032
- **aloud** ………… **0952**
- **alternative** ………… **0573**
- **amaze** ………… **0553**
- amazed ………… 0553
- **amazing** ………… **0553**
- **ambition** ………… **0389**
- ambitious ………… 0389
- **amount** ………… **0902**
- **amuse** ………… **0070**
- amused ………… 0070
- **amusement** ………… **0070**
- analysis ………… 0782
- **analyze** ………… **0782**
- **ancestor** ………… **0309**
- **ancient** ………… **0306**
- **anger** ………… **1114**
- **angle** ………… **0641**
- angry ………… 1114
- **anniversary** ………… **0362**
- **announce** ………… **0731**
- announcement ………… 0731
- **annoy** ………… **0162**
- annoyance ………… 0162

- annoying ………… 0162
- **annual** ………… **0800**
- annually ………… 0800
- anxiety ………… 0258
- **anxious** ………… 0258,**1243**
- **anymore** ………… **0033**
- **apart** ………… **0285**
- **apartment** ………… **0437**
- **apologize** ………… **0246**
- apology ………… 0246
- **apparent** ………… 0326,**0601**
- **apparently** …… 0326,0601
- **appeal** ………… **0821**
- **appear** … 0276,0277,0601
- appearance ………… 0276
- **applaud** ………… **0737**
- applause ………… 0737
- **apply** ………… **0015**,1244
- **appoint** ………… **1109**
- appointment ………… 1109
- **appreciate** ………… **0057**
- appreciation ………… 0057
- **approach** ………… **0681**
- **appropriate** ………… **0393**
- approval ………… 0824
- **approve** ………… **0824**
- **architecture** ………… **0007**
- **argue** ………… **0467**
- argument ………… 0467
- **arise** ………… **0701**,0708
- **army** ………… **0873**
- **arrange** ………… **0533**
- arrangement ………… 0533
- **arrest** ………… **0891**
- arrive ………… 0912
- **arrow** ………… **0778**
- **artificial** ………… **0356**
- **ashamed** ………… **1120**
- **aside** ………… **0926**
- **aspect** ………… **0602**
- **assign** ………… **0670**
- assignment ………… 0670
- **assist** ………… **1103**
- assistance ………… 0314,1103
- **assistant** ………… 0314,1103
- **associate** ………… 0312,**1245**
- **association** ………… **0312**
- **assume** ………… **1048**
- assumption ………… 1048
- **astronaut** ………… **0291**

☐ **Atlantic** ········· **0721**
☐ **atmosphere** ········ **0971**
☐ **atom** ········· **0351**
☐ atomic ············· 0351
☐ **attach** ·········· **0829**
☐ attachment ·········· 0829
☐ **attack** ········· **0219**,0762
☐ **attempt** ·········· **0017**
☐ **attend** ········· **0953**,1246
☐ attention ············ 0953
☐ **attitude** ········· **0384**
☐ **attract** ·········· **1101**
☐ attraction ············ 1101
☐ attractive ············· 1101
☐ **audience** ········· **0367**
☐ **audio** ············ **0240**
☐ **author** ·········· **0292**
☐ **authority** ·········· **0791**
☐ authorize ············ 0791
☐ **automatic** ········· **0500**
☐ automatically ········· 0500
☐ availability ··········· 0561
☐ **available** ········· **0561**
☐ **average** ········· **0513**
☐ **avoid** ··········· **0012**
☐ awake ············· 0524
☐ **award** ·········· **0365**
☐ **aware** ·········· **0820**
☐ awareness ·········· 0820
☐ **awful** ··········· **0252**
☐ **awkward** ········· **1115**

B

☐ **background** ········· **0399**
☐ **balance** ·········· **0636**
☐ **barber** ·········· **0295**
☐ **bare** ············ **0981**
☐ **barely** ·········· **0881**
☐ **bargain** ·········· **0185**
☐ **bark** ··········· **0698**
☐ **base** ·········· **0003**,0377
☐ **basic** ·········· **0003**,0377
☐ **basis** ··········· **0541**
☐ **battery** ·········· **0131**
☐ **battle** ··········· **0801**
☐ **bay** ············· **0111**
☐ **beard** ·········· **0982**
☐ **beast** ·········· **0699**
☐ **beat** ··········· **0666**
☐ **beg** ············· **0126**
☐ **behalf** ·········· **1072**
☐ behave ············· 0415

☐ **behavior** ········· **0415**
☐ **belong** ·········· **0311**
☐ belongings ·········· 0311
☐ **bend** ··········· **0416**
☐ **benefit** ·········· **0977**
☐ **bet** ············· **1050**
☐ bicycle ············ 0798
☐ biological ············ 0783
☐ **biology** ·········· **0783**
☐ **bite** ············· **0403**
☐ **bitter** ·········· **1031**
☐ **blame** ·········· **0075**
☐ **blend** ·········· **0827**
☐ **blind** ·········· **0792**
☐ body ············· 0989
☐ **boil** ············· **0408**
☐ **bold** ············ **0612**
☐ boldness ············ 0612
☐ **bomb** ·········· **0802**
☐ **bond** ··········· **0592**
☐ **border** ·········· **0761**
☐ boring ············· 1093
☐ **boss** ··········· **0315**
☐ **bother** ·········· **0074**
☐ **bound** ·········· **0972**
☐ **bow** ············ **0779**
☐ **brand** ·········· **0186**
☐ **brave** ·········· **0210**
☐ bravery ············ 0210
☐ **breath** ·········· **0885**
☐ breathe ············ 0885
☐ **breed** ·········· **0850**
☐ breeding ············ 0850
☐ **breeze** ·········· **0094**
☐ **bride** ··········· **0431**
☐ bridegroom ·········· 0431
☐ **brief** ··········· **0596**
☐ **brilliant** ·········· **0430**
☐ **broad** ········· **1061**,1065
☐ **broadcast** ········· **1020**
☐ broaden ············ 1061
☐ **budget** ·········· **0190**
☐ **bunch** ·········· **0961**
☐ burial ············· 0472
☐ **burn** ··········· **0475**
☐ **burst** ··········· **0702**
☐ **bury** ··········· **0472**

C

☐ **cage** ············ **1080**
☐ **calculate** ·········· **0903**
☐ calculation ·········· 0903

☐ calculator ············ 0903
☐ **calm** ············ **0700**
☐ **campus** ·········· **0005**
☐ **cancel** ·········· **0920**
☐ **cancer** ·········· **1051**
☐ capability ············ 1081
☐ **capable** ·········· **1081**
☐ **capital** ········· **0176**,1247
☐ **captain** ·········· **0117**
☐ **capture** ·········· **0658**
☐ **career** ·········· **0684**
☐ **casual** ········· **0542**,0992
☐ categorize ············ 1095
☐ **category** ·········· **1095**
☐ **cause** ·········· **0195**
☐ **cell** ············· **0983**
☐ **century** ·········· **0307**
☐ **cereal** ·········· **0139**
☐ **ceremony** ········· **0991**
☐ **certain** ·········· **0153**
☐ certainly ············ 0153
☐ **chain** ·········· **0374**
☐ **chairman** ········· **0316**
☐ **challenge** ········ **0001**,1248
☐ **chance** ········· **0184**,0327
☐ **chapter** ·········· **0008**
☐ **characteristic** ······· **0543**
☐ **charge** ·········· **0630**
☐ **charity** ·········· **0712**
☐ **charm** ·········· **1082**
☐ charming ············ 1082
☐ **chart** ··········· **0263**
☐ **chase** ·········· **0682**
☐ **chat** ············ **0324**
☐ **cheek** ·········· **0458**
☐ **chemical** ········ **0352**,0784
☐ **chemistry** ········· **0784**
☐ **cherish** ·········· **0744**
☐ **chest** ·········· **0459**
☐ **chief** ·········· **0544**
☐ **chin** ············ **0460**
☐ choose ············ 0625
☐ **civilization** ········· **0648**
☐ **claim** ·········· **0242**
☐ **classic** ·········· **0087**
☐ classical ············ 0087
☐ clear ············· 1094
☐ **climate** ·········· **0691**
☐ **clone** ·········· **0353**
☐ **close** ·········· **0671**,1249
☐ **closely** ·········· **0671**
☐ **clue** ············ **0420**
☐ **coast** ·········· **0112**

369

□ collapse ·············· 0703
□ column ················ 0099
□ combination ··········· 0828
□ combine ··············· 0828
□ comedy ··············· 0860
□ comfort ··············· 0421
□ comfortable ··········· 0421
□ command ·············· 0669
□ commander ············ 0669
□ comment ·············· 0732
□ commerce ············· 0997
□ commercial ··········· 0997
□ commit ··············· 0892
□ commitment ··········· 0892
□ committee ············· 0470
□ compare ·············· 0341
□ comparison ··········· 0341
□ compete ·············· 0142
□ competition ··········· 0142
□ competitive ··········· 0142
□ complain ············· 0077
□ complaint ············· 0077
□ complete ············· 0155
□ completion ··········· 0155
□ complex ·············· 0933
□ complicate ··········· 1091
□ complicated ·········· 1091
□ compose ············· 0852
□ composition ·········· 0852
□ conceal ·············· 0191
□ conceive ············· 1001
□ concentrate ·········· 0382
□ concentration ········ 0382
□ concept ·············· 1001
□ concern ·············· 0259
□ conclude ············· 1007
□ conclusion ··········· 1007
□ concrete ············· 0932
□ condition ············· 0271
□ conduct ·············· 0645
□ conductor ············ 0645
□ confidence ··········· 0385
□ confident ············· 0385
□ confidential ·········· 0385
□ confirm ·············· 0534
□ confirmation ········· 0534
□ conflict ·············· 0803
□ confuse ············· 0488
□ confused ············· 0488
□ confusion ············ 0488
□ connect ·············· 0571
□ connection ··········· 0571
□ conscious ··········· 1084

□ consciousness ······· 1084
□ consequence ········ 0194
□ consider ············· 0328
□ consist ·············· 0221
□ construct ············· 0999
□ construction ·········· 0999
□ consume ············· 0764
□ consumer ············ 0764
□ consumption ········· 0764
□ contact ·············· 0247
□ contain ·············· 0562
□ content ·············· 0552
□ context ·············· 0010
□ continent ············· 0113
□ continental ··········· 0113
□ continual ············· 0014
□ continue ············· 0014
□ continuous ·········· 0014
□ contrary ············· 1096
□ contrast ············· 0226
□ contribute ··········· 1104
□ contribution ·········· 1104
□ convenience ········· 0395
□ convenient ··········· 0395
□ convey ·············· 0654
□ convince ············· 1036
□ convinced ··········· 1036
□ cost ············· 0024,1250
□ cough ··············· 1052
□ count ··············· 0519
□ courage ············· 1083
□ courageous ·········· 1083
□ court ················ 0174
□ crazy ················ 0253
□ create ··········· 0056,0105
□ creation ············· 0056
□ creature ············· 0105
□ credit ················ 0404
□ crime ················ 0334
□ criminal ············· 0334
□ crisis ············ 0804,0825
□ critical ·········· 0076,0825
□ criticism ········· 0076,0825
□ criticize ············· 0076
□ crop ················ 0833
□ crowd ··············· 0272
□ crowded ············· 0272
□ cruel ················ 1027
□ cruelty ··············· 1027
□ cultivate ············· 0834
□ cure ················· 1053
□ curiosity ············· 0613
□ curious ·············· 0613

□ currency ············· 0966
□ current ·············· 0966
□ curse ················ 0071
□ curve ················ 1062
□ custom ·········· 0026,1251
□ customer ············ 0406
□ cycle ················ 0798
□ cycling ·············· 0798

D

□ daily ················· 0485
□ damage ·············· 0661
□ damp ················ 0694
□ danger ·············· 0332
□ dangerous ··········· 0332
□ day ·················· 0485
□ dead ················ 0273
□ deadline ············· 0799
□ deal ················· 0143
□ debate ·············· 0461
□ debt ················· 0765
□ decide ··············· 0466
□ decision ············· 0466
□ declaration ·········· 0649
□ declare ·············· 0649
□ decline ·············· 0746
□ decrease ········ 0511,0921
□ deep ············ 0151,1068
□ deeply ··············· 0151
□ defeat ··········· 0958,0960
□ defend ·············· 0762
□ defense ············· 0762
□ define ··············· 1005
□ definition ············ 1005
□ degree ·············· 0509
□ delay ················ 0078
□ delicate ············· 1092
□ delight ··············· 0555
□ delighted ············ 0555
□ delightful ············ 0555
□ deliver ··············· 0657
□ delivery ············· 0657
□ demand ·········· 0755,0668
□ democracy ··········· 0872
□ democratic ··········· 0872
□ demonstrate ········· 1106
□ demonstration ········ 1106
□ dentist ··············· 0457
□ deny ················· 0747
□ depart ··········· 0751,0912
□ department ·········· 0751
□ departure ············ 0912

☐ **depend** ·············· **0227**
☐ dependence ············ 0227
☐ **dependent** ····· 0227,0525
☐ depressed ············· 0815
☐ depressing ············· 0815
☐ **depression** ············· 0815
☐ **deprive** ················ 0882
☐ depth ················ 0151
☐ **derive** ················ 0830
☐ **deserve** ··············· 0862
☐ **desire** ················ 0741
☐ **despair** ················ 1112
☐ desperate ·············· 1112
☐ **destination** ············ 0911
☐ **destroy** ··············· 0340
☐ destruction ············· 0340
☐ destructive ············· 0340
☐ **detail** ················· 0419
☐ determination ········· 1041
☐ **determine** ············· 1041
☐ **develop** ··············· 0233
☐ development ············ 0233
☐ **device** ················· 1079
☐ **diameter** ·············· 1063
☐ **diet** ···················· 0402
☐ **differ** ··················· 0572
☐ difference ·············· 0572
☐ different ················ 0572
☐ **dinosaur** ·············· 0106
☐ **direct** ················· 0083
☐ direction ··············· 0083
☐ disadvantage ·········· 0345
☐ **disappear** ······ 0276,0277
☐ disappearance ········ 0277
☐ **disappointed** ········· 0166
☐ disappointing ········· 0166
☐ **disaster** ··············· 0756
☐ **discount** ·············· 0627
☐ **discourage** ············ 0662
☐ **discover** ·············· 0355
☐ discovery ··············· 0355
☐ discriminate ··········· 1026
☐ **discrimination** ······· 1026
☐ **disease** ··············· 1054
☐ dishonor ··············· 0428
☐ **dislike** ················· 0161
☐ **display** ················ 0187
☐ **distance** ··············· 0723
☐ distant ········· 0723,0929
☐ **distribute** ············· 0656
☐ distribution ············· 0656
☐ **district** ················ 0973
☐ **disturb** ··············· 0072

☐ disturbance ·········· 0072
☐ **divide** ················· 0477
☐ division ················ 0477
☐ **document** ············· 0772
☐ documentary ··········· 0772
☐ **double** ················ 0517
☐ **doubt** ················ 0325
☐ downstairs ············· 0135
☐ **downtown** ············· 0287
☐ **dozen** ················· 0962
☐ **drag** ·················· 0655
☐ **drown** ················ 0757
☐ dry ···················· 0088
☐ **dull** ·············· 0936,**1093**
☐ **dust** ·················· 0301
☐ **duty** ·················· 0685

E

☐ **eager** ················· 0742
☐ ecological ·············· 0728
☐ **ecology** ················ 0728
☐ economic ··············· 0752
☐ economical ············· 0752
☐ **economy** ··············· 0752
☐ **ecosystem** ············· 0848
☐ **edge** ·················· 0927
☐ edit ···················· 0100
☐ **editor** ················· 0100
☐ **educate** ··············· 0954
☐ education ··············· 0954
☐ educational ············· 0954
☐ **effect** ·············· 0195,**0196**
☐ effective ··············· 0196
☐ **efficiency** ·············· 0863
☐ **efficient** ··············· 0863
☐ **electric** ··············· 0357
☐ electrical ··············· 0357
☐ electricity ·············· 0357
☐ **element** ··············· 0545
☐ elementary ············· 0545
☐ **eliminate** ············· 0663
☐ elimination ············· 0663
☐ **elsewhere** ············· 0284
☐ embarrass ············· 0165
☐ **embarrassing** ········· 0165
☐ **emerge** ··············· 0704
☐ emergence ············· 0704
☐ **emergency** ············ 0333
☐ **emotion** ··············· 0812
☐ emotional ·············· 0812
☐ emphasis ·············· 0578
☐ **emphasize** ············ 0578

☐ **enable** ················ 1107
☐ **encounter** ············· 1008
☐ **encourage** ····· 0249,1083
☐ **enemy** ················ 0593
☐ **engage** ················ 0686
☐ engagement ··········· 0686
☐ **engine** ················ 1078
☐ **enormous** ····· 0156,0679
☐ **ensure** ················ 0535
☐ entertainment ········· 0070
☐ **entire** ················· 0672
☐ entirely ················ 0672
☐ entrance ··············· 0974
☐ **envelope** ·············· 0448
☐ **envy** ·················· 0164
☐ **episode** ··············· 0173
☐ **equal** ················· 0904
☐ equip ·················· 0835
☐ equality ················ 0904
☐ **equipment** ············· 0835
☐ **era** ··················· 0646
☐ **error** ··········· 0079,0486
☐ **escape** ················ 0369
☐ **essay** ················· 0171
☐ **essence** ··············· 0546
☐ essential ··············· 0546
☐ **establish** ·············· 0054
☐ establishment ········· 0054
☐ **estimate** ··············· 1049
☐ **evidence** ·············· 0193
☐ exact ·················· 0350
☐ **exactly** ··············· 0350
☐ examination ··········· 1012
☐ **examine** ··············· 1012
☐ **exceed** ················ 0905
☐ **except** ················ 0347
☐ exception ·············· 0347
☐ **excess** ················ 0905
☐ excessive ·············· 0905
☐ **exchange** ············· 0504
☐ exclude ················ 0222
☐ exhibit ················· 0363
☐ **exhibition** ············· 0363
☐ **exist** ·················· 0040
☐ existence ·············· 0040
☐ **exit** ··················· 0974
☐ **expand** ··············· 0922
☐ expansion ············· 0922
☐ **expect** ················ 0232
☐ expectation ············ 0232
☐ **expense** ··············· 0766
☐ expensive ············· 0766
☐ **experience** ············ 0398

☐ experienced ·········· 0398
☐ experiment ··········· 0841
☐ expert ··············· 0493
☐ expertise ··············· 0493
☐ explain ··············· 0261
☐ explanation ··············· 0261
☐ exploration ··············· 0018
☐ explore ··············· 0018
☐ express ··············· 0262
☐ expression ··············· 0262
☐ extend ············· 0923,0940
☐ extent ············· 0509,0940
☐ extension ··············· 0923
☐ external ··············· 0928
☐ extinct ··············· 0729
☐ extinction ··············· 0729
☐ extra ··············· 0514
☐ extraordinary · 0939,0941
☐ extreme ··············· 0942
☐ extremely ··············· 0942

F

☐ facilitate ··············· 0955
☐ facility ··············· 0955
☐ fact ············· 0067,0397
☐ fade ··············· 0705
☐ fail ············· 0387,0400
☐ failure ··············· 0400
☐ fair ··············· 0035
☐ fairly ··············· 0035
☐ faithful ··············· 1086
☐ fall ··············· 0925
☐ familiar ··············· 0046
☐ fancy ··············· 0059
☐ fare ··············· 0123
☐ fascinate ··············· 0851
☐ fascinating ··············· 0851
☐ fashion ··············· 0147
☐ fault ··············· 0490
☐ favor ··············· 0127
☐ favorite ··············· 0127
☐ fear ··············· 0260
☐ feather ··············· 0110
☐ feature ············· 0169,1252
☐ fee ··············· 0407
☐ female ············· 0107,0109
☐ few ··············· 0516
☐ fiction ············· 0067,0397
☐ fictional ··············· 0067
☐ figure ············· 0518,1253
☐ finance ··············· 1021
☐ financial ··············· 1021

☐ firm ············· 0687,1254
☐ fit ··············· 0084
☐ fitness ··············· 0084
☐ fix ··············· 0587
☐ flood ··············· 0368
☐ flour ··············· 0140
☐ flow ··············· 0563
☐ fluent ··············· 0836
☐ fluently ··············· 0836
☐ fog ··············· 0063
☐ foggy ··············· 0063
☐ fold ············· 0268,0584
☐ follow ··············· 0225
☐ following ··············· 0225
☐ foolish ··············· 0869
☐ forbid ··············· 0230
☐ force ··············· 0446
☐ forecast ··············· 0692
☐ forever ··············· 0199
☐ forgive ··············· 0559
☐ form ··············· 0992
☐ formal ············· 0542,0992
☐ former ············· 0224,0967
☐ fortunate ··············· 0556
☐ fortune ············· 0556,1255
☐ found ············· 0054,0975
☐ foundation ····· 0975,1022
☐ founder ··············· 0975
☐ fountain ··············· 0773
☐ frame ··············· 0378
☐ frank ··············· 0206
☐ frankly ··············· 0206
☐ freeze ··············· 0096
☐ frequency ··············· 0605
☐ frequent ··············· 0605
☐ frequently ··············· 0605
☐ fridge ··············· 0138
☐ friend ··············· 0593
☐ frighten ··············· 0257
☐ frightened ··············· 0257
☐ frightening ··············· 0257
☐ frost ··············· 0693
☐ fuel ··············· 0774
☐ function ··············· 0498
☐ functional ··············· 0498
☐ fund ··············· 1022
☐ fur ··············· 0775
☐ furniture ··············· 0133
☐ further ··············· 0159

G

☐ gain ··············· 0621

☐ gallery ··············· 0066
☐ gap ··············· 0883
☐ garage ··············· 0136
☐ gather ··············· 0480
☐ gender ··············· 0028
☐ gene ··············· 0842
☐ general ············· 0714,0931
☐ generally ··············· 0931
☐ generate ··············· 0706
☐ generation ··············· 0706
☐ generosity ··············· 0557
☐ generous ··············· 0557
☐ genetic ··············· 0842
☐ gentle ··············· 0201
☐ geography ··············· 0785
☐ gesture ··············· 0886
☐ get ············· 0540,0623
☐ giant ··············· 0603
☐ glance ··············· 1038
☐ global ··············· 0763
☐ globalization ··············· 0763
☐ globalize ··············· 0763
☐ glorious ··············· 0554
☐ glory ··············· 0554
☐ good ··············· 0451
☐ goods ··············· 0780
☐ govern ············· 0175,0871
☐ government ··· 0175,0871
☐ grace ··············· 0411
☐ graceful ··············· 0411
☐ gradual ··············· 0200
☐ gradually ··············· 0200
☐ graduate ··············· 0438
☐ graduation ··············· 0438
☐ grandchild ··············· 0432
☐ grandparent ··············· 0432
☐ grant ··············· 0738
☐ grateful ··············· 0426
☐ greedy ··············· 0204
☐ gross ··············· 0372
☐ guarantee ··············· 0594
☐ guard ··············· 0495
☐ guidance ··············· 0914
☐ guide ··············· 0914
☐ guilt ··············· 0893
☐ guilty ··············· 0893,0895
☐ gun ··············· 0217

H

☐ habitat ··············· 0849
☐ hang ··············· 0582
☐ hardly ··············· 0034

□ **harm**	**0455**
□ harmful	0455
□ **harmony**	**0237**
□ **headline**	**0713**
□ **heal**	**1108**
□ healing	1108
□ healthy	0451
□ **heaven**	**0915**
□ **height**	**1064**
□ hell	0915
□ help	1103
□ **hero**	**0491**
□ **hesitate**	**0750**
□ hesitation	0750
□ high	0943,1064
□ **highly**	**0943**
□ **highway**	**0124**
□ hike	0068
□ **hiking**	**0068**
□ **hire**	**0753**
□ holiness	0637
□ **holy**	**0637**
□ **honest**	**0614**
□ honesty	0614
□ **honor**	**0428**
□ hope	1112
□ **horizon**	**0724**
□ **horrible**	0251,**1116**
□ horrify	1116
□ **horror**	0251,**1116**
□ **household**	**0715**
□ **hug**	**0248**
□ huge	0679,**0944**,1070
□ human	0711
□ humane	0711
□ **humanity**	**0711**
□ **humid**	**0694**
□ humidity	0694
□ **humor**	**1085**
□ humorous	1085
□ **hunt**	**0916**
□ hunting	0916

I

□ **identity**	**0522**
□ identify	0522
□ ignorance	1028
□ ignorant	1028
□ **ignore**	**1028**
□ **ill**	**0451**
□ illegal	0716
□ illness	0451

□ immediate	0597
□ **immediately**	**0597**
□ immigrant	0805
□ **immigrate**	**0805**
□ immigration	0805
□ **impact**	**0443**
□ impolite	0209
□ **impress**	**0168**
□ impression	0168
□ **improve**	**0441**
□ improvement	0441
□ **incident**	**0894**
□ **include**	**0222**
□ **income**	**0767**
□ **increase**	**0511**,0921
□ **incredible**	**0945**
□ incredibly	0945
□ **indeed**	**0348**
□ independence	0525
□ **independent**	**0525**
□ **indicate**	**0445**
□ indication	0445
□ **individual**	**0714**
□ industrial	0831
□ **industry**	**0831**
□ **inevitable**	**0806**
□ inferior	0865
□ **influence**	**0444**
□ influential	0444
□ **inform**	**0631**
□ information	0631
□ **ingredient**	**1033**
□ **initial**	**0948**
□ **injure**	**0454**
□ injury	0454
□ **inner**	**0281**
□ innocence	0895
□ **innocent**	0893,**0895**
□ **insect**	**0108**
□ **insight**	**1002**
□ **insist**	**0733**
□ **inspiration**	0388,**0551**
□ **inspire**	0388,**0551**
□ **instance**	**0632**
□ **instant**	**0481**
□ **instead**	**0342**
□ **institute**	**0956**
□ institution	0956
□ **instrument**	**0371**
□ insufficient	0678
□ **insurance**	**1023**
□ intelligence	0318
□ **intelligent**	**0318**

□ **intend**	**1044**
□ **intense**	**0946**
□ intention	1044
□ interact	1098
□ **interaction**	**1098**
□ **interest**	**0412**,1256
□ interesting	1093
□ **internal**	**0928**
□ **interrupt**	**0660**
□ interruption	0660
□ **invade**	**0213**
□ invasion	0213
□ **invent**	**0354**
□ invention	0354
□ **invest**	**1024**
□ investment	1024
□ invitation	0130
□ **invite**	**0130**
□ **involve**	**0574**
□ involvement	0574
□ irrational	1089
□ irregular	0483
□ **issue**	**0464**

J

□ **jail**	**0896**
□ **jealous**	**1117**
□ jealousy	1117
□ **journey**	**0359**
□ joy	1111
□ junior	0208
□ **junk**	**0058**
□ just	0350
□ **justice**	**0807**
□ justify	0807

K

□ king	0180,0308
□ **kingdom**	**0308**
□ **knock**	**0267**

L

□ **labor**	**0021**
□ **laboratory**	**1011**
□ **lack**	**0275**
□ **landscape**	**0358**
□ **lane**	**0125**
□ language	0839
□ **late**	**1257**
□ **lately**	**0968**

latter ·········· 0224
launch ·········· 0536
law ·········· 0177
lawyer ·········· 0177
lay ·········· 0583
layer ·········· 0725
leather ·········· 0189
leave ·········· 0042,1258
lecture ·········· 0786
lecturer ·········· 0786
legal ·········· 0716
legally ·········· 0716
leisure ·········· 0069
liberty ·········· 0060
license ·········· 0229
lie ·········· 0080
life ·········· 0273
lifestyle ·········· 0030
lift ·········· 0581
likely ·········· 0182
limit ·········· 0608
limitation ·········· 0608
limited ·········· 0608
link ·········· 1099
liquid ·········· 0564
liter ·········· 0052
literal ·········· 0853
literary ·········· 0853
literature ·········· 0853
live ·········· 0273
load ·········· 0375
locate ·········· 0818
location ·········· 0818
lock ·········· 0134
logic ·········· 1003
logical ·········· 1003
long ·········· 1259
loose ·········· 0089
lose ·········· 0621
loud ·········· 0673
loudly ·········· 0673
low ·········· 0673
lower ·········· 0264,0581
loyal ·········· 1086
loyalty ·········· 1086
lung ·········· 0984
luxurious ·········· 0638
luxury ·········· 0638

M

mad ·········· 0163,0253
magic ·········· 0036

magical ·········· 0036
main ·········· 0547
mainly ·········· 0547
maintain ·········· 0565
maintenance ·········· 0565
major ······ 0154,0674,1260
majority ·········· 0154
male ·········· 0107,0109
mall ·········· 0188
manage ·········· 0145
management ·········· 0145
manager ·········· 0145
mankind ·········· 0711
manner ·········· 0417
manual ·········· 0500
mark ·········· 0302
marvelous ·········· 0429
material ·········· 0150
math ·········· 0787
mathematics ·········· 0787
matter ·········· 1261
mayor ·········· 0874
mean ·········· 1262
measure ·········· 0642
measurement ·········· 0642
medal ·········· 0120
medical ·········· 0452
medicine ·········· 0452
meet ·········· 1263
melt ·········· 0707
mental ·········· 0456,1087
mention ·········· 0322
merchant ·········· 0688
mere ·········· 0609
merely ·········· 0609
metal ·········· 0148
method ·········· 0002
mild ·········· 0934,0947
military ·········· 0212
mind ·········· 1087,1264
mineral ·········· 0843
minor ·········· 0154,0674
minority ·········· 0674
miracle ·········· 0978
mirror ·········· 0132
miserable ·········· 1118
misery ·········· 1118
mission ·········· 0532
mistake ·········· 0079,0486
mix ·········· 0478
moderate ·········· 0942
modern ·········· 0306
moist ·········· 0694

monument ·········· 0650
mood ·········· 0381
moral ·········· 0717
most ·········· 0031
mostly ·········· 0031
motivate ·········· 0811
motivation ·········· 0811
motive ·········· 0811
murder ·········· 0335
muscle ·········· 0985
mutual ·········· 0595
mysterious ·········· 0330
mystery ·········· 0330
myth ·········· 0854

N

narrate ·········· 0855
narration ·········· 0855
narrator ·········· 0855
narrow ·········· 1061,1065
nasty ·········· 1113
nation ·········· 0178
national ·········· 0178
native ·········· 0433
natural ·········· 0093,0356
nature ·········· 0093,1265
navy ·········· 0873
nearby ·········· 0929
nearly ·········· 0032
necessary ·········· 0394
necessity ·········· 0394
negative ·········· 0392,0615
negotiate ·········· 0826
negotiation ·········· 0826
neighborhood ·········· 0526
nerve ·········· 0254
nervous ·········· 0254
net ·········· 0372
network ·········· 1013
neutral ·········· 0548
nod ·········· 0887
nonfiction ·········· 0067
noon ·········· 0482
normal ·········· 0152,0814
notice ·········· 0049
notion ·········· 1004
nowadays ·········· 0197
nuclear ·········· 1014
number ·········· 0906
numerous ·········· 0906

O

- object ········· **0776**,0813
- objection ············· 0776
- objective ······· **0776**,**0813**
- observation ············ 1040
- observe ············· **1040**
- obstacle ············· **0884**
- obtain ················· **0623**
- obvious ··············· **0566**
- obviously ··············· 0566
- occasion ··············· **0993**
- occasional ··············· 0993
- occupation ···· **0298**,0567
- occupy ········· 0298,0567
- occur ··········· 0701,**0708**
- ocean ················· **0695**
- offense ················· 0762
- offer ················· **0505**
- office ················· 0082
- official ················· **0082**
- offspring ··············· 0309
- open ················· 0584
- operate ··············· **0473**
- operation ··············· 0473
- opportunity ···· **0184**,**0327**
- oppose ········· 0223,**0241**
- opposite ······· **0223**,0241
- opposition ··············· 0241
- option ················· **1045**
- optional ················· 1045
- order ················· **1266**
- ordinary ······· **0939**,0941
- organ ················· **0986**
- organic ················· 0986
- organization ············· 0313
- organize ······· **0313**,0986
- original ················· **0086**
- originality ··············· 0086
- orphan ················· **0211**
- outer ················· 0281
- outline ················· **0633**
- overcome ··············· **0979**
- overseas ··············· **0215**
- owe ················· **1025**
- oxygen ················· **0987**

P

- pace ················· **0675**
- pacific ········· **0114**,0721
- pack ················· **0360**
- pain ················· **1055**

- painful ················· 1055
- pale ················· **0816**
- park ················· **1267**
- participate ··············· **0994**
- participation ··············· 0994
- party ················· **1268**
- pass ················· **0278**
- passenger ··············· **0494**
- passion ················· **0743**
- passionate ··············· 0743
- path ················· **0091**
- patience ················· 0202
- patient ················· **0202**
- pattern ················· **0604**
- pause ················· **0598**
- per ················· **0963**
- perform ················· **0366**
- performance ············· 0366
- perfume ················· **0376**
- perhaps ················· **0183**
- permanent ···· **0549**,0599
- permission ··············· 0739
- permit ················· **0739**
- person ················· 0989
- personal ················· 0203
- personality ··············· **0203**
- persuade ··············· **1035**
- persuasion ··············· 1035
- persuasive ··············· 1035
- phenomenon ········· **0844**
- philosopher ··············· 0788
- philosophy ··············· **0788**
- photograph ··············· **0065**
- phrase ················· **0837**
- physical ·· **0456**,0789,1087
- physics ················· **0789**
- pick ················· **0622**
- pile ················· **0479**
- pill ················· **0453**
- pity ················· **0255**
- plain ········· 0566,**0935**
- plant ················· **1269**
- plastic ················· **0149**
- pleasant ················· **0422**
- please ················· 0422
- pleasure ················· 0422
- plenty ················· **0515**
- pole ················· **1075**
- policy ················· **0875**
- polite ················· **0209**
- politeness ··············· 0209
- political ················· 0876
- politics ················· **0876**

- pollute ················· **0216**
- pollution ················· 0216
- poor ················· 1029
- popular ················· **0170**
- popularity ··············· 0170
- population ··············· **0029**
- port ················· **0913**
- portrait ················· **0137**
- position ················· **0282**
- positive ········· 0392,**0615**
- positively ··············· 0615
- possesion ··············· 0768
- possess ················· **0768**
- possessive ··············· 0768
- possibility ··············· 0181
- possible ················· **0181**
- post ················· **0450**
- potential ················· **1088**
- pound ················· **0964**
- pour ················· **0269**
- poverty ················· 1029
- powder ················· **1066**
- practice ················· 0790
- praise ················· **0861**
- precious ················· **0845**
- precise ················· **0160**
- precision ··············· 0160
- predict ················· **0231**
- prediction ··············· 0231
- prefer ················· **0390**
- prejudice ················· **1030**
- preparation ··············· 0305
- preparatory ··············· 0305
- prepare ················· **0305**
- present ········· 0951,**0995**
- presentation ··············· 0995
- preservation ··············· 0856
- preserve ················· **0856**
- presidencial ··············· 0877
- president ················· **0877**
- press ················· **0585**
- pressure ················· 0585
- pretend ················· **0011**
- pretty ················· **1270**
- prevent ················· **0013**
- prevention ··············· 0013
- previous ················· **0969**
- pride ················· **0424**
- primitive ················· **0647**
- principal ················· **0436**
- principle ················· **0734**
- prison ················· **0897**
- privacy ················· 0006

☐ private·············0006
☐ prize·············0996
☐ procedure·············0683
☐ proceed·············0683
☐ process·········0683,0709
☐ produce·········0055,1271
☐ production·············0055
☐ productive·············0055
☐ profession·············0689
☐ professional·············0689
☐ professor·············0690
☐ progress·············0980
☐ progressive·············0980
☐ promise·············0245
☐ promote·············0740
☐ promotion·············0740
☐ pronounce·············0101
☐ pronunciation·········0101
☐ proof·············0634,0898
☐ proper·············0346
☐ property·········0346,0769
☐ proportion·············0907
☐ proposal·············1034
☐ propose·············1034
☐ protect·············1110
☐ protection·············1110
☐ protest·············0748
☐ proud·············0424
☐ prove·············0634,0898
☐ proverb·············0644
☐ provide·············0506
☐ psychological·········0293
☐ psychologist·········0293
☐ psychology·············0293
☐ public·············0006
☐ publication·············0098
☐ publish·············0098
☐ punish·············0664
☐ punishment·············0664
☐ pure·············0639
☐ purify·············0639
☐ purpose·············0465
☐ purse·············0626
☐ pursue·············0043
☐ pursuit·············0043

☐ quality·············0508,0908
☐ quantity·········0508,0908
☐ queen·············0180
☐ quick·············0020
☐ quickly·············0020

☐ quit·····················0016

R

☐ race·············0718,1272
☐ racial·············0718
☐ raise·············0264
☐ range·········0512,1273
☐ rapid·············0676
☐ rapidly·············0676
☐ rare·············0677
☐ rarely·············0677
☐ rather·············0343
☐ rational·············1089
☐ raw·············0410
☐ ray·············0092
☐ reach·············0042
☐ react·············0651
☐ reaction·············0651
☐ real·············0048
☐ realization·············0048
☐ realize·············0048
☐ reason·············0628
☐ reasonable·············0628
☐ recall·············0970
☐ receipt·············0502
☐ receive·············0502
☐ recent·············0198
☐ recently·············0198
☐ recognition·············0735
☐ recognize·············0735
☐ recommend·············0822
☐ recommendation·····0822
☐ recover·············1056
☐ recovery·············1056
☐ reduce·············0730
☐ reduction·············0730
☐ refer·············0321
☐ reference·············0321
☐ reflect·············0039
☐ reflection·············0039
☐ refrigerator·············0138
☐ refusal·············0749
☐ refuse·············0749
☐ regard·············1006,1274
☐ region·············0726
☐ regional·············0726
☐ register·············0619
☐ registration·············0619
☐ regret·············0167
☐ regular·············0483
☐ regulate·············0483
☐ regulation·············0483

☐ reject·············0620
☐ rejection·············0620
☐ relate·············1071
☐ relation·············1071
☐ relationship·············1071
☐ relative·············1071
☐ release·············0141
☐ reliable·············1097
☐ religion·············0719
☐ religious·············0719
☐ rely·············1097
☐ remain·············0037
☐ remark·············0736
☐ remarkable·············0736
☐ remember·············0970
☐ remind·············0386
☐ remote·············0283
☐ removal·············0590
☐ remove·············0590
☐ rent·············0503
☐ repair·············0474
☐ replace·············0501
☐ replacement·············0501
☐ reply·············0469
☐ represent·············0317
☐ reputation·············0864
☐ request·············0128
☐ require·············0568
☐ requirement·············0568
☐ rescue·············0758
☐ research·············0192
☐ resemble·············0523
☐ reservation·············0918
☐ reserve·············0918
☐ residence·············1073
☐ resident·············1073
☐ residential·············1073
☐ resist·············0808
☐ resistance·············0808
☐ resource·············0754
☐ respect·········0560,1275
☐ respectable·············0560
☐ respectful·············0560
☐ respond·············1037
☐ response·············1037
☐ responsibility·············0793
☐ responsible·············0793
☐ rest·············0919
☐ restore·············0857
☐ restrict·············0924
☐ restriction·············0924
☐ result·············0194
☐ retire·············0300

retirement ⋯⋯⋯⋯⋯0300
reunion ⋯⋯⋯⋯⋯**0361**
reveal ⋯⋯⋯⋯⋯**0191**
reward ⋯⋯⋯⋯⋯**1105**
rhythm ⋯⋯⋯⋯⋯**0236**
right ⋯⋯⋯⋯⋯**1276**
ring ⋯⋯⋯⋯⋯**0239**
rise ⋯⋯⋯⋯⋯**0925**
risk ⋯⋯⋯⋯⋯**0537**
rob ⋯⋯⋯⋯⋯**0336**
robbery ⋯⋯⋯⋯⋯0336
robot ⋯⋯⋯⋯⋯**1015**
romance ⋯⋯⋯⋯⋯**0172**
room ⋯⋯⋯⋯⋯**1277**
rough ⋯⋯⋯⋯0081,**1067**
roughly ⋯⋯⋯⋯⋯1067
routine ⋯⋯⋯⋯⋯**0528**
row ⋯⋯⋯⋯⋯**1278**
royal ⋯⋯⋯⋯⋯**0179**
royalty ⋯⋯⋯⋯⋯0179
rude ⋯⋯⋯⋯⋯0209
ruin ⋯⋯⋯⋯⋯**0073**
rumor ⋯⋯⋯⋯⋯**0323**
run ⋯⋯⋯⋯⋯**1279**
rush ⋯⋯⋯⋯⋯**0280**

S

sailor ⋯⋯⋯⋯⋯0294
sake ⋯⋯⋯⋯⋯**0045**
sample ⋯⋯⋯⋯⋯**0025**
satellite ⋯⋯⋯⋯⋯**1016**
satisfaction ⋯⋯⋯⋯⋯0423
satisfied ⋯⋯⋯⋯⋯0423
satisfy ⋯⋯⋯⋯⋯**0423**
save ⋯⋯⋯⋯⋯**1280**
scale ⋯⋯⋯⋯⋯**0510**
scan ⋯⋯⋯⋯⋯**0819**
scare ⋯⋯⋯⋯⋯**0665**
scary ⋯⋯⋯⋯⋯0665
scene ⋯⋯⋯⋯⋯0243
schedule ⋯⋯⋯⋯⋯**0234**
scholarship ⋯⋯⋯⋯⋯**0957**
scold ⋯⋯⋯⋯⋯**1009**
score ⋯⋯⋯⋯⋯**0643**
scream ⋯⋯⋯⋯⋯**0265**
search ⋯⋯⋯⋯⋯**0019**
secret ⋯⋯⋯⋯⋯**0050**
secretary ⋯⋯⋯⋯⋯**0296**
secure ⋯⋯⋯⋯⋯0878
security ⋯⋯⋯⋯⋯**0878**
seed ⋯⋯⋯⋯⋯**0095**
seek ⋯⋯⋯⋯⋯**0129**

seem ⋯⋯⋯⋯⋯**0038**
seize ⋯⋯⋯⋯⋯**0888**
select ⋯⋯⋯⋯⋯**0625**
selection ⋯⋯⋯⋯⋯0625
send ⋯⋯⋯⋯⋯0502
senior ⋯⋯⋯⋯⋯**0208**
sentence ⋯⋯⋯⋯⋯**1281**
separate ⋯⋯⋯⋯⋯**0286**
separation ⋯⋯⋯⋯⋯0286
sequence ⋯⋯⋯⋯⋯**0949**
series ⋯⋯⋯⋯⋯**0950**
serious ⋯⋯⋯⋯⋯**0616**
seriously ⋯⋯⋯⋯⋯0616
serve ⋯⋯⋯⋯**0299**,**0998**
service ⋯⋯⋯⋯**0299**,**0998**
settle ⋯⋯⋯⋯⋯**0879**
settlement ⋯⋯⋯⋯⋯0879
severe ⋯⋯⋯⋯**0934**,**0947**
severely ⋯⋯⋯⋯⋯0947
sew ⋯⋯⋯⋯⋯**0304**
shade ⋯⋯⋯⋯**0289**,0414
shadow ⋯⋯⋯⋯**0289**,0414
shallow ⋯⋯⋯⋯⋯**1068**
shame ⋯⋯⋯⋯⋯**0794**
shape ⋯⋯⋯⋯**0090**,**1282**
sharp ⋯⋯⋯⋯**0936**,1093
shave ⋯⋯⋯⋯⋯**0529**
sheet ⋯⋯⋯⋯⋯**0965**
shelter ⋯⋯⋯⋯⋯**0759**
shift ⋯⋯⋯⋯⋯**0652**
shine ⋯⋯⋯⋯⋯**0061**
shoot ⋯⋯⋯⋯⋯0218
shore ⋯⋯⋯⋯⋯**0116**
shot ⋯⋯⋯⋯⋯**0218**
sick ⋯⋯⋯⋯⋯0451
sigh ⋯⋯⋯⋯⋯**1119**
signal ⋯⋯⋯⋯⋯**1017**
significance ⋯⋯⋯⋯⋯0157
significant ⋯⋯⋯⋯⋯**0157**
silence ⋯⋯⋯⋯⋯0795
silent ⋯⋯⋯⋯⋯**0795**
silly ⋯⋯⋯⋯⋯**0207**
similar ⋯⋯⋯⋯⋯**0344**
similarity ⋯⋯⋯⋯⋯0344
simple ⋯⋯⋯⋯⋯0933
sink ⋯⋯⋯⋯⋯**0499**
situation ⋯⋯⋯⋯⋯**0274**
skin ⋯⋯⋯⋯⋯**0988**
slave ⋯⋯⋯⋯⋯**0310**
slice ⋯⋯⋯⋯⋯**0409**
slight ⋯⋯⋯⋯⋯**0610**
slim ⋯⋯⋯⋯⋯**0413**
slow ⋯⋯⋯⋯0020,0676

smooth ⋯⋯⋯⋯**0081**,1067
smoothly ⋯⋯⋯⋯⋯0081
soil ⋯⋯⋯⋯⋯**0727**
soldier ⋯⋯⋯⋯⋯**0294**
solid ⋯⋯⋯⋯⋯**0569**
solution ⋯⋯⋯⋯⋯**0463**
solve ⋯⋯⋯⋯⋯0463
sometimes ⋯⋯⋯⋯⋯**0606**
sorrow ⋯⋯⋯⋯⋯**1111**
sort ⋯⋯⋯⋯⋯**0937**
soul ⋯⋯⋯⋯⋯**0989**
sound ⋯⋯⋯⋯⋯**1283**
source ⋯⋯⋯⋯⋯**0290**
specific ⋯⋯⋯⋯⋯**0349**
specify ⋯⋯⋯⋯⋯0349
spell ⋯⋯⋯⋯⋯**0102**
spelling ⋯⋯⋯⋯⋯0102
spill ⋯⋯⋯⋯⋯**0497**
spirit ⋯⋯⋯⋯⋯**0858**
spiritual ⋯⋯⋯⋯⋯0858
splash ⋯⋯⋯⋯⋯**0496**
split ⋯⋯⋯⋯⋯**0476**
spoil ⋯⋯⋯⋯⋯**0489**
spread ⋯⋯⋯⋯**0268**,0584
square ⋯⋯⋯⋯⋯**0440**
stability ⋯⋯⋯⋯⋯0640
stable ⋯⋯⋯⋯⋯**0640**
stamp ⋯⋯⋯⋯⋯**0449**
standard ⋯⋯⋯⋯⋯**0938**
stare ⋯⋯⋯⋯⋯**1039**
start ⋯⋯⋯⋯⋯0912
state ⋯⋯⋯⋯⋯**1284**
statue ⋯⋯⋯⋯⋯**0439**
status ⋯⋯⋯⋯⋯**0796**
steady ⋯⋯⋯⋯⋯**0570**
steal ⋯⋯⋯⋯⋯**0337**
steam ⋯⋯⋯⋯⋯**0846**
steep ⋯⋯⋯⋯⋯**1069**
stick ⋯⋯⋯⋯⋯**0586**
storm ⋯⋯⋯⋯⋯**0062**
stormy ⋯⋯⋯⋯⋯0062
strange ⋯⋯⋯⋯⋯0492
stranger ⋯⋯⋯⋯⋯**0492**
strategic ⋯⋯⋯⋯⋯0144
strategy ⋯⋯⋯⋯⋯**0144**
stream ⋯⋯⋯⋯⋯**0697**
strength ⋯⋯⋯⋯⋯**0118**
strengthen ⋯⋯⋯⋯⋯0118
stress ⋯⋯⋯⋯⋯**0817**
stressful ⋯⋯⋯⋯⋯0817
stretch ⋯⋯⋯⋯⋯**0889**
strike ⋯⋯⋯⋯⋯**0447**
string ⋯⋯⋯⋯⋯**0379**

☐ strong	0118
☐ structure	**0027**
☐ struggle	**0538**
☐ stuff	**0373**
☐ stupid	**0869**
☐ subject	**1285**
☐ subjective	0813
☐ substitute	**1100**
☐ succeed	0387,0400,**1286**
☐ success	0387
☐ sudden	**0484**
☐ suddenly	0484
☐ suffer	**1057**
☐ sufficient	**0678**
☐ suggest	**0468**
☐ suggestion	0468
☐ suicide	**0899**
☐ suit	**0396**
☐ suitable	0393
☐ summary	**0009**
☐ summit	**0696**
☐ superior	**0865**
☐ supper	**0401**
☐ supply	**0755**
☐ support	**0442**
☐ supporter	0442
☐ suppose	**1046**
☐ supposedly	1046
☐ sure	0535
☐ surface	**0930**
☐ surgeon	1058
☐ surgery	**1058**
☐ surname	**0434**
☐ surround	**0976**
☐ surrounding	0976
☐ survival	0370
☐ survive	**0370**
☐ suspect	**1047**
☐ suspicion	1047
☐ swallow	**0266**
☐ sweat	**0119**
☐ sweet	1031
☐ switch	**0777**
☐ sympathetic	0558
☐ sympathy	**0558**

T

☐ tale	**0859**
☐ talent	**0319**
☐ tank	**1076**
☐ tap	**0380**
☐ target	**0041**

☐ task	**0146**
☐ taste	**1032**
☐ tasty	1032
☐ tax	**0770**
☐ technique	**1018**
☐ teenager	**0435**
☐ temper	**0617**
☐ temperature	**0064**
☐ temporary	0549,**0599**
☐ tend	**1090**
☐ tendency	1090
☐ tense	0797
☐ tension	**0797**
☐ term	**0838,1287**
☐ terrify	**0256**
☐ terror	0256
☐ text	**0104**
☐ thankful	0426
☐ theory	**0790**
☐ therefore	**0462**
☐ thief	**0338**
☐ think	0329
☐ thought	**0329**
☐ threat	**0809**
☐ threaten	0809
☐ throughout	**0607**
☐ tidy	**0303**
☐ tight	0089
☐ time	**1288**
☐ timetable	**0121**
☐ tiny	0944,**1070**
☐ tip	**0004**
☐ tone	**0235**
☐ tongue	**0839**
☐ total	**0909**
☐ totally	0909
☐ tournament	**0959**
☐ trade	**0022**
☐ tragedy	**0860**
☐ tragic	0860
☐ transform	**0710**
☐ translate	**0840**
☐ translation	0840
☐ transport	**1000**
☐ trap	**0487**
☐ treat	**1059**
☐ treatment	1059
☐ trend	**0720**
☐ trigger	**0588**
☐ tropical	**0722**
☐ true	0085
☐ trust	**0425**
☐ trustworthy	0425

☐ truth	**0085**
☐ tune	**0238**
☐ turn	**1289**
☐ twin	**0527**
☐ typical	**0575**
☐ typically	0575

U

☐ understand	**0047**
☐ understanding	0047
☐ union	0576,**1074**
☐ unique	**0550**
☐ unit	**0051**
☐ unite	0576,**1074**
☐ universal	0847
☐ universe	**0847**
☐ upstairs	**0135**
☐ urge	**0880**
☐ urgent	**0600**
☐ usual	**0391**
☐ usually	0391

V

☐ vague	**1094**
☐ vain	**0870**
☐ valley	**0115**
☐ valuable	**0866**
☐ value	0866
☐ vanity	0870
☐ variety	0577
☐ various	**0577**
☐ vary	0577
☐ vast	**0679**
☐ vehicle	**1077**
☐ victim	**0760**
☐ victory	0958,0960
☐ view	**0243**
☐ violence	0339
☐ violent	**0339**
☐ virtual	**1019**
☐ vision	**0990**
☐ vocabulary	**0103**
☐ volume	**0910**
☐ volunteer	**0745**
☐ voyage	**0917**
☐ voyager	0917

W

☐ wake	**0524**
☐ wallet	**0405**

☐ wander	0279	☐ weight	0053	☐ worthy	0867
☐ warn	1010	☐ well	0451	☐ wound	1060
☐ warning	1010	☐ wet	0088	☐ wrap	0589
☐ waste	0667	☐ whole	0158	☐ wrapping	0589
☐ wasteful	0667	☐ wide	1065		
☐ way	0417	☐ widespread	0680	**Y**	
☐ wealth	0023	☐ wise	0205		
☐ wealthy	0023	☐ witness	0900	☐ yell	0890
☐ weapon	0810	☐ wonder	0383		
☐ web	0418	☐ wonderful	0383	**Z**	
☐ wedding	0364	☐ worldwide	0214		
☐ weep	0270	☐ worry	0072	☐ zone	0288
☐ weigh	0053	☐ worth	0867		

イディオム

☐ **a dozen (of) A**
··················· 0962,**1227**

☐ a large amount of A
··················· 0902

☐ **a pile of A** ······ 0479,**1192**

☐ a series of A ············ 0950

☐ a sheet of A ············ 0965

☐ a sort of A ··············· 0937

☐ **accuse A of B**
··················· 0868,**1220**

☐ accustom oneself to A
··················· 0530

☐ **allow A to do**
··················· 0228,**1158**

☐ apart from A ············ 0285

☐ **apologize to A for B**
··················· 0246,**1163**

☐ **appear (to be) A**
··················· 0276,**1172**

☐ arrange (for A) to do
··················· 0533

☐ as A as possible ····· 0181

☐ **as a consequence of A**
··················· 0194,**1150**

☐ aside from A ············ 0926

☐ **ask a favor of A**
··················· 0127,**1138**

☐ **assign A B** ····· 0670,**1209**

☐ **at a distance** ·· 0723,**1212**

☐ **at a glance** ····· 1038,**1230**

☐ **at the expense of A**
··················· 0766,**1215**

☐ **attend to A** ····· 0953,**1226**

☐ **avoid doing** ····· 0012,**1124**

☐ **be absorbed in A**
··················· 0624,**1206**

☐ **be annoyed with
[about,at] A** ···· 0162,**1144**

☐ **be ashamed to do**
··················· 1120,**1240**

☐ **be capable of doing**
··················· 1081,**1235**

☐ **be composed of A**
··················· 0852,**1218**

☐ **be concerned about A**
··················· 0259,**1167**

☐ **be delayed** ····· 0078,**1135**

☐ **be disappointed
at[with] A** ······ 0166,**1146**

☐ **be fluent in A**
··················· 0836,**1217**

☐ **be gentle with A**
··················· 0201,**1153**

☐ **be grateful to A for B**
··················· 0426,**1186**

☐ **be honored to do**
··················· 0428,**1187**

☐ **be impressed with A**
··················· 0168,**1147**

☐ **be in good[bad] shape**
··················· 0090,**1137**

☐ **be involved in A**
··················· 0574,**1204**

☐ **be lacking in A**
··················· 0275,**1170**

☐ **be likely to do**
··················· 0182,**1149**

☐ **be opposed to A**
··················· 0241,**1162**

☐ **be suited for[to] A**
··················· 0396,**1183**

☐ **behind schedule**
··················· 0234,**1161**

☐ **benefit from doing**
··················· **1228**

☐ benefit from A ········· 0977

☐ **blame A for B [B on A]**
··················· 0075,**1132**

☐ **burst into A** ···· 0702,**1210**

☐ by chance ··············· 0327

☐ cause A to do ········· 0195

☐ **challenge A to B**
··················· 0001,**1121**

☐ commit oneself to do
··················· 0892

☐ commit suicide ······· 0899

☐ **compare A with [to] B**
··················· 0341,**1176**

379

□ complain (to A) about [of] B ……… 0077,**1134**
□ confuse A with B ……… 0488,**1132**
□ connect A with [to] B ……… 0571,**1203**
□ consider A B ·· 0328,**1173**
□ consist in A ···· 0221,**1155**
□ convince A to do ····· 1036
□ criticize A for B ……… 0076,**1133**
□ cure A of B ····· 1053,**1231**
□ deal in A ······· 0143,**1141**
□ decide to do ··· 0466,**1191**
□ depend on A ···· 0227,**1157**
□ dislike doing ·· 0161,**1143**
□ do A justice ····· 0807,**1216**
□ enable A to do ……… 1107,**1237**
□ encourage A to do ……… 0249,**1165**
□ envy A for B ···· 0164,**1145**
□ except for A ············ 0347
□ exchange A for B ……… 0504,**1195**
□ expect to do ··· 0232,**1160**
□ figure A out ···· 0518,**1199**
□ for fear of A ···· 0260,**1168**
□ for instance ············ 0632
□ for the purpose of A ……… 0465,**1190**
□ for the sake of A ……… 0045,**1130**
□ forbid A to do[doing] ……… 0230,**1159**
□ force A to do ·· 0446,**1189**
□ have A stolen · 0337,**1175**
□ have an effect on A ……… 0196,**1151**
□ heal A of B ····· 1108,**1238**
□ in charge of A ……… 0630,**1207**
□ in contact with A ……… 0247,**1164**
□ in contrast to A ……… 0226,**1156**

□ in despair ········ 1112,**1239**
□ in detail ········· 0419,**1185**
□ in horror ······· 0251,**1166**
□ in proportion to ······· 0907
□ in regard to A ·········· 1006
□ in summary ···· 0009,**1188**
□ in support of A ……… 0442,**1187**
□ in vain ············· 0870,**1221**
□ inform A of [about] B ……… 0631,**1208**
□ instead of A ···· 0342,**1171**
□ it is necessary (for A) to do ············ 0394,**1182**
□ It seems that [as if] ·· 0038
□ It seems to do ········ 0038
□ lack for A ········ 0275,**1171**
□ lose one's temper ……… 0617,**1205**
□ manage to do ……… 0145,**1142**
□ mistake A for B ……… 0079,**1136**
□ notice A do[doing] ……… 0049,**1131**
□ off duty ················· 0685
□ offer to do ······ 0505,**1196**
□ on [in] behalf of A ……… **1234**
□ on average ····· 0513,**1198**
□ on credit ········ 0404,**1184**
□ on duty ················· 0685
□ on the basis of A ……… 0541,**1201**
□ on the contrary ……… 1096,**1236**
□ on [in] behalf of A ··· 1072
□ pack A with B ……… 0360,**1178**
□ plenty of ················· 0515
□ pour A B ········· 0269,**1169**
□ prefer A to B ··· 0390,**1179**
□ prefer to do ···· 0390,**1180**
□ pretend to do ……… 0011,**1123**

□ prevent A from doing ……… 0013,**1125**
□ provide A with B [B for A] ……… 0506,**1197**
□ put A aside············· **1224**
□ put[set] A aside······· 0926
□ quit doing ······· 0016,**1126**
□ reach for A ····· 0042,**1129**
□ recommend A to do ……… 0822
□ reflect on A ···· 0039,**1128**
□ refuse to do ··· 0749,**1213**
□ remind A of B ……… 0386,**1178**
□ replace A with B ……… 0501,**1194**
□ require A to do ……… 0568,**1202**
□ risk doing ······· 0537,**1200**
□ rob A of B ······· 0336,**1174**
□ search (A) for B ……… 0019,**1127**
□ seek for A ······ 0129,**1139**
□ seek to do ······ 0129,**1140**
□ seize A by the B ……… 0888,**1223**
□ settle down ···· 0879,**1222**
□ severe on A ···· 0947,**1225**
□ speak ill of A ·········· 0451
□ suffer from A ……… 1057,**1233**
□ superior to A ·········· 0865
□ supply A with B [B for A] ················· 0755,**1214**
□ suspect A of B ········ 1047
□ switch A on[off] ······· 0777
□ take pains ······ 1055,**1232**
□ to be frank (with you) ……… 0206,**1154**
□ transform A into B ……… 0710,**1211**
□ warn A to do ·· 1010,**1229**
□ worth doing ··· 0867,**1219**
□ X-ray ····················· 0092

CAN-DO（英語でできること）

数字はページ数を示しています。

あ

相手とコミュニケーションを図る……………254
相手の行動を促す…………………………78
新しく生み出す……………………………60
ある期間について話す……………………94
ある計画について話す……………………58
ある話題について話す……………………128

い

家にあるものについて話す………………80
意思決定を下す……………………………310
意思や考えを伝える………………108,232
意志をもった行為について話す…………50
位置・場所について話す………………118,280

お

音声・音楽について話す…………………104

か

外交・国際関係について話す……………240
買いものをする………………………92,204
科学技術について話す………………134,302
確実ではないことについて話す…………128
過去や現在について話す…………………290
家事について話す…………………………122
数や量について話す………………………274
学校について話す…………………………286
学校や学習について話す…………………48
学習について話す…………………………210
学問について話す…………………………244
可能性・確率について話す………………92
体の不調と医療について話す………160,312
考えをまとめる・述べる…………………300
環境問題について話す……………………230
感想を伝える………………………………88

き

危険について話す…………………………130
基準・範囲について話す…………………282
行事やイベントについて話す………138,296
強調する・特定する………………………132

許可・禁止する…………………………102
嫌う・不快に思う…………………………88
金融について話す…………………………304

け

計画や目標について話す…………………182
経験や事実について話す…………………144
経済について話す………………………52,236
芸術・文学について話す…………………262
決定・指示する……………………………214
原因や結果について話す…………………94
限定する…………………………………54,200

こ

国際的な文化や情勢について話す………100
国際問題について話す……………………250
心の働きや状態について話す………142,252
ことばや言語について話す…………72,256
困難な状況について話す…………………270

さ

災害について話す…………………………138
産業について話す…………………………256

し

時間について話す…………………………196
仕事・職業について話す………………120,220
事故や災害について話す…………………236
自然科学について話す……………………260
自然について話す…………………………70
したいことや希望を話す…………………234
支払いをする・受ける……………………148
自分の学校や街について話す……………154
自分や家族について話す………………154,180
事務手続きについて話す…………………202
社会について話す………………………52,226
社会問題について話す……………………304
周囲に働きかける…………………………212
集団・組織について話す…………………124
熟慮する……………………………………128
順番について話す…………………………284
商業について話す…………………………296

状況について説明する……………………………54
消費者の経済活動について話す…………………240
情報を得る…………………………………………252
情報を得る・伝える………………………………150
情報を伝える………………………………………206
将来のことや可能性について言う………………310
食事について話す…………………………148,306
真実や事実を明らかにする…………………………94
身体動作について話す……………………112,270
身体の行動について話す……………………………50

動植物や自然について話す………………………222
時や周期について話す……………………………246
時や頻度について話す……………………………168
読書について話す…………………………………48
特定の人について話す……………………………170

に

日課や習慣について話す…………………………180
人間関係について話す……………………………316
認識や知識について話す……………………………58

の

望ましいものや状況について話す………………292
乗りもので移動する…………………………………78

は

場所について話す…………………………………292
話し合いをする……………………………162,306
犯罪・治安について話す…………………………130,272

す

水準・基準について話す…………………………172
数量や増減について話す…………………………174
好きなこと・したいことについて話す……………62
スポーツについて話す……………………………74,286

せ

政治について話す…………………………………90,266
生物について話す……………………………………72

そ

増減について話す…………………………………280
素材について話す……………………………………82

た

対応する……………………………………………212
単位や測定について話す…………………………60,290

ち

知覚する……………………………………………306
躊躇・拒絶する……………………………………234
調整・移動する……………………………………164
調理について話す…………………………………148
地理について話す…………………………………74,230

て

程度がはなはだしいことについて言う…………284
程度について話す…………………………………84,216
手紙のやりとりをする……………………………158
天候や気候について話す…………………………62,222

と

道具・器具について話す…………………………316

ひ

ビジネスについて話す………………………………82
人との関係について話す…………………………196
人とやりとりする…………………………………300
人の移動について話す……………………………114,220
人の体について話す………………………………160,294
人の状態について話す……………………………246
人の性格を表す……………………………………202
人の性質について話す………………………………98
人の性質・能力について話す……………………320
人の能力について話す……………………………124
人の様子について話す……………………………150
人を受け入れる・認める…………………………186
人やものに働きかける……………………………158
人やものの状態を描写する………………………114
人やものをほめる…………………………………152
頻度について話す…………………………………200

ふ

複数のものについて話す…………………………192
複数のものを比較して話す………………………132
複数のものをひとつにする………………………254
物理的に働きかける………………………………164
プラスに評価する…………………………………264

プラスの感情や評価を表す……………………186
プラスの気持ちを伝える……………………152
プラスの特性について話す…………………206
プラスの働きかけをする……………………324

ほ

本のストーリーについて話す…………………90

ま

マイナスに評価する……………………………264
マイナスの気持ちを表現する…………110,326
マイナスの結果について話す………………168
マイナスの作用をもたらす……………………64
マイナスの特性について話す………………322
マイナスの働きかけをする……………………214

み

身の回りのものについて話す…………140,242

め

メディアについて話す…………………………70

も

物事を円滑にする………………………………232
物事を強調する…………………………………192

ものとの関係について話す…………………322
ものに対する評価について話す……………144
ものに働きかける………………………………194
ものの動きや働きを描写する………………170
ものの外観について話す……………………200
ものの価値・機能について話す……………184
ものの価値や理想について話す………………60
ものの関係を説明する………………………102
ものの形状について話す……………………314
ものの発生・変化について話す………………224
もののやりとり・受け渡しについて話す……172
ものの様子・状態について話す………………190
ものや物事の性質について話す………68,282
ものを移動する…………………………………212
ものを得る・受け入れる………………………204
ものを説明する…………………………………112

よ

予定・未来について話す……………………104

り

旅行や休暇について話す………………134,276

れ

歴史・時代について話す………………122,210

編者紹介

投野由紀夫

東京外国語大学大学院教授。専門はコーパス言語学、第二言語語彙習得、辞書学。NHKラジオ第2「基礎英語3」(2016～2021)。コーパス分析に基づき英語の基本語彙の重要性を説き、英語教材に幅広く応用。『エースクラウン英和辞典』(三省堂)、『プログレッシブ英和中辞典』(小学館) などの辞書の編者であるほか、「コーパス練習帳」シリーズ (NHK出版)、『NHK基礎英語データベース Mr.コーパス 投野由紀夫のより抜き表現360』(NHK出版) などの語学書を開発してきた。さらにCEFRという新しい外国語能力の参照枠を日本に導入、CEFR-Jという枠組みとしてシラバス、教材作成、評価などの土台作りをコーパス分析をからめて行っている。趣味は古辞書収集とクラシック鑑賞、珈琲、講演の後の温泉巡り。

編集協力

大田亮介	岡谷起士子	小川敏和	奥津和幸	小野眞紀子	岸保恵美
木嶋勇一	河野直樹	小林佳	宿口信子	杉内光成	高津了之
友田哲平	中西健介	中森一彰	野田明	樋口博一	古田ひかる
松本朋之	向井透	村山翔大	安原章	山下朋明	山田健治
結城正雄	横井茂斗	吉川大二朗 (五十音順)			

クラウン チャンクで英単語 Standard 第2版

2020 年 2 月 20 日　第 1 刷発行
2024 年 9 月 10 日　第 6 刷発行

編　者	投野由紀夫
発行者	株式会社三省堂　代表者　瀧本多加志
印刷者	三省堂印刷株式会社
発行所	株式会社三省堂
	〒102-8371
	東京都千代田区麹町五丁目7番地2
	電話　(03) 3230-9411
	https://www.sanseido.co.jp/

©Sanseido Co., Ltd. 2020
Printed in Japan
〈2版チャンクスタンダード　384pp.〉
ISBN978-4-385-26077-8
落丁本・乱丁本はお取り替えいたします。